今注本二十四史

宋書

梁　沈約　撰

朱紹侯　主持校注

中國社會科學出版社

五

志〔四〕

宋書　卷二四

志第十四

天文二

　　晋惠帝元康二年二月，天西北大裂。[1] 按劉向説：[2]
"天裂，陽不足；地動，陰有餘。" 是時人主拱默，[3] 婦
后專制。[4]

　　[1]晋惠帝：即司馬衷。字正度，河内温（今河南温縣）人。
《晋書》卷四有紀。　元康：晋惠帝司馬衷年號（291—299）。
天西北大裂：天的西北部出現大的開裂。古人認爲天是一個圓的硬
殼球，夜晚西北部有大開裂的亮光閃動，實際爲北極光。
　　[2]劉向：人名。字子政，西漢沛縣（今江蘇沛縣）人。《漢
書》卷三六有附傳。
　　[3]拱默：天子拱守，默不作聲。
　　[4]婦后專制：指惠帝皇后賈南風專權。

　　元康三年四月，熒惑守太微六十日。占曰："諸侯
三公謀其上，必有斬臣。" 一曰："天子亡國。" 是春，

太白守畢，至是百餘日。占曰："有急令之憂。"一曰："相亡。又爲邊境不安。"是年，鎮、歲、太白三星聚于畢、昴。占曰："爲兵喪。畢、昴，趙地也。"後賈后陷殺太子，趙王廢后，[1] 又殺之，斬張華、裴頠，[2] 遂篡位，廢帝爲太上皇。天下從此遘亂連禍。[3]

[1] 賈后：即惠賈皇后。名南風，平陽襄陵（今山西襄陵縣）人。《晉書》卷三一有傳。　趙王：即司馬倫。字子彝，河内溫人。其王國在今河北高邑縣西南。《晉書》卷五九有傳。

[2] 張華：人名。字茂先，范陽方城（今河北固安縣）人。《晉書》卷三六有傳。　裴頠：人名。字逸民，河東聞喜（今山西聞喜縣）人。《晉書》卷三五有附傳。

[3] "熒惑守太微六十日"至"天下從此遘亂連禍"：熒惑守太微，是三公謀天子，天子將亡的徵候。太白守畢，是邊兵的徵候。三星聚，孕育著更大的危機。《漢書·天文志》曰："三星若合，是謂驚位，是謂絕行，外内有兵與喪，改立王公。"《開元占經》卷一九引《海中占》曰："三星合其國，外有兵喪，人民數改立侯王。"應在元康年間賈后陷殺太子，趙王司馬倫廢殺賈后，斬大臣，並篡位，導致天下大亂。

元康五年四月，有星孛于奎，至軒轅、太微，經三台、大陵。[1] 占曰："奎爲魯，又爲庫兵，軒轅爲後宮，太微天子廷，三台爲三司，大陵有積屍死喪之事。"明年，武庫火，西羌反。[2] 後五年，司空張華遇禍，賈后廢死，魯公賈謐誅。[3] 又明年，趙王倫篡位。於是三王興兵討倫，[4] 士民戰死十餘萬人。

　　[1]有星孛于奎，至軒轅、太微，經三台、大陵：據彗星占，犯太微，帝有憂、有兵；犯軒轅，后妃有憂；犯三台，三公有憂。應驗在元康年間的西羌反，有邊兵；大臣張華遇禍；賈后廢死；趙王篡位等。三台，在北斗星下，共六星，分上台、中台、下台，兩兩相對。大陵，八星，在胃北。

　　[2]明年，武庫火，西羌反：丁福林《校議》云：“上文出‘元康五年’，此‘明年’，元康六年也。然考之《晉書・惠帝紀》，武庫火在元康五年冬十月，羌反在元康六年。《通鑑》卷二八同《晉紀》。則此處當誤。‘明年’《晉書・天文志下》作‘其後’，是也。”西羌，古族名。東漢時羌人内徙的一支。定居在金城（今甘肅蘭州市）、隴西（今甘肅臨洮縣）、漢陽（今甘肅甘谷縣）等郡。以住地偏西，與内徙之東羌對稱，爲西羌。

　　[3]魯公：公爵名。公國在今山東曲阜市。　賈謐：人名。字長淵，《晉書》避唐高祖諱，作“長深”，南陽堵陽（今河南方城縣）人。《晉書》卷四〇有附傳。

　　[4]三王興兵討倫：齊王冏、成都王穎、河間王顒起兵討趙王倫。

　　元康六年六月丙午夜，有枉矢自斗魁東南行。按占曰：“以亂伐亂。北斗主執殺，出斗魁，居中執殺者不直象也。”十月，太白晝見。[1]後趙王殺張、裴，廢賈后，以理太子之冤，因自篡盜，以至屠滅。以亂伐亂，兵喪臣強之應也。

　　[1]十月，太白晝見：《開元占經》卷四六引《荆州占》曰：“太白晝見，名曰昭明，強國弱，弱國霸，兵大起。”正合本志兵喪臣強之應也。十月，中華本校勘記云：“‘十月’下《永樂大典》卷七八五七有‘乙未’二字。按：是年十月壬午朔，乙未爲十

四日。"

　　元康九年二月，熒惑守心。[1]占曰："王者惡之。"八月，熒惑入羽林。占曰："禁兵大起。"後二年，惠帝見廢爲太上皇，俄而三王起兵討倫，倫悉遣中軍兵，相距累月。

　　[1]熒惑守心：《黄帝占》曰："熒惑犯心，戰不勝國，大將鬬死，一曰主亡。"《雒書》曰："熒惑守心，必有逆臣起。"應在趙王倫篡位及三王討倫。

　　晋惠帝永康元年三月，[1]妖星見南方，中台星坼，[2]太白晝見。占曰："妖星出，天下大兵將起。[3]台星失常，三公憂。太白晝見爲不臣。"是月，賈后殺太子，趙王倫尋廢殺后及司空張華，又廢帝自立。於是三王並起，迭總大權。

　　[1]永康：晋惠帝司馬衷年號（300—301）。
　　[2]中台星坼：三台六顆，兩兩相比，中間爲中台。坼者，相離。
　　[3]妖星出，天下大兵將起：《開元占經》卷八五引《黄帝占》曰："妖星者，五行之氣，五星之變。如見其方，以爲災殃。各以其日五色，占知何國，吉凶決矣；以見無道國，失禮邦，爲兵、爲饑、水旱、死亡之徵也。"占曰大兵將起，爲其中一個徵候。

　　永康元年五月，熒惑入南斗，[1]占曰："宰相死，兵大起。斗又吴分也。"是時趙王倫爲相，明年篡位，三王興師誅之。太安二年，石冰破揚州。[2]

　　[1]熒惑入南斗：《開元占經》卷三二引石氏曰："熒惑犯南斗，爲赦，又曰破軍殺將。"引《海中占》曰："熒惑犯南斗，且有反臣。"與本志占文相合。

　　[2]太安：晋惠帝司馬衷年號（302—304）。　石冰：人名。西晉末年流民起義軍將領。事見《晋書》卷一〇〇《張昌傳》《陳敏傳》。　揚州：治所在今江蘇南京市。

　　永康元年八月，熒惑入箕。占曰："人主失位，兵起。"十二月，彗出牽牛之西，[1]指天市。占曰："牛者七政始，彗出之，改元易號之象也。"天市一名天府，一名天子祺，帝座在其中。明年，趙王篡位，改元，尋爲大兵所滅。

　　[1]彗出牽牛之西：先秦時古曆以牽牛爲冬至日所在，作爲七曜曆元之始，由此推爲改元易號之象。

　　永康二年二月，太白出西方，逆行入東井。占曰："國失政，臣爲亂。"四月，彗星見齊分。占曰："齊有兵喪。"是時齊王冏起兵討趙王倫。[1]倫滅，冏擁兵不朝，專權淫爹，明年誅死。

　　[1]齊王：王爵名。王國在今山東淄博市東北。　冏：人名。即司馬冏。字景治，河內溫人。《晋書》卷五九有傳。

　　晋惠帝永寧元年，自正月至于閏月，五星互經天。[1]《星傳》曰："日陽，君道也；星陰，臣道也。日出則星亡，臣不得專也。晝而星見午上者爲經天，其占爲不臣，爲更王。今五星悉經天，天變所未有也。"石氏說曰：[2]"辰星晝見，其國不亡，則大亂。"是後台鼎方伯，互秉大權，二帝流亡，遂至六夷强，[3]迭據華夏，亦載籍所未有也。

[1]五星互經天：《開元占經》卷四六引石氏曰：太白經天，"天下革政，民更主"。與文中所引占語均爲更王之兆。其他三外行星單獨經天，是正常天象。

[2]石氏：即石申。戰國時期魏國天文學家，《石氏星經》作者。

[3]六夷：一說指胡、羯、鮮卑、氐、羌、巴氐；另說無巴氐，有烏桓。

永寧元年五月，[1]太白晝見。占同前條。七月，歲星守虛、危。占曰："木守虛、危，有兵憂。"一曰："守虛飢；守危徭役煩，下屈竭。"辰星入太微。占曰："爲内亂。"一曰："群臣相殺。"太白守右掖門。占曰："爲兵，爲亂，爲賊。"八月戊午，鎮星犯左執法，又犯上相。占曰："上相憂。"熒惑守昴。占曰："趙、魏有災。"辰星守輿鬼。占曰："秦有災。"九月丁未，月犯左角。占曰："人主憂。"一曰："左將軍死。天下有兵。"

二年四月癸酉，歲星晝見。占曰："爲臣强。"十月，熒惑太白鬭于虛、危。占曰："大兵起，破軍殺將。

虛、危，又齊分也。”十二月，熒惑襲太白于營室。占曰：“天下兵起，亡君之戒。”一曰：“易相。”初，齊王冏定京都，因留輔政，遂專憸無君。是月，成都、河間檄長沙王乂討之。[2]冏、乂交戰，攻焚宮闕。冏兵敗夷滅，又殺其兄上軍將軍寔以下二十餘人。太安二年，成都攻長沙，於是公私飢困，百姓力屈。

晋惠帝太安二年二月，太白入昴。占曰：“天下擾，兵大起。”三月，彗星見東方，指三台。占曰：“兵喪之象。三台爲三公。”七月，熒惑入東井。占曰：“兵起國亂。”是秋，太白守太微上將。占曰：“上將將以兵亡。”是年冬，成都、河間攻洛陽。三年正月，[3]東海王越執長沙王乂，張方又殺之。[4]

[1]永寧：晋惠帝司馬衷年號（301—302）。

[2]成都：即成都王司馬穎。字章度，河內溫人，王國在今四川成都市。《晋書》卷五九有傳。　河間：即河間王司馬顒。字文載，河內溫人，王國在今河北獻縣。《晋書》卷五九有傳。　長沙王：王爵名。王國在今湖南長沙市。　乂：人名。即司馬乂。字士度，河內溫人。《晋書》卷五九有傳。

[3]三年：周家禄《晋書校勘記》云：“太安無三年，是年正月即改元永興。越執乂，乂被殺，在二年，亦不在三年正月。”按：《永樂大典》卷七八五七作“二年”。

[4]東海王：王爵名。王國在今山東郯城縣。　越：人名。即司馬越。字元超，河內溫人。《晋書》卷五九有傳。　張方：人名。河間（今河北獻縣）人。《晋書》卷六〇有傳。

太安二年八月，長沙王奉帝出距二王。庚午，舍于玄武館。是日天中裂爲二，有聲如雷。三占同元康，[1]臣下專僭之象也。是時長沙王擅權，後成都、河間、東海又迭專威命，是其應也。

[1]三占同元康：可以有不同的解釋。筆者以爲，太安二年的三占，與元康年間的三占相同的是天開裂，彗星見和熒惑、太白見於昂、畢、太微。同爲臣下專僭之象。

太安二年十一月辛巳，有星晝隕中天，北下有聲如雷。桉占，"名曰營首，營首所在，[1]下有大兵流血。"明年，劉淵、石勒攻略并州，[2]多所殘滅。王浚起燕、代，引鮮卑攻掠鄴中，[3]百姓塗地。有聲如雷，怒之象也。

[1]營首：《晋書‧天文志中》曰："營頭，有雲如壞山墮，所謂營頭之星。所墮，其下覆軍，流血千里。亦曰流星晝隕名營頭。"故營首即營頭。"營首"，各本並作"熒首"，據《晋志》改。

[2]劉淵：人名。字元海，新興（今山西忻州市）人，匈奴族。前趙開國皇帝。《晋書》卷一〇一有載記。 石勒：人名。字世龍，上黨武鄉（今山西榆社縣）人，羯族。後趙開國皇帝。《晋書》卷一〇四、一〇五有載記。 并州：治所在今山西太原市。

[3]王浚：人名。字彭祖，太原晋陽（今山西太原市）人。《晋書》卷三九有附傳。 燕、代：地區名。泛指今河北西北部和山西東北部一帶。 鮮卑：古族名。中國古代北方游牧民族。本書卷九六有《鮮卑吐谷渾傳》。 鄴中：縣名。即鄴縣。治所在今河北臨漳縣西南鄴鎮。

太安二年十一月庚辰，歲星入月中。占曰："國有逐相。"十二月壬寅，太白犯月。占曰："天下有兵。"太安三年正月己卯，月犯太白，占同青龍。[1]熒惑入南斗，占同永康。是月，熒惑又犯歲星。占曰："有大戰。"七月，左衛將軍陳眕率衆奉帝伐成都，[2]六軍敗績，兵逼乘輿。九月，王浚又攻成都于鄴，鄴潰，成都王由是喪亡。帝還洛，張方脅如長安。是時天下盜賊群起，張昌尤盛。後二年，惠帝崩。

[1]青龍：三國魏明帝曹叡年號（233—237）。

[2]左衛將軍：官名。禁衛軍統帥之一，與右衛將軍共掌宮禁宿衛。晉時爲四品，宋沿置，爲三品。丁福林《校議》云："《晉書·惠帝紀》作'右衛將軍'。" 陳眕：人名。潁川（今河南許昌市）人。賈謐黨徒，"二十四友"之一，後降於石勒。事見《晉書》卷四《惠帝紀》、卷三三《石苞傳》、卷四〇《賈謐傳》、卷一〇四《石勒載記上》。 成都：指成都王。

晋惠帝永興元年五月，客星守畢。[1]占曰："天子絶嗣。"一曰："大臣有誅。"七月庚申，太白犯角、亢，經房、心，歷尾、箕。九月，入南斗。占曰："犯角，天下大戰；犯亢，有大兵，人君憂；入房、心，爲兵喪；犯尾，將軍與民人爲變；犯箕，女主憂。"一曰："天下亂。入南斗，有兵喪。"一曰："將軍爲亂。"其所犯守，又兗、豫、幽、冀、揚州之分也。[2]是年七月，有蕩陰之役。[3]九月，王浚殺幽州刺史和演，[4]攻鄴，鄴潰。於是兗、豫爲天下兵衝。陳敏又亂揚土，劉淵、石勒、李雄等並起微賤，[5]跨有州郡。皇后羊氏數被幽廢。[6]光熙元年，[7]惠帝崩，終無繼嗣。

[1]永興：晉惠帝司馬衷年號（304—306）。　客星守畢：《開元占經》卷八〇引郗萌云：“客星入畢，多獄事。”引巫咸曰：“客星出畢，邊兵爲亂，四裔兵起，疆宇靡寧，天下饑，必有亡國。”未見有“天子絶嗣”之占。

[2]兖：州名。治所在今山東鄆城縣。　豫：州名。治所在今河南淮陽縣。　幽：州名。治所在今北京市。　冀：州名。治所在今河北冀州市。

[3]蕩陰之役：永興元年（304），東海王司馬越挾晉惠帝討伐成都王司馬穎，於蕩陰遭司馬穎部將襲擊，大敗，即蕩陰之役。蕩陰，縣名。在今河南湯陰縣。

[4]和演：人名。原爲右司馬，被成都王司馬穎任命爲幽州刺史，奉命殺王浚。事泄，爲王浚所殺。事見《晉書》卷三九《王浚傳》。

[5]陳敏：人名。字令通，廬江（今安徽舒城縣）人。《晉書》卷一〇〇有傳。　李雄：人名。字仲儁，巴西宕渠（今四川渠縣）人，巴氏族。成漢開國皇帝。《晉書》卷一二〇有載記。

[6]羊氏：即惠羊皇后。名獻容，泰山南城（今山東費縣）人。《晉書》卷三一有傳。

[7]光熙：晉惠帝司馬衷年號（306）。

　　永興元年七月乙丑，星隕有聲。二年十月，星又隕有聲。按劉向説，民去其土之象也。是後遂亡中夏。

　　永興元年十二月壬寅夜，赤氣亘天，砰隱有聲。二年十月丁丑，赤氣見在北方，東西竟天。占曰：“並爲大兵。砰隱有聲，怒之象也。”是後四海雲擾，九服交兵。

　　永興二年四月丙子，太白犯狼星。[1]占曰："大兵起。"九月，歲星守東井。占曰："有兵。井又秦分也。"是年，苟晞破公師藩，[2]張方破范陽王虓，[3]關西諸將攻河間王顒，[4]顒奔走，東海王迎殺之。

　　[1]太白犯狼星：《開元占經》卷五二引《荊州占》曰："太白守狼，敵兵起。太白犯守狼星，大將出行，其國有兵；一旦有兵，將死。"故占曰："大兵起。"

　　[2]苟晞：人名。字道將，河內山陽（今河南焦作市東）人。《晋書》卷六一有傳。　公師藩：人名。陽平（今山西臨汾市）人。成都王司馬穎部將。事見《晋書》卷五九《成都王穎傳》、卷一〇四《石勒載記上》。"藩"各本並作"蕃"，中華本據《晋書》卷四《惠帝紀》改，今從之。

　　[3]范陽王：王爵名。王國在今河北涿州市。　虓：人名。即司馬虓。字武會，河內溫人。《晋書》卷三七有附傳。

　　[4]關西：地區名。泛指函谷關以西地區。

　　永興二年八月，星孛于昴、畢。占曰："爲兵喪。"昴、畢，又趙、魏分也。十月丁丑，有星孛于北斗。占曰："璿璣更授，天子出走。"又曰："強國發兵，諸侯爭權。"是後皆有其應。明年，惠帝崩。

　　晉惠帝光熙元年四月，太白失行。自翼入尾、箕。占曰："太白失行而北，是謂返生。不有破軍，必有屠城。"五月，汲桑攻鄴。[1]魏郡太守馮嵩出戰大敗，[2]桑遂害東燕王騰，[3]殺萬餘人，焚燒魏時宮室皆盡。

　　光熙元年五月，枉矢西南流，占曰："以亂伐亂之象也。”是時司馬越西破河間，奉迎大駕。尋收繆胤、何綏等，[4]肆其無君之心，天下惡之。死而石勒焚其屍柩，是其應也。

光熙元年九月丁未，熒惑守心。占曰：“王者惡之。”己亥，填星守房、心，又犯歲星。占曰：“土守房，多禍喪。守心，國內亂，天下赦。”又曰：“填與歲合爲內亂。”[5]是時司馬越秉權，終以無禮破滅，內亂之應也。十一月，惠帝崩，懷帝即位，[6]大赦天下。

[1]汲桑：人名。魏郡（今河北磁縣）人。與石勒共同起兵，響應公師藩。藩死後，又與石勒攻陷鄴城，殺新蔡王司馬騰。後被乞活軍所殺。事見《晋書》卷一〇四《石勒載記上》。

[2]魏郡：治所在今河北磁縣南。　馮嵩：人名。西晉官吏，曾任頓丘太守、長史、豫州刺史等。事散見《晋書》卷四《惠帝紀》、卷五《懷帝紀》、卷四四《盧珽傳》、卷六一《成公簡傳》、《石勒載記上》。

[3]東燕王：王爵名。王國在今河南延津縣。　騰：人名。即司馬騰。字元邁，河內温人。《晋書》卷三七有附傳。按：時司馬騰已改封爲新蔡王。

[4]繆胤：人名。字休祖，蘭陵（今山東棗莊市）人。《晋書》卷六〇有附傳。　何綏：人名。字伯蔚，陳國陽夏（今河南太康縣）人。事見《晋書》卷三三《何遵傳》。

[5]填與歲合爲內亂：《開元占經》卷二五《文曜鈎》曰：“填星與木星合，則變謀更事，主且失勢。”《史記·天官書》曰：“木星與土合，爲內亂，饑，主勿用戰，敗。”合，《乙巳占》曰：“合者，兩星相逮，同處一宿之中。”

[6]懷帝：即司馬熾。字豐度。《晋書》卷五有紀。

光熙元年十二月癸未，太白犯填星。占曰："爲内兵，有大戰。"是後河間王爲東海王越所殺。明年正月，東海王越殺諸葛玫等。[1]五月，汲桑破馮嵩，殺東燕王。八月，苟晞大破汲桑。

光熙元年十二月甲申，有白氣若虹，中天北下至地，夜見五日乃滅。[2]占曰："大兵起。"明年，王彌起青、徐，汲桑亂河北，毒流天下。[3]

[1]諸葛玫：人名。字仁林，琅邪陽都（今山東沂南縣）人。勸説東海王司馬越廢懷帝而立清河王司馬覃，越怒，殺之。事見《晋書》卷四〇《應詹傳》、卷五九《東海王越傳》。

[2]有白氣若虹，中天北下至地，夜見五日乃滅：這是一次北極光大暴發，自北極地，至中天，有白氣若虹，歷時五日，每夜乃見。

[3]王彌：人名。東萊（今山東萊州市）人。《晋書》卷一〇〇有傳。 青：州名。治所在今山東淄博市。 徐：州名。治所在今江蘇徐州市。 河北：地區名。泛指今黄河以北地區。

孝懷帝永嘉元年九月辛亥，[1]有大星自西南流于東北，小者如升相隨，天盡赤，聲如雷。占曰："流星爲貴使。"[2]是年五月，汲桑殺東燕王騰，遂據河北。十一月，始遣和郁爲征北將軍鎮鄴，[3]而田甄等大破汲桑，斬于樂陵。[4]於是以甄爲汲郡太守，弟蘭鉅鹿太守。[5]小星相隨，小將別帥之象也。司馬越忿魏郡以東，平原以南，[6]皆黨於桑，悉以賞甄等，於是侵略赤地，有聲如雷，怒之象也。

[1]永嘉：晋懷帝司馬熾年號（307—313）。

[2]流星爲貴使：按流星占的觀念，流星所向，有利。故應有田甄破汲桑，據有汲郡、鉅鹿等。

[3]和郁：人名。字仲輿，汝南西平（今河南西平縣）人。事見《晋書》卷四五《和嶠傳》。

[4]田甄：人名。西晋末年乞活軍將領。事見《晋書》卷五九《東海王越傳》、卷一〇四《石勒載記上》。按：《石勒載記上》作“田裡”。　樂陵：縣名。治所在今山東樂陵市。

[5]汲郡：治所在今河南新鄉市。　蘭：人名。即田蘭。田甄弟，西晋末年乞活軍將領。事見《晋書》卷五《懷帝紀》、卷五九《東海王越傳》。　鉅鹿：郡名。治所在今河北平鄉縣。

[6]平原：王國名。治所在今山東平原縣。

永嘉元年十二月丁亥，星流震散。案劉向説：“天官列宿，在位之象；小星無名者，庶民之類。”此百官庶民將流散之象也。[1]是後天下大亂，百官萬民，流移轉死矣。

[1]百官庶民將流散之象：天官列宿，爲官位之象，小星則爲庶民。星流震散，是官民流散之象，故其後官民流移轉死。

永嘉二年正月庚午，太白伏不見。二月庚子，始晨見東方。是謂當見不見，占同上條。其後破軍殺將，不可勝數。帝崩虜庭，中夏淪覆。

永嘉三年正月庚子，熒惑犯紫微。占曰：“當有野死之王。又爲火燒宮。”是時太史令高堂沖奏，[1]乘輿宜遷幸，不然必無洛陽。五年六月，劉曜、王彌入京

都，^[2]燒宮廟，帝崩于平陽。^[3]

永嘉三年，鎮星久守南斗。占曰："鎮星所居者，其國有福。"是時安東琅邪王始有揚土。^[4]其年十一月，地動，陳卓以爲是地動應也。^[5]

永嘉三年十二月乙亥，有白氣如帶出南北方各二，起地至天，貫參伐。占曰："天下大兵起。"四年三月，司馬越收繆胤、繆播等；^[6]又三方雲擾，攻戰不休。五年三月，司馬越死於甯平城，^[7]石勒攻破其衆，死者十餘萬人。六月，京都焚滅，帝劫虜庭。

永嘉五年十月，熒惑守心。後二年，帝崩于虜庭。

永嘉六年七月，熒惑、歲星、鎮星、太白聚牛、女之間，^[8]裴回進退。按占曰："牛，揚州分。"是後兩都傾覆，而元帝中興揚土，^[9]是其應也。

[1]高堂沖：人名。本書僅此一見，又見《晉書》卷三〇《繆胤傳》、《天文志下》，其事不詳。

[2]劉曜：人名。字永明，新興人，匈奴族。前趙皇帝。《晉書》卷一〇三有載記。

[3]平陽：縣名。治所在今山西臨汾市西。

[4]安東：官名。即安東將軍。四安將軍之一，統兵征戰或出鎮一方，亦可作爲刺史兼理軍務的加官，權任頗重。三品。　琅邪王：王爵名。王國在今山東臨沂市。按：此安東將軍、琅邪王即司馬睿，時鎮建業，故稱"始有揚土"。

[5]陳卓：人名。三國吳人。西晉初年任太史令，將甘氏、石氏、巫咸氏三家所星圖進行匯總，"以爲定紀"。事見《晉書·天文志上》。

[6]繆播：人名。字宣則，蘭陵（今山東蒼山縣）人。《晉書》

卷六〇有傳。

　　[7]甯平城：城名。在今河南鄲城縣。

　　[8]熒惑、歲星、鎮星、太白聚牛、女之間：《開元占經》卷一九引《含神霧》曰：“五緯合，王更紀。”引《荊州占》曰：“四星若合於一舍，其國當王，有德者繁昌，保有宗廟，無德者喪。”四星聚與五星聚性質相類，此四星聚的天象預示西晉政權的末日到了。元帝中興，是其應也。

　　[9]元帝：即司馬睿。字景文，河内溫人。《晉書》卷六有紀。

　　愍帝建武元年五月癸未，[1]太白、熒惑合於東井。占曰：“金火合曰爍，爲喪。”是時帝雖劫于平陽，天下猶未敢居其虛位，災在帝也。六月丁卯，太白犯太微。占曰：“兵入天子廷，王者惡之。”七月，愍帝崩于寇庭，天下行服大臨。

　　晉元帝太興元年七月，[2]太白犯南斗。占曰：“吳、越有兵，大人憂。”二年二月甲申，熒惑犯東井。占曰：“兵起，貴臣相戮。”八月己卯，太白犯軒轅大星。占曰：“後宮憂。”乙未，太白犯歲星，在翼。占曰：“爲兵亂。”三年四月壬辰，枉矢出虛、危，没翼、軫。占曰：“枉矢所觸，天下之所伐。翼、軫，荊州之分也。”[3]五月戊子，太白入太微，又犯上將。占曰：“天子自將，上將誅。”六月丙辰，太白與歲星合于房。占曰：“爲兵饑。”九月，太白犯南斗，占同元年。十月己亥，熒惑在東井，居五諸侯南，踟蹰留止，積三十日。占曰：“熒惑守井二十日以上，大人憂；守五諸侯，諸侯有誅者。”十二月己未，太白入月，在斗。[4]郭景純曰：[5]"月屬坎，陰府法象也。[6]太白金行而來犯之，天意若曰刑理失中，自毀其法也。"四年十二月丁亥，月犯歲星在房。占曰："其國兵飢，民流亡。"永昌元年三月，[7]王敦率江、荊之衆，[8]來攻京都，六軍距戰，敗績。於是殺護軍將軍周顗、尚書令刁協，驃騎將軍劉隗出奔。[9]四月，又殺湘州刺史譙王承、鎮南將軍甘卓。[10]閏十二月，元帝崩。間一年，敦亦梟夷，枉矢觸翼之應也。十月，石他入豫州，[11]略城父、銍二縣民以北，[12]刺史祖約遣軍追之，[13]爲其所没，遂退守壽春。[14]

[1]愍帝：即司馬鄴。字彥旗，河内温人。《晋書》卷五有紀。
建武：晋元帝司馬睿年號（317—318）。按：元帝建武元年即愍帝建興五年，元帝於是年三月即位後改元。

[2]太興：晋元帝司馬睿年號（318—321）。

[3]荆州：治所在今湖北荆州市荆州區。

[4]太白入月，在斗：《開元占經》卷一二引《荆州占》曰："太白入月中，其國有分國，立王。"引《郗萌占》曰："月蝕太白，其年臣殺主，勝臣亦死。"應驗在東晋大將王敦反叛被殺。

[5]郭景純：人名。即郭璞。字景純，河東聞喜人。擅陰陽曆算五行占卜之學，爲王敦所殺。《晋書》卷七二有傳。

[6]月屬坎，陰府法象也：坎代表水，《易·説卦》曰："坎爲水……爲月。"象，各本並作"家"，中華本據《晋書·天文志中》改，今從之。

[7]永昌：晋元帝司馬睿年號（322—323）。

[8]王敦：人名。字處仲，琅邪臨沂（今山東臨沂市）人。《晋書》卷九八有傳。　江：州名。治所在今江西南昌市。

[9]護軍將軍：官名。主管選拔武官。三品。　周顗：人名。字伯仁，汝南安成（今河南汝南縣）人。《晋書》卷六九有傳。尚書令：官名。尚書省長官。三品。　刁協：人名。字玄亮，渤海饒安（今河北鹽山縣）人。《晋書》卷六九有傳。　驃騎將軍：官名。西漢置，東漢位在三公之下。晋爲優禮大臣的虚號，開府者位從公。二品。丁福林《校議》據《晋書·天文志下》考證，認爲"驃騎將軍"下佚"戴若思鎮北將軍"七字。　劉隗：人名。字大連，彭城（今江蘇徐州市）人。《晋書》卷六九有傳。

[10]湘州：治所在今湖南長沙市。　譙王：王爵名。王國在今安徽亳州市。　承：人名。即司馬承。字敬才，河内温人。《晋書》卷三七有附傳。　鎮南將軍：官名。四鎮將軍之一。三品。　甘卓：人名。字季思，丹楊（今江蘇南京市）人。《晋書》卷七〇有傳。

[11]石他：人名。羯族。後趙將領。事見《晋書》卷一〇三《劉曜載記》、卷一〇五《石勒載記下》。　豫州：治所在今河南淮陽縣。

[12]城父：縣名。治所在今安徽亳州市東南。　銍：縣名。治所在今安徽宿州市。宋本作"銍"，百衲本從北監本、毛本、殿本、局本改作"鉅"，中華本校勘記云："按城父、銍二縣並屬沛郡，‘銍’字不誤，今改回。"今從之。

[13]祖約：人名。字士少，范陽遒（今河北淶水縣）人。《晋書》卷一〇〇有傳。

[14]壽春：縣名。治所在今安徽壽縣。

明帝太寧三年正月，[1]熒惑逆行入太微。占曰："爲兵喪，王者惡之。"閏八月，帝崩。咸和二年，蘇峻反，[2]攻宫室，太后以憂逼崩，天子幽劫于石頭，[3]遠近兵亂，至四年乃息。

成帝咸和四年七月，^[4]有星孛于西北。二十三日滅。占曰："爲兵亂。"十二月，郭默殺江州刺史劉胤，荆州刺史陶侃討默。^[5]明年，斬之。是時石勒又始僭號。

咸和六年正月丙辰，月入南斗。占曰："有兵。"一曰："有大赦。"是月，胡賊殺略婁、武進二縣民，^[6]於是遣戍中洲。明年，胡賊又略南沙、海虞民。^[7]是年正月，大赦，伐淮南，討襄陽，^[8]平之。

[1]明帝：即司馬紹。字道畿，河内温人。《晋書》卷六有紀。太寧：晋明帝司馬紹年號（323—326）。

[2]咸和：晋成帝司馬衍年號（326—334）。　蘇峻：人名。字子高，長廣掖（今山東掖縣）人。《晋書》卷一○○有傳。

[3]石頭：城名。在今江蘇南京市西清涼山。

[4]成帝：即司馬衍。字世根，河内温人。《晋書》卷七有紀。

[5]郭默：人名。河内懷（今河南武陟縣）人。《晋書》卷六三有傳。　劉胤：人名。字承胤，東萊掖（今山東掖縣）人。《晋書》卷八一有傳。　陶侃：人名。字士行，鄱陽（今江西鄱陽縣）人。《晋書》卷六六有傳。

[6]胡賊：即石勒的羯族部隊。　婁：縣名。治所在今江蘇昆山市。　武進：縣名。治所在今江蘇丹陽市。

[7]南沙：縣名。治所在今江蘇常熟市。　海虞：縣名。治所在今江蘇常熟市。

[8]淮南：郡名。治所在今安徽壽縣。　襄陽：郡名。治所在今湖北襄陽市襄城區。

咸和六年十一月，熒惑守胃、昴。占曰："趙、魏有兵。"八年七月，石勒死，石虎自立，^[1]多所殘滅。是時雖勒、虎僭號，而其强弱常占於昴，不關太微、紫宮也。[2]

[1]石虎：人名。字季龍，上黨武鄉人，羯族。後趙皇帝。《晋書》卷一〇六、一〇七有載記。按：《晋書》爲避李淵祖父諱，稱之爲石季龍或石武。

[2]雖勒、虎僭號，而其强弱常占於昴，不關太微、紫宮也：太微、紫宮，皇帝的象徵。石勒、石虎僅僅是僭號，故用占祇依昴宿，不關太微、紫宮。昴，胡星也。石勒爲胡人，故用以爲占。

咸和八年三月己巳，月入南斗，與六年占同。其年七月，石勒死，彭彪以譙，石生以長安，郭權以秦州，[1]並歸從。於是遣都護高球率衆救彪，[2]彪敗球退。又石虎、石斌攻滅生、權。[3]咸康元年正月，大赦。[4]

咸和八年七月，熒惑入昴。占曰：“胡王死。”石虎多所攻滅。八月，月犯昴。占曰：“胡不安。”九年六月，月又犯昴。是時石弘雖襲勒位，[5]而石虎擅威暴横。十月，廢弘自立，遂幽殺之。[6]

咸和九年三月己亥，熒惑入輿鬼，犯積屍。占曰：“兵在西北，有没軍死將。”四月，鎮西將軍、雍州刺史郭權始以秦州歸從，[7]尋爲石斌所滅，徙其衆於青、徐。

晋成帝咸康元年二月己亥，太白犯昴。占曰：“兵起，歲大旱。”四月，石虎掠騎至歷陽。[8]朝廷慮其衆也，加司徒王導大司馬，[9]治兵勒衆。又遣慈湖、牛渚、蕪湖三戍。[10]五月乃罷。是時胡賊又圍襄陽，征西將軍庾亮遣寧距退之。[11]六月，旱。

咸康元年八月戊戌，[12]熒惑入東井。占曰：“無兵兵起，有兵兵止。”是年夏，發衆列戍。加王導大司馬，以備胡賊。

[1]彭彪：人名。後趙譙郡太守，向東晋請降，被石虎生擒，餘事不詳。事見《晋書》卷七七《蔡謨傳》、卷七八《孔坦傳》。　　譙：郡名。治所在今安徽亳州市。　　石生：人名。上黨武鄉人，羯族。後趙將領，石勒子。事見《晋書》卷一〇五《石勒載記下》。　　郭權：人名。後趙將領。向東晋請降，被石虎所殺。事見《晋書·蔡謨傳》《石勒載記下》。　　秦州：治所在今甘肅天水市。

[2]高球：人名。《晋書·天文志下》作“喬球”，所載事同，餘事不詳。

[3]石斌：人名。上黨武鄉人，羯族。後趙將領，石勒子。事見《晋書·石勒載記下》、卷一〇六《石季龍載記上》、卷一〇七《石季龍載記下》。

[4]咸康：晋成帝司馬衍年號（335—342）。

[5]石弘：人名。字大雅，上黨武鄉人，羯族。後趙皇帝。《晋書》卷一〇五有載記。

[6]十月，廢弘自立，遂幽殺之：丁福林《校議》云：“石虎之廢殺石弘，《晋書》之《成帝紀》《天文志下》、《建康實錄》卷七、《通鑑》卷九五皆記在晋成帝咸和九年十一月，此於‘十’後佚‘一’字。”

[7]雍州：治所在今陝西西安市。

[8]歷陽：縣名。治所在今安徽和縣。

[9]司徒：官名。東漢改丞相爲司徒，魏改相國爲司徒，均位列三公，總管民政。兩晋民政歸尚書，司徒爲名譽宰相。一品。王導：人名。字茂弘，琅邪臨沂人。《晋書》卷六五有傳。　　大司馬：官名。位在三公上，三師下，可爲加官，開府置僚屬。一品。

［10］慈湖：戍名。在今安徽馬鞍山市。　牛渚：戍名。在今安徽馬鞍山市采石江邊。　蕪湖：戍名。在今安徽蕪湖市。　戍：軍事要塞。

［11］征西將軍：官名。四征將軍之一，多授予都督雍、涼二州諸軍事者，駐長安。三品，若爲持節都督則爲二品。　庾亮：人名。字元規，潁川鄢陵（今河南鄢陵縣）人。《晉書》卷七三有傳。

［12］咸康元年八月戊戌：中華本校勘記云：“‘戊戌’各本並作‘戊辰’，據《晉書·天文志》改。按是年八月丙申朔，初三日戊戌，無戊辰。”今從之。

　　咸康元年三月丙戌，月入昴。占曰：“胡王死。”十一月，月犯昴。二年八月，月又犯昴。占同。咸和三年，石虎發衆七萬，四年二月，自襲段遼于薊，[1]遼奔敗。又攻慕容皝於棘城，不剋，引退。皝追之，殺數百人。虎留其將麻秋屯令支，[2]皝破秋，并虜遼殺之。

　　咸康二年正月辛巳，彗星夕見西方，在奎。占曰：“爲兵喪。奎又爲邊兵。”四年，石虎伐慕容皝不剋，皝追擊之，又破麻秋。時皝稱蕃，邊兵之應也。

　　咸康二年正月辛卯，月犯房南第二星。[3]占曰：“將相有憂。”五年七月，丞相王導薨。八月，太尉郗鑒薨。[4]六年正月，征西大將軍庾亮薨。[5]

　　［1］段遼：人名。十六國時期鮮卑首領。《北史》《魏書》作“護遼”。事見《晉書》卷一〇六《石季龍載記上》。　薊：地名。在今北京市西南一帶。

　　［2］麻秋：人名。太原（今山西太原市）人，胡族。後趙將

領。事見《晋書》卷一〇六《石季龍載記上》、卷一〇七《石季龍載記下》。　令支：地名。在今河北遷安縣。

[3]月犯房南第二星：《開元占經》卷一三引《黄帝占》曰："月犯上將，上將誅；犯次將，次將誅；犯次相，次相誅；犯上相，上相誅。"應驗於王導、郗鑒、庾亮。

[4]郗鑒：人名。字道徽，高平金鄉（今山東金鄉縣）人。《晋書》卷六七有傳。

[5]征西大將軍：官名。將軍名號，位在四征將軍之上，多授予統兵出鎮在外的都督數州諸軍事者。二品。

咸康二年九月庚寅，太白犯南斗，因晝見。占曰："斗爲宰相，又揚州分，金犯之，死喪象。晝見爲不臣，又爲兵喪。"三年，石虎僭稱天王。四年，虎滅段遼而敗於慕容皝。[1]皝，國蕃臣。五年，王導薨。

咸康三年六月辛未，有流星大如二斗魁，色青，赤光耀地，出奎中，没婁北。案占爲飢，五穀不藏。是月，大旱。

咸康三年八月，熒惑入輿鬼，犯積屍。占曰："貴人憂。"三年八月甲戌，月犯東井距星。占曰："國有憂，將死。"三年九月戊子，月犯建星。占曰："易相。"一曰："大將死。"五年，丞相王導薨，庾冰代輔政。[2]太尉郗鑒、征西大將軍庾亮薨。

咸康三年十一月乙丑，太白犯歲星。[3]占曰："爲兵飢。"四年二月，石虎破幽州，遷其人萬餘家。李壽殺李期。[4]五年，胡衆五萬寇沔南，略七千餘家而去。又騎二萬圍陷邾城，[5]殺略五千餘人。

[1]慕容皝：人名。字元真，棘城（今遼寧義縣）人，鮮卑族。前燕皇帝。《晋書》卷一〇九有載記。　棘城：地名。在今遼寧義縣。

[2]庾冰：人名。字季堅，潁川鄢陵人。《晋書》卷七三有附傳。

[3]太白犯歲星：《開元占經》卷二五引巫咸曰：“太白犯木星，爲饑，期三年。”自咸康三年太白與歲星相犯，至四年石虎破幽州，五年胡衆寇沔南等，爲期均不出三年。《開元占經》卷二五又引《荊州占》曰：“太白犯歲星，爲旱、爲兵，若環繞與之並光，有兵戰，破軍殺將。”正合於武康年間兵荒馬亂，死傷無數的景象。

[4]李壽：人名。字武考，巴西宕渠人，巴氏族。成漢開國皇帝。《晋書》卷一二一有載記。　李期：人名。字世運，巴西宕渠人，巴氏族。成漢開國皇帝。《晋書》卷一二一有載記。

[5]邾城：城名。在今湖北黄岡市黄州區西北。

咸康四年四月己巳，太白晝見在柳。占曰：“爲兵，爲不臣。”七月乙巳，月掩太白。占曰：“王者亡地，大兵起。”明年，胡賊大寇沔南，[1]陷邾城，豫州刺史毛寶、西陽太守樊峻皆棄城投江死。[2]於是内外戒嚴，左衛桓監、匡術等諸軍至武昌，[3]乃退。七年，慕容皝自稱爲燕王。

[1]沔：地名。即沔口，又名夏口、漢口。在今湖北武漢市原漢水入長江處。

[2]毛寶：人名。字碩真，滎陽陽武（今河南原陽縣）人。《晋書》卷八一有傳。　西陽：郡名。治所在今湖北黄岡市。　樊峻：人名。任東晋西陽太守，餘事不詳。事見《晋書》卷七三

《庾亮傳》、卷八一《毛寶傳》。中華本校勘記云："各本並作'樊
俊'，據《晉書·庾亮傳》《水經注》改。按《晉書·成帝紀》又
作'樊俊'。"今從之。

[3]桓監：人名。本書僅此一見，其事不詳。《晉書》不見此
人。　匡術：人名。初爲東晉懷德令，咸和二年（327）與任讓、
蘇峻反。次年，溫嶠、陶侃舉兵討峻，峻死，匡術降。後曾參與討
伐郭默、石勒的戰鬥，屢立戰功。事見《晉書》卷六五《王導
傳》、卷七〇《劉超傳》、卷七三《庾亮傳》等。　武昌：縣名。
治所在今湖北鄂州市鄂城區西。

咸康四年五月戊午，熒惑犯右執法。[1]占曰："大臣
死，執政者憂。"九月，太白犯右執法。案占，"五星災
同，金、火尤甚。"十一月戊子，太白犯房上星。占曰：
"上相憂。"五年七月己酉，月犯房上星，亦同占。是月
庚申，丞相王導薨。[2]

[1]咸康四年五月戊午，熒惑犯右執法：丁福林《校議》云：
"是月庚辰朔，無戊午日。考《晉書·天文志下》作'戊戌'，爲
月之十九日，《晉志》是也。"

[2]"熒惑犯右執法"至"王導薨"：右執法爲星名。《史記·
天官書》曰："匡衛十二星，藩臣。"《正義》曰："南藩中二星閒
爲端門。次東第一星爲左執法，廷尉之象……端門西第一星爲右執
法，御史大夫之象也。"《開元占經》卷三六引《帝覽嬉》曰："熒
惑行犯太微左右執法，大臣有憂。"引甘氏曰：熒惑"犯左相，左
相誅；犯右相，右相誅"。又引《黃帝占》曰："熒惑守太微垣門
外之左，廷尉有事；守門外之右，丞相御史有事。"以上咸康四年
五月熒惑犯右執法，九月太白又犯右執法，十一月太白又犯房上
星，五年七月又犯房上星，諸象同占"大臣死"，王導薨正應在此

占語。

咸康五年四月辛未，月犯歲星，在胃。占曰：“國飢民流。”乙未，月犯畢距星。占曰：“兵起。”是夜，月又犯歲星，在昴。及冬，有沔南、邾城之敗，百姓流亡萬餘家。[1]

[1]“月犯歲星”至“萬餘家”：《開元占經》卷一二引《荊州占》曰：“月犯歲星，其國民饑死。”《開元占經》卷一三引郗萌曰：“月犯畢，兵革起。”兩次月犯歲星均占爲“國飢民流”，又月犯畢爲“兵起”，故應爲“沔南、邾城之敗，百姓流亡”。乙未，咸康五年四月辛未爲二十七日，該月無乙未，且同一月中不會發生兩次月犯歲星，故“乙未”以下應屬它月，應有漏字。

咸康六年二月庚午朔，流星大如斗，光耀地，出天市，西行入太微。占曰：“大人當之。”乙未，太白入月。占曰：“人主死。”四月甲午，[1]月犯太白。占曰：“人主惡之。”八年六月，成帝崩。

[1]四月甲午：“甲午”各本並作“甲子”，是年四月無甲子。據《晋志》改正。

咸康六年三月甲寅，熒惑從行犯太微上將星。占曰：“上將憂。”四月丁丑，熒惑犯右執法。占曰：“執法者憂。”六月乙亥，月犯牽牛中央星。占曰：“大將憂。”是時尚書令何充爲執法，[1]有譴欲避其咎，明年，求爲中書令。建元二年，[2]庾冰薨，皆大將執政之應也。

是歲正月，征西將軍庾亮薨。三月，而熒惑犯上將。九月，石虎大將虁安死。[3]庾冰後積年方薨。豈冰能修德，移禍於虁安乎。

咸康六年四月丙午，太白犯畢距星。[4]占曰："兵革起。"一曰："女主憂。"六月乙卯，太白犯軒轅大星。占曰："女主憂。"七年三月，皇后杜氏崩。

[1]尚書令：官名。尚書省長官，綜理全國政務，參議大政，權如宰相。三品。　何充：人名。字次道，廬江灊（今安徽霍山縣）人。《晉書》卷七七有傳。

[2]建元：晉康帝司馬岳年號（343—344）。

[3]虁安：人名。後趙將領。事見《晉書》卷一〇四《石勒載記上》、卷一〇六《石季龍載記上》。

[4]太白犯畢距星：《開元占經》卷四九引《太公決事占》曰："太白犯畢口，大兵起。"引石氏曰："太白入畢口，有女喪。"太白有犯，一般占爲兵灾，此處還有女喪，與下文太白犯軒轅的天象對應，應在杜皇后崩。

咸康七年三月壬午，月犯房。占曰："將相憂。"八年六月，熒惑犯房上第二星。占曰："次相憂。"建元二年，車騎將軍江州刺史庾冰薨。是時驃騎將軍何充居內，冰爲次相也。

咸康七年四月己丑，太白入輿鬼。占曰："兵革起。"五月，太白晝見。以晷度推之，非秦、魏，則楚也。占曰："爲臣强，爲有兵。"八月辛丑，月犯輿鬼。占曰："人主憂。"八年六月，成帝崩。

咸康八年八月壬寅，月犯畢赤星。占曰："下犯上，兵革起。”十月，月又掩畢赤星。占同。己酉，太白犯熒惑。占曰：“大兵起。”其後庾翼大發兵謀伐胡，[1]專制上流，朝廷憚之。

康帝建元元年正月壬午，[2]太白入昴。占曰：“趙地有兵。”又曰：“天下兵起。”四月乙酉，太白晝見。八月丁未，太白犯歲星。占曰：“有大兵。”是年，石虎殺其太子邃及其妻、子徒屬二百餘人。[3]又遣將劉寧寇没狄道，[4]又使將張舉將萬餘人屯薊東，謀慕容皝。[5]

建元元年十一月六日，彗星見亢，長七尺，尾白色。占曰：“亢爲朝廷，主兵喪。”二年九月，康帝崩。

建元元年，歲星犯天關。[6]安西將軍庾翼與兄冰書曰：[7]“歲星犯天關，[8]占云：‘關梁當澁。’比來江東無他故，江道亦不艱難；而石虎頻年再閉關不通信使，此復是天公憒憒無皁白之徵也。”[9]

[1]庾翼：人名。字稚恭，潁川鄢陵人。《晉書》卷七三有附傳。

[2]康帝：即司馬岳。字世同，河内溫人。《晉書》卷七有紀。

[3]邃：人名。即石邃。上黨武鄉人，羯族。後趙皇帝石虎子，石虎即位後被立爲太子。爲人驕奢殘忍，被石虎廢殺。事見《晉書》卷一〇五《石勒載記下》、卷一〇六《石季龍載記上》。

[4]劉寧：人名。後趙將領。事見《晉書·石季龍載記上》、卷一〇七《石季龍載記下》、卷一一〇《慕容儁載記》。　狄道：地名。在今甘肅臨洮縣。

[5]張舉：人名。後趙將領。石虎時歷任征北將軍、太尉。後投奔襄國反抗冉閔，被冉閔擊敗後，赴前燕求援，被前燕皇帝慕容儁所殺。事見《晉書·石季龍載記上》《石季龍載記下》、《慕容儁

載記》。

[6]建元元年，歲星犯天關："元年"《晋書·天文志下》作"二年"。丁福林《校議》云："今考《晋志》下文續云：'其閏月乙酉，太白犯斗……九月，帝崩，太子立，大赦，賜爵。'建元二年閏八月，康帝之崩在其年九月，則此作'元年'，或誤。"

[7]安西將軍：官名。四安將軍之一，爲出鎮某一地區的軍事長官，或作爲刺史等地方官兼理軍務的加官，權任很重。三品。

[8]天關：古人對天關星有不同的解釋。天關爲日月五星必經之路，故稱。角宿二星跨黄道而立，又是二十八宿之首，故古人將角宿二星間稱之爲天關。《開元占經》卷二四引石氏曰："歲星犯左角，天下之道皆不通。"故本志占曰"關梁當澁"。

[9]天公憒憒無皁白之徵也：天公糊里糊塗黑白不分之徵兆。憒憒，糊塗。皁，黑色。《史記·天官書》曰："中國於四海內則在東南，爲陽；陽則日、歲星、熒惑、填星；占於街南，畢主之。其西北則胡、貉、月氏諸衣旃裘引弓之民，爲陰；陰則月、太白、辰星；占於街北，昴主之。"現陰國關梁不通，應爲陰星犯天關，天象却爲陽星犯天關，是天公陰陽顛倒。

　　建元二年閏月乙酉，太白犯斗。占曰："爲喪，天下受爵禄。"九月，康帝崩，太子立，大赦賜爵也。晋穆帝永和元年正月丁丑，[1]月入畢，占曰："兵大起。"戊寅，月犯天關。占曰："有亂臣更天子之法。"五月辛巳，太白晝見，在東井。占曰："爲臣强，秦有兵。"六月辛丑，入太微，犯屏西南。[2]占曰："輔臣有免罷者。"七、八月，月皆犯畢。占同正月。己未，月犯輿鬼。占曰："大臣有誅。"[3]九月庚戌，月又犯畢。是年初，庾翼在襄陽，七月，翼疾將終，輒以子爰之爲荆州刺史，[4]代己任，爰之尋被廢。明年，桓溫又輒率衆伐蜀，執李勢，[5]送至京都。蜀本秦地也。

[1]晋穆帝：即司馬聃。字彭子，河内温人。《晋書》卷八有紀。　永和：晋穆帝司馬聃年號（345—356）。

[2]屏：星名。屏星的方位有不同的説法：參宿中有二附星曰屏；又《隋書·天文志》曰："屏二星，在玉井南。"本志屏在太微中，占同太白犯太微。《開元占經》卷五一引石氏曰："太白犯乘守屏星，君臣失禮，而輔臣有誅者，若免罷去。"引甘氏曰："一曰大臣有戮死者。"應在庾爰之被廢。

[3]大臣有誅：《開元占經》卷一四引石氏曰："月犯五諸侯，諸侯誅。"本志占語當源於此。

[4]爰之：人名。即庾爰之。潁川鄢陵（今河南鄢陵縣）人。事見《晋書》卷七三《庾翼傳》、卷七七《何充傳》、卷九一《范宣傳》。

[5]李勢：人名。字子仁，巴西宕渠人，巴氏族。成漢皇帝。《晋書》卷一二一有載記。

永和二年二月壬子，月犯房上星。四月丙戌，月又犯房上星。占同前。八月壬申，太白犯左執法。是歲，司徒蔡謨被廢。[1]

永和三年正月壬午，月犯南斗第五星。占曰："將軍死，近臣去。"五月壬申，月犯南斗第四星，因入魁。占曰："有兵。"一曰："有大赦。"六月，月犯東井距星。占曰："將死，國有憂。"[2]戊戌，月犯五諸侯。占曰："諸侯有誅。"九月庚寅，太白犯南斗第五星。占曰："爲喪兵。"四年七月丙申，太白犯左執法。甲寅，月犯房。丁巳，月入南斗犯第二星。乙丑，太白犯左執法。占悉同上。十月甲戌，月犯亢。占曰：“兵起，軍將死。”十一月戊戌，犯上將星。三年六月，大赦。是月，陳逵征壽春，[3]敗而還。七月，氐蜀餘寇反亂益土。[4]九月，石虎伐涼州，[5]不克。

永和四年四月，太白入昴。五月，熒惑入婁，犯鎮星。[6]七月，太白犯軒轅。占在趙，及爲兵喪，女主憂。其年八月，石虎太子宣殺弟韜，宣亦死。[7]五年正月，石虎僭稱皇帝，尋病死。是年，褚哀北伐喪衆，又尋薨，太后素服。六年正月，朝會廢樂。

[1]蔡謨：人名。字道明，陳留考城（今河南民權縣）人。《晋書》卷七七有傳。

[2]將死，國有憂：丁福林《校議》云：“‘將死’，文義不明。《晋書·天文志下》作‘將軍死’。考本書《天文志一》云：‘（嘉平）三年四月戊寅，月犯東井。占曰：“軍將死。”’又云：‘嘉平五年十一月癸酉，月犯東井距星。’占曰：‘軍將死。’”見此當佚“軍”字。

[3]陳逵：人名。字林道，潁川許昌（今河南許昌市）人。事見《晋書》卷七七《殷浩傳》、卷一〇七《石季龍載記下》。

[4]氐蜀：即十六國成漢政權。由於爲巴氐族人李特所建，建都成都，疆域爲今四川一帶，故稱東晋南朝稱之爲“氐蜀”。

[5]涼州：治所在今甘肅武威市。

[6]熒惑入婁，犯鎮星：《開元占經》卷三三引《荆州占》曰：“熒惑入婁，天下有聚衆。”石氏曰：“大兵起。”郄萌曰：“胡人爲凶。”又熒惑與鎮星相犯，《開元占經》卷二一引巫咸曰：“熒惑犯填星，兵大起。”《荆州占》曰：“熒惑與填星合而犯，大將軍爲

亂。”應在永和四年太子宣殺弟韜和五年褚裒北伐喪衆又薨。

　　[7]宣：人名。即石宣。上黨武鄉人，羯族。後趙皇帝石虎子，太子石邃被殺後，宣被立爲太子，後失寵，因殺石韜，被石虎所殺。事見《晋書》卷一〇六《石季龍載記上》、《石季龍載記下》。

　　韜：人名。即石韜。上黨武鄉人，羯族。後趙皇帝石虎子，因與太子石宣争權，被石宣所殺。事見《晋書》卷一〇五《石弘載記》、《石季龍載記上》、《石季龍載記下》。

　　永和五年四月丁未，太白犯東井。占曰：“秦有兵。”九月戊戌，太白犯左角。占曰：“爲兵。”十月，月犯昴。占曰：“朝廷有憂，軍將死。”十一月乙卯，彗星見于亢，芒西向，色白，[1]長一丈。占曰：“爲兵喪。”是年八月，褚裒北征兵敗。[2]十月，關中二十餘壁舉兵歸從，石遵攻没南陽。[3]十一月，冉閔殺石遵，[4]又盡殺胡十餘萬人，於是中土大亂。十二月，褚裒薨。八年，劉顯、苻健、慕容儁並僭號。[5]殷浩北伐敗，[6]見廢。

　　[1]色白：各本並脱“色”字，中華本據《晋書·天文志》補。今從之。

　　[2]褚裒：人名。字季野，河南陽翟（今河南禹州市）人。《晋書》卷九三有傳。

　　[3]石遵：人名。字大祇，上黨武鄉人，羯族。後趙皇帝。《晋書》卷一〇七有載記。

　　[4]冉閔：人名。字永曾，小字棘奴，魏郡内黄（今河南内黄縣）人。冉魏皇帝。《晋書》卷一〇七有載記。

　　[5]劉顯：人名。本名醜伐，鮮卑族首領。初隨父劉庫仁附前秦苻堅，後被北魏擊敗，投奔西燕。《魏書》卷二三有傳。　苻健：

人名。字建業，略陽臨渭（今甘肅秦安縣）人，氐族。前秦皇帝。《晉書》卷一一二有載記。　慕容儁：人名。字宣英，昌黎棘城（今遼寧義縣）人，鮮卑族。前燕皇帝。《晉書》卷一一〇有載記。

[6]殷浩：人名。字深源，陳郡長平（今河南西華縣）人。《晉書》卷七七有傳。

　　永和六年二月辛酉，月犯心大星。占曰："大人憂。心，豫州分也。"丁丑，月犯房。占曰："將相憂。"三月戊戌，熒惑犯歲星。占曰："爲戰。"六月己丑，月犯昴。占同上。乙未，月犯五諸侯。占同三年。七月壬寅，月始出西方，犯左角。占曰："大將軍死。"一曰："天下有兵。"丁未，月犯箕。占曰："軍將死。"丙寅，熒惑犯鉞星。占曰："大臣有誅。"八月辛卯，月犯左角，太白晝見在南斗，月犯右執法，占並同上。七年二月，太白犯昴，占同上。乙卯，熒惑入輿鬼，犯積屍。[1]占曰："貴人憂。"五月乙未，熒惑犯軒轅大星。占曰："女主憂。"太白入畢口，犯左股。占曰："將相當之。"六月乙亥，月犯箕。丙子，月犯斗。丁丑，熒惑入太微，犯右執法。八月庚午，太白犯軒轅。戊子，太白犯右執法。占悉同上。七年，劉顯殺石祗及諸胡帥，[2]中土大亂，戎、晉十萬數，各還舊土，互相侵略及疾疫死亡，能達者十二三。是年，桓溫輒以大衆求浮江入淮北伐，[3]朝廷震懼。八年，豫州刺史謝尚討張遇，[4]爲苻雄所敗。殷浩北伐敗，被廢。十年，桓溫伐苻健，不克而還。

　　永和八年三月戊戌，月犯軒轅大星。癸丑，月入南斗犯第二星。五月，月犯心星。四月癸酉，月犯房。六月辛巳，日未入，有流星如三斗魁，從辰巳上東南行。[5]晷度推之，在箕、斗之間，蓋燕分也。案占爲營首，營首之下，流血滂沲。七月壬子，歲星犯東井距星。占曰：“內亂兵起。”八月戊戌，熒惑入輿鬼。占曰：“忠臣戮死。”丙辰，太白入南斗，犯第四星。占曰：“將爲亂。”一曰：“丞相免。”九年二月乙巳，入南斗，犯第三星。三月戊辰，月犯房。八月，歲星犯輿鬼東南星。占，“東南星主兵，兵起。”十二月，月在東井，犯歲星。占曰：“秦飢民流。”是時帝主幼沖，母后稱制，將相有隙，兵革連起。慕容儁僭稱大燕，攻伐無已，故災異數見，殷浩見廢也。

[1]乙卯，熒惑入輿鬼，犯積屍：丁福林《校議》云：“《晉書·天文志下》‘乙卯’前有‘三月’二字。今考晉永和七年二月丙寅朔，無乙卯；三月丙申朔，二十日乙卯。即《晉志》是也。此於‘乙卯’前佚‘三月’二字。”

[2]石祗：人名。上黨武鄉人，羯族。後趙皇帝。冉閔殺石勒後，石祗於襄國稱帝。冉閔圍襄國，石祗被迫去帝號，稱趙王求援於前燕，後被劉顯所殺，後趙亡。事見《晉書》卷一〇七《石鑒載記》《冉閔載記》、卷一一〇《慕容儁載記》、卷一一六《姚弋仲載記》。

[3]桓溫：人名。字元子，譙國龍亢（今安徽懷遠縣）人。《晉書》卷九八有傳。

[4]謝尚：人名。字仁祖，陳郡陽夏（今河南太康縣）人。《晉書》卷七九有傳。　張遇：人名。初爲冉魏豫州牧，後爲前秦苻雄所俘，以爲征東大將軍、豫州牧。事見《晉書》卷七七《殷

浩傳》、卷七九《謝尚傳》、卷八四《劉牢之傳》。

[5]日未入，有流星如三斗魁，從辰巳上東南行：太陽尚未下山、星星尚未顯現的時候，有流星出現，大小如三個斗魁，從辰巳的方位，即東南方，向東南流去。因不見星星，祇能用晷度進行推測，大約在箕宿和斗宿之間，爲燕地的分野。其應在殷浩見廢、慕容儁僭稱大燕。

永和十年正月乙卯，月食昴。占曰：“趙、魏有兵。”癸酉，填星奄鉞星。占曰：“斧鉞用。”二月甲申，月犯心大星。占曰：“王者惡之。”四月癸未，流星大如斗，色赤黃，出織女，没造父，有聲如雷。占曰：“燕、齊有兵，民流。”戊午，月犯心大星。七月庚午，太白晝見。晷度推之，災在秦、鄭。九月辛酉，太白犯左執法。十一月，月奄填星，在輿鬼。占曰：“秦有兵。”十一年三月辛亥，月奄軒轅。占同上。四月庚寅，月犯牛宿南星。占曰：“國有憂。”八月己未，太白犯天江。占曰：“河津不通。”十二年六月庚子，太白晝見，在東井。占如上。己未，月犯鉞星。七月丁卯，太白犯填星，在柳。占曰：“周地有大兵。”八月癸酉，月奄建星。九月戊寅，熒惑入太微，犯西蕃上將星。十一月丁丑，熒惑犯太微東蕃上相。十年四月，桓溫伐苻健，破其嶢柳衆軍。[1]健壁長安，[2]溫退。十二月，慕容恪攻齊。[3]十二年八月，桓溫破姚襄於伊水，[4]定周地。十一月，齊城陷，執段龕，[5]殺三千餘人。永和末，鮮卑侵略河、冀，升平元年，[6]慕容儁遂據臨漳，[7]盡有幽、并、青、冀之地。緣河諸將漸奔散，河津隔絶矣。三年，會稽王以郗曇、謝萬敗績，[8]求自貶三等。是時權在方伯，九服交兵，故譴象仍見。[9]

[1]嶢柳：地名。在今陝西藍田縣。嶢，亦作"堯"。

[2]健壁長安：符健戰敗以後，在長安建立營壘守禦。

[3]慕容恪：人名。字玄恭，棘城（今遼寧義縣）人，鮮卑族。慕容皝第四子，前燕將軍。《晉書》卷一一一有載記。

[4]姚襄：人名。字景國，南安赤亭（今甘肅隴西縣）人，羌族。《晉書》卷一一六有載記。各本並作"姚萇"，中華本據《晉書·天文志中》改，其校勘記云："時與桓溫戰於洛陽者爲姚襄，《晉書》載記、《晉書·桓溫傳》、《通鑑》晉太和十二年可證。"
伊水：水名。洛水支流。源出今河南欒川縣伏牛山北麓，東北流至偃師市南入洛水。

[5]齊城：地名。在今山東淄博市東北臨淄故城。　段龕：人名。鮮卑首領。後趙大亂時，段龕自稱齊王。後被前燕將軍慕容恪擊敗，投降後被慕容儁所殺。事見《晉書》卷一一〇《慕容儁載記》、卷一二七《慕容德載記》、卷一二八《慕容超載記》。

[6]升平：晉穆帝司馬聃年號（357—376）。

[7]臨漳：縣名。治所在今河北臨漳縣西南鄴鎮。

[8]會稽王：王爵名。王國在今浙江紹興市。此處指後來的簡文帝司馬昱。字道萬，河内溫人。《晉書》卷九有紀。　郗曇：人名。字重熙，高平金鄉人。《晉書》卷六七有附傳。　謝萬：人名。字萬石，陳郡陽夏人。《晉書》卷七九有附傳。

[9]方伯：諸侯之長。　九服：指晉統治區内各個地區。　譴象：譴責諸侯劣行的天象。

晉穆帝升平元年四月壬子，太白入輿鬼。丁亥，月奄東井南轅西頭第二星。占曰："秦地有兵。"一曰：

“將死。”六月戊戌，太白晝見，在軫。占同上，軫，楚分也。[1]壬子，月犯畢。占曰：“爲邊兵。”七月辛巳，熒惑犯天江。[2]占曰：“河津不通。”十一月，歲星犯房。壬午，月奄歲星，在房。占曰：“民飢。”一曰：“豫州有災。”二年二月辛卯，填星犯軒轅大星。甲午，月犯東井。閏月乙亥，月犯歲星，在房。占悉同上。五月丁亥，彗出天船，[3]有胃度中。彗爲兵喪，除舊布新，出天船，外夷侵。一曰：“爲大水。”六月辛酉，月犯房。八月戊午，熒惑犯填星，在張。占曰：“兵大起。張，三河分。”[4]十月己未，太白犯哭星。[5]十二月，枉矢自東南流於西北，其長半天。三年正月壬辰，熒惑犯楗閉。案占，“人主憂”。三月乙酉，熒惑逆行犯鉤鈐。案占，“王者惡之”。月犯太白，在昴。占曰：“人君死。”一曰：“趙地有兵，朝廷不安。”六月，太白犯東井。七月乙酉，熒惑犯天江。丙戌，太白犯輿鬼。占悉同上。戊子，月犯牽牛中央大星。[6]占曰：“牽牛，天將也。犯中央星，大將軍死。”八月丁未，太白犯軒轅大星。甲子，月犯畢大星。占曰：“爲邊兵。”一曰：“下犯上。”庚午，太白犯填星，在太微中。占曰：“王者惡之。”二年五月，關中氐帥殺苻生立堅。[7]十二月，慕容儁入屯鄴。八月，安西將軍、豫州刺史謝奕薨。[8]三年十月，諸葛攸舟軍入河，[9]敗績。豫州刺史謝萬入潁，[10]衆潰而歸，除名爲民。十一月，司徒會稽王以二鎮敗，求自貶三等。四年正月，慕容儁死，子暐代立。[11]慕容恪殺其尚書令陽騖等。[12]五月，天下大水。五年五月，穆帝崩。

[1]"太白入輿鬼"至"軫，楚分也"：前已述及爲有兵之象，鬼爲秦分，故占曰秦有兵。太白晝見，也是有兵之象，故曰占同上。在軫，軫爲楚的分野。

[2]熒惑犯天江：《開元占經》卷三五引石氏曰："熒惑守天江，必有立王。"巫咸曰："熒惑犯守天江，天下有水，若入之，大水齊城郭，人民饑亡，去其鄉。"本志占爲"河津不通"，不通災在大水。又下文三年七月熒惑又犯天江，應在天下大水。

[3]彗出天船：彗星見爲兵，《開元占經》卷九〇引《春秋緯》曰："彗星出舟星，外夷侵。"又巫咸曰："彗星出天船，天下大水，舟船用事；若外夷來侵，水兵起，期一年。"

[4]三河：地區名。指漢時河南、河東、河內三郡，相當於今河南北部及山西南部地區。

[5]太白犯哭星：下占文曰"人主憂"，包含"天子有哭泣事"。

[6]月犯牽牛中央大星：《開元占經》卷一三引郗萌曰："月犯牽牛，其國有憂。將軍亡其鼓。一曰有軍將死。"星占家常以牽牛星與軍將相聯繫，故月犯牽牛，一曰將憂亡，一曰牛死，或牛馬貴等。牽牛星又曰河鼓，故占曰"將軍亡其鼓"。

[7]關中：地區名。秦都咸陽，漢都長安，因而稱函谷關以西爲關中，相當於現在的陝西省。有時又泛指戰國末期秦的故地，包括秦嶺以南的漢中、巴蜀在內，甚至包括隴西。　氐：古族名。分布於今甘肅東南的西漢水、白龍江流域。東漢末年，遷往關中。本書卷九八有《氐胡傳》。　符生：人名。字長生，略陽臨渭人，氐族。前秦皇帝。《晋書》卷一一二有載記。　堅：人名。即符堅。字永固，略陽臨渭人，氐族。前秦皇帝。《晋書》卷一一三、卷一一四有載記。

[8]謝奕：人名。字無奕，陳郡陽夏人。《晋書》卷七九有附傳。

[9]諸葛攸：人名。東晋大臣。事見《晋書》卷七三《庾冰傳》、卷七五《苟羨傳》、卷一一〇《慕容儁載記》、卷一一一《慕容暐載記》。

[10]潁：水名。淮河支流，在今安徽西北部及河南東部。

[11]暐：人名。即慕容暐。字景茂，昌黎棘城人，鮮卑族。前燕皇帝。《晋書》卷一一一有載記。

[12]陽鶩：人名。字士秋，右北平無終（今天津薊縣）人。前燕大臣。《晋書》卷一一一有載記。

升平四年正月乙亥，月犯牽牛中央大星。占曰："大將死。"六月辛亥，辰星犯軒轅。占曰："女主憂。"己未，太白入太微右掖門，[1]從端門出。占曰："貴奪勢。"一曰："有兵。"又曰："出端門，臣不臣。"八月戊申，太白犯氐。占曰："國有憂。"丙辰，熒惑犯太微西蕃上將。九月壬午，太白入南斗口，犯第四星。占曰："爲喪，有赦，天下受爵禄。"十月庚戌，天狗見西南。占曰："有大兵流血。"十二月甲寅，熒惑犯房。丙寅，太白晝見。庚寅，月犯楗閉。占曰："人君惡之。"五年正月乙巳，填星逆行犯太微。乙丑辰時，月在危宿奄太白。[2]占曰："天下民靡散。"三月丁未，月犯填星在軫。占曰："爲大喪。"五月壬寅，月犯太微。庚戌，月犯建星。占曰："大臣相譖。"辛亥，月犯牽牛宿。占曰："國有憂。"五年正月，北中郎將郗曇薨。五月，穆帝崩，哀帝立，大赦賜爵，褚后失勢。[3]七月，慕容恪攻冀州刺史吕護於野王，拔之，護奔滎陽。[4]是時桓温以大衆次宛，[5]聞護敗乃退。

[1]太白入太微右掖門：《開元占經》卷五一引郗萌曰："太白入太微西門，犯天庭，出端門，爲大臣伐主；入西門，而折出右掖門，爲大臣假主之威，而不從主命；太白入西華門，出端門東門，詐稱詔；太白入太微西門，若入端門，出東門，爲貴者奪勢。太白入太微中，臣相殺，國有憂。"本志占曰"貴奪勢""臣不臣"等與此有關。

[2]月在危宿奄太白：《開元占經》卷一三引《荆州占》曰："月蝕太白，民靡散。"可見本志占語來自《荆州占》。奄，遮蓋也。太白與月相比，距地遠，故祇能月食太白，不可能太白奄月。

[3]哀帝：即司馬丕。字千齡。《晋書》卷八有紀。　褚后：即康獻褚皇后。名蒜子，河南陽翟人。《晋書》卷三二有傳。

[4]吕護：人名。原爲前燕將領，叛降東晋，被封爲冀州刺史，後爲慕容恪所敗，降前燕。事見《晋書》卷一〇七《石季龍載記下》、卷一一〇《慕容儁載記》、卷一一一《慕容暐載記》。　野王：縣名。治所在今河南沁陽市。　滎陽：郡名。治所在今河南滎陽市。

[5]宛：地名。在今河南南陽市。

升平五年六月癸酉，月奄氐東北星。占曰："大將當之。"九月乙酉，奄畢。占曰："有邊兵。"十月丁卯，熒惑犯歲星，在營室。占曰："大臣有匿謀。"[1]一曰："衛地有兵。"丁未，月犯畢赤星。占曰："下犯上。"又曰："有邊兵。"八月，范汪廢。[2]隆和元年，[3]慕容暐遣傅末波寇河陰，陳祐危逼。[4]

[1]大臣有匿謀：《史記·天官書》曰："木與火合，大臣匿謀。"《開元占經》卷二五引《荆州占》曰："熒惑與歲星合，大臣

匿謀。"

[2] 八月，范汪廢：中華本校勘記云："周家禄《晉書校勘記》
云：'本紀，范汪廢在十月。'" 范汪，人名。字玄平，南陽順陽
（今河南内鄉縣）人。《晉書》卷七五有傳。

[3] 隆和：晉哀帝司馬丕年號（362—363）。

[4] 傅末波：人名。前燕將領。與吕護一同叛燕降晉，後又降
前燕。事見《晉書》卷八《和帝紀》、卷六七《郗曇傳》、卷九八
《桓温傳》。　河陰：地名。在今河南孟津縣。　陳祐：人名。東晉
將領。時任冠軍將軍，駐守洛陽。餘事不詳。

晋哀帝興寧元年八月，[1] 星孛大角、亢，入天市。
按占，"爲兵喪"。三年正月，皇后王氏崩。[2] 二月，哀
帝崩。三月，慕容恪攻洛陽，沈勁等戰死。[3]

興寧元年十月丙戌，月奄太白，在須女。占曰：
"天下民靡散。" 一曰："災在揚州。"[4] 三年，洛陽没。
其後桓温傾揚州資實，討鮮卑，敗績，死亡太半。及征
袁真，[5] 淮南殘破。後氐及東胡侵逼，兵役無已。

[1] 興寧：晉哀帝司馬丕年號（363—365）。

[2] 王氏：即哀靖王皇后。名穆之，太原晉陽（今山西太原
市）人。《晉書》卷三二有傳。

[3] 沈勁：人名。字世堅，吴興武康（今浙江德清縣）人。
《晉書》卷八九有傳。

[4] 災在揚州：須女分野在揚州，故占曰"災在揚州"。

[5] 袁真：人名。原爲東晉廬江太守，後降前燕慕容暐，被任
命爲征南大將軍、揚州刺史。事見《晉書》卷七三《庾亮傳》、卷
九八《桓温傳》、卷一一一《慕容暐載記》。

　　興寧三年正月乙卯，月奄歲星，在參。參，益州分也。六月，鎮西將軍、益州刺史周撫薨。[1]十月，梁州刺史司馬勳入益州以叛，[2]朱序率衆助刺史周楚討平之。[3]

　　興寧三年七月庚戌，月犯南斗，占曰：“女主憂。”歲星犯輿鬼。占曰：“人君憂。”十月，太白晝見，在亢。占曰：“亢爲朝廷，有兵喪，爲臣強。”哀帝是年二月崩，其災皆在海西也。[4]明年五月，皇后庾氏崩。[5]

　　晉海西太和元年二月丙子，[6]月奄熒惑，在參。占曰：“爲内亂。”一曰：“參，魏地。”二年正月，太白入昴。五年，慕容暐爲苻堅所滅，雍、冀、幽、并四州並屬氏。[7]

　　[1]鎮西將軍：官名。將軍名號之一，與鎮東、鎮南、鎮北將軍並稱四鎮將軍。二品。　益州：治所在今四川成都市。　周撫：人名。字道和，廬江尋陽（今江西九江市）人。《晉書》卷五八有附傳。

　　[2]梁州：治所在今陝西漢中市。　司馬勳：人名。字偉長，河内温人。《晉書》卷三七有附傳。

　　[3]朱序：人名。字次倫，義陽（今河南信陽市南）人。《晉書》卷八一有傳。

　　[4]海西：即晉廢帝司馬奕。字延齡，河内温人，被廢爲海西公。《晉書》卷八有紀。

　　[5]庾氏：即廢帝孝庾皇后。名道憐，潁川鄢陵人。《晉書》卷三二有傳。

　　[6]太和：晉廢帝司馬奕年號（366—371）。

　　[7]雍、冀、幽、并四州：四州均屬氏宿分野。雍，州名。原

文均作“司”，誤。因氐人本以雍州爲根基，四州中不可能缺少雍州。并，州名。治所在今山西太原市。

太和二年八月戊午，太白犯歲星，在太微。三年六月甲寅，太白奄熒惑，在太微端門中。六年，海西公廢。

太和四年二月，客星見紫宮西垣，至七月乃滅。占曰：“客星守紫宮，臣殺主。”閏月乙亥，月暈軫，復有白暈貫月，北暈斗柄三星。占曰：“王者惡之。”六年，桓溫廢帝。

太和四年十月壬申，有大流星西下，聲如雷。案占，“流星爲貴使，星大者使大”。明年，遣使免袁真爲庶人。桓溫征壽春，真病死。息瑾代立，[1]求救于苻堅。溫破氐軍。六年，壽春城陷，聲如雷，將士怒之象也。

[1]息瑾代立：袁真病死，其子袁瑾代立。息，兒子。

太和六年閏月，熒惑守太微端門。占曰：“天子亡國。”又曰：“諸侯三公謀其上。”一曰：“有斬臣。”辛卯，月犯心大星。占曰：“王者惡之。”十一月，桓溫廢帝，并奏誅武陵王。[1]簡文不許，溫乃徙之新安。[2]

[1]武陵王：王爵名。王國在今湖南常德市。此處指司馬晞。字道叔，河内溫人。《晋書》卷六四有傳。
[2]新安：郡名。治所在今浙江淳安縣西北新安江北岸，現已没入千島湖。

宋書　卷二五

志第十五

天文三[1]

　　晋簡文咸安元年十二月辛卯，[2]熒惑逆行入太微，二年三月猶不退。占曰：“國不安，有憂。”是時帝有桓温之逼，[3]恒懷憂慘。七月，帝崩。

　　咸安二年正月己酉，歲星犯填星，在須女。占曰：“爲內亂。”五月，歲星形色如太白。占曰：“進退如度，姦邪息。變色亂行，主無福。歲星囚於仲夏，當細小而明，此其失常也。又爲臣强。”[4]六月，太白晝見在七星。乙酉，太白犯輿鬼。占曰：“國有憂。”七月，帝疾甚，詔桓温曰：“少子可輔者輔之；如不可，君自取之。”賴侍中王坦之毀手詔，改使如王導輔政故事。[5]温聞之大怒，將誅坦之等，內亂之應也。是月，帝崩。

　　[1]天文三：《宋書·天文志》的分卷，是在寫成後按篇幅大小分判的，若按內容分三卷即可，卷一爲論天和儀象，卷二爲魏、

西晉星變，卷三、四全爲一卷，爲東晉和宋星變。

[2]簡文：即司馬昱。字道萬，河内温（今河南温縣）人。《晉書》卷九有紀。 咸安：晉簡文帝司馬昱年號（371—372）。

[3]桓温：人名。字元子，譙國龍亢（今安徽懷遠縣）人。《晉書》卷九八有傳。

[4]"五月，歲星形色如太白"至"當細小而明，此其失常也。又爲臣強"：咸安二年五月，歲星運行的速度和顏色都像太白一樣。歲星應細小而明亮，此失常現象因木星被太白囚禁，故其行度和顏色如太白。丁福林《校議》云："《晉書·天文志下》：占曰：'……歲星於仲夏當細小而不明，此其失常也。又爲臣強。'乃謂歲星在仲夏五月之時，本應細小而不明，今則歲星形色如太白金星，乃非正常之色也。考是事時值五月，故曰'歲星於仲夏'，太白星明亮而大者也，而是歲星形色如太白，則失常之象而有占之之事並云'變色亂行'也，見《晉志》是。此作'細小而明'，於理不合。'明'前佚一'不'字。"

[5]王坦之：人名。字文度，太原晉陽（今山西太原市）人。《晉書》卷七五有附傳。 王導：人名。字茂弘，琅邪臨沂（今山東臨沂市）人。助晉元帝據有江左，受詔輔明帝，又受詔輔成帝。歷仕三朝，出將入相而無篡逆之心。《晉書》卷六五有傳。

咸安二年五月丁未，太白犯天關。[1]占曰："兵起。"六月，庾希入京城，[2]十一月，盧悚入宮，並誅滅。[3]

[1]太白犯天關：《開元占經》卷五一引郗萌曰："太白守天關，大臣反。"《西官候》曰："太白守天關，兵大起。"與本志占文同。

[2]庾希：人名。字始彦，潁川鄢陵（今河南鄢陵縣）人。事見《晉書》卷七三《庾冰傳》。

[3]盧悚入宮，並誅滅：成帝崩後，海西公繼位，不久被桓溫所廢，庾希起兵反對，盧悚也參與使海西公復位，並爲桓溫消滅。盧悚，人名。彭城（今江蘇徐州市）人。事見《晉書》卷八《海西公紀》、卷八一《毛安之傳》。

晉孝武寧康元年正月戊申，[1]月奄心大星。[2]案占，災不在王者，則在豫州。[3]一曰："主命惡之。"三月丙午，月奄南斗第五星。[4]占曰："大臣有憂，憂死亡。"一曰："將軍死。"七月，桓溫薨。

[1]孝武：即司馬曜。字昌明，河内溫縣人。《晉書》卷九有紀。　寧康：晉孝武帝司馬曜年號（373—375）。

[2]月奄心大星：《開元占經》卷一三引《海中占》曰："月犯心中央星，人主惡之。"又曰："月犯心，有亂臣。"本志占曰："災不在王者，則在豫州。"因心爲宋星，故曰豫州。

[3]災不在王者，則在豫州：中華本校勘記云："各本並脱'不'字，據《晉書·天文志》補。"今從之。豫州，治所在今河南淮陽縣。

[4]月奄南斗：《開元占經》卷一三引《荆州占》曰："月變於南斗，易相，近臣死。"應驗在桓溫。

寧康二年二月丁巳，[1]有星孛于女、虛，經氏、亢、角、軫、翼、張。九月丁丑，有星孛于天市。十一月癸酉，太白奄熒惑，在營室。占曰："金、火合爲爍，此災皆爲兵喪。"太元元年五月，[2]氐賊苻堅伐涼州。[3]七月，氐破涼州，虜張天錫。[4]十一月，桓沖發三州軍軍淮、泗，桓豁亦遣軍備境上。[5]

[1]寧康二年二月丁巳：各本均作"正月丁巳"，是年正月無丁巳，今據《晋書》卷九《孝武帝紀》改。

[2]太元：晋孝武帝司馬曜年號（376—396）。

[3]氐：古族名。分布於今甘肅東南的西漢水、白龍江流域。東漢末年，遷往關中。本書卷九八有《氐胡傳》。　苻堅：人名。字永固，略陽臨渭（今甘肅秦安縣）人，氐族。前秦皇帝。《晋書》卷一一三、卷一一四有載記。　涼州：治所在今甘肅武威市。

[4]張天錫：人名。字純嘏，安定烏氏（今甘肅平涼市）人。前涼國主。《晋書》卷八六有附傳。

[5]桓沖：人名。字幼子，譙國龍亢人。《晋書》卷七四有附傳。　淮：水名。即淮水，今淮河。　泗：水名。即泗水。出今山東泗水縣東蒙山南麓，四源並發，故名。　桓豁：人名。字朗子，譙國龍亢人。《晋書》卷七四有附傳。

寧康二年閏月己未，月奄牽牛南星。占曰："左將軍死。"三年五月，北中郎將王坦之薨。

寧康三年六月辛卯，太白犯東井。占曰："秦地有兵。"九月戊申，熒惑奄左執法。占曰："執法者死。"太元元年，苻堅破涼州。十月，尚書令王彪之卒。[1]

晋孝武太元元年四月丙戌，熒惑犯南斗第三星。丙申，又奄第四星。[2]占曰："兵大起，中國飢。"一曰："有赦。"八月癸酉，太白晝見在氐。氐，兗州分野。九月，熒惑犯哭、泣星，遂入羽林。占曰："天子有哭泣事，中軍兵起。"十一月己未，月奄左角。占曰："天子有兵。"一曰："國有憂。"三年六月，熒惑守羽林。[3]占曰："禁兵大起。"九月壬午，太白晝見在角，兗州分。[4]元年五月，大赦。三年八月，氐賊韋鍾入漢中東下，^[5]苻融寇樊、鄧，^[6]慕容暐圍襄陽，^[7]氐兗州刺史彭超圍彭城。^[8]四年二月，襄陽城陷，賊獲朱序。^[9]彭超捨彭城，獲吉挹。^[10]彭超等聚廣陵三河衆五萬。^[11]於是征虜謝石次涂中，^[12]右衛毛安之、游擊河間王曇之等次堂邑，^[13]發丹陽民丁，使尹張涉屯衛京都。^[14]六月，兗州刺史謝玄討賊，^[15]大破之，餘燼皆走。是時中外連兵，比年荒儉。是年，又發揚州萬人戌夏口。

[1]太元元年，苻堅破涼州。十月，尚書令王彪之卒：丁福林《校議》云：“《晋書》之《孝武帝紀》《天文志下》、《通鑑》卷一〇四皆記王彪之卒在太元二年十月，《晋書·王彪之傳》《建康實錄》亦記彪之之卒在太元二年。此於‘十月’前佚‘二年’二字。”王彪之，人名。字叔武，琅邪臨沂人。《晋書》卷七六有附傳。

[2]熒惑犯南斗第三星。丙申，又奄第四星：斗星有南斗、北斗之別。北斗即北斗七星，南斗即二十八宿之一的斗宿，二星均似杓，故曰斗。南斗第三星爲杓把最後一星，第四星爲杓底近把的星。熒惑的出現，往往象徵兵灾。故本志占曰：“兵大起，中國飢。”

[3]熒惑守羽林：羽林對應皇帝的禁衛軍。故曰熒惑守犯羽林星，象徵著禁兵起事。本志記載了許多應驗的占事，但這條占語下沒有記載應驗之事，可見在志書中雖記載了異常星象和占語，也不一定都有應驗。

[4]兗州：治所在今山東鄆城縣。

[5]韋鍾：人名。前秦梁州太守，率軍攻魏興，俘太守吉挹，餘事不詳。事見《晋書》卷一一三《苻堅載記上》。　漢中：郡名。治所在今陝西漢中市。

[6]苻融：人名。字博休，略陽臨渭人，氐族。苻堅之弟，前

秦將軍。《晉書》卷一一四有載記。 樊、鄧：地區名。今湖北襄陽市及河南鄧州市一帶。

[7]慕容暐：人名。字景茂，昌黎棘城（今遼寧義縣）人，鮮卑族。前燕皇帝。《晉書》卷一一一有載記。 襄陽：郡名。治所在今湖北襄陽市襄城區。

[8]彭超：人名。前秦將軍。事見《晉書》卷七九《謝玄傳》、《苻堅載記上》。

[9]朱序：人名。字次倫，義陽人。《晉書》卷八一有傳。

[10]彭超捨彭城，獲吉挹：丁福林《校議》云：“時吉挹爲晉梁州魏興太守，是役爲前秦苻堅將韋鍾所俘，見《晉書》之《孝武帝紀》《吉挹傳》《苻堅載記》、《通鑑》卷一〇四。而彭超則在徐州之彭城一帶。魏興與彭城懸隔，吉挹被俘事與彭超無涉。此‘彭超捨彭城，獲吉挹’，恐誤。”吉挹，人名。字祖沖，馮翊蓮芍（今陝西渭南市北下邽鎮）人。《晉書》卷八九有傳。

[11]廣陵：郡名。治所在今江蘇揚州市西北蜀崗上。 三河：中華本作“三河”，然三河爲河南、河東、河内三郡的統稱，相當於今河南北部及山西南部地區，距廣陵甚遠。查《晉書·苻堅載記上》載：太元四年“彭超陷盱眙……遂攻晉幽州刺史田洛於三阿，去廣陵百里”，此“三河”似爲“三阿”之誤。三阿，地名。在今江蘇金湖縣東南平阿西村，東晉時嘗僑置幽州於此。

[12]征虜：官名。征虜將軍省稱。可領兵，也可作爲高級文官的加號。三品。 謝石：人名。字石奴，陳郡陽夏（今河南太康縣）人。《晉書》卷七九有附傳。 涂中：地區名。今安徽、江蘇境內滁水流域。

[13]右衛：官名。右衛將軍省稱。禁軍主要統帥之一，負責宮廷宿衛，掌佽飛、虎賁及前驅、由基、強弩三部司馬和其屬下的虎賁、羽林、上騎、異力、命中虎賁五部督，權任很重。四品。 毛安之：人名。字仲祖，滎陽陽武（今河南原陽縣）人。《晉書》卷八一有附傳。 游擊：官名。游擊將軍省稱。禁軍將領之一，掌宿

衛之任。四品。　河間王：王爵名。王國在今河北獻縣。　曇之：
人名。即司馬曇之。河內溫人。歷任侍中、左衛將軍。事見《晉
書》卷九《孝武帝紀》、卷七九《謝玄傳》、卷一一三《苻堅載記
上》。　堂邑：地名。在今江蘇南京市六合區。

[14]丹陽：郡名。治所在今江蘇丹陽市。　張涉：人名。本書
僅此一見，其事不詳。《晉書》不見此人。

[15]謝玄：人名。字幼度，陳郡陽夏人。《晉書》卷七九有
附傳。

太元四年十一月丁巳，太白犯哭星。占曰：“天子
有哭泣事。”五年七月丙子，辰星犯軒轅。[1]占曰：“女
主當之。”九月癸未，皇后王氏崩。[2]

[1]辰星犯軒轅：《開元占經》卷五八引《黃帝占》曰：“辰星
行軒轅，中犯女主，女主失勢，憂喪也。”故占曰“女主當之”，
應在皇后王氏崩。

[2]王氏：即孝武定王皇后。名法慧，太原晉陽人。《晉書》
卷三二有傳。

太元六年十月乙卯，有奔星東南經翼、軫，聲如
雷。《星說》曰：“光迹相連曰流，絕迹而去曰奔。”案
占，“楚地有兵”。一曰：“軍破民流。”十二月，氐荊
州刺史梁成、襄陽太守閻震率衆伐竟陵，[1]桓石虔擊大
破之，[2]生禽震，斬首七千，獲生萬人。[3]聲如雷，將帥
怒之象也。七年九月，朱綽擊襄陽，[4]拔將六百餘家
而還。[5]

　　[1]荆州：前秦時治所在今湖北襄陽市襄城區。　梁成：人名。略陽（今甘肅天水市）人，氐族。前秦將軍，後爲劉牢之所殺。事見《晉書》卷八四《劉牢之傳》、卷一一三《苻堅載記上》、卷一一四《苻堅載記下》。　襄陽：郡名。治所在今湖北襄陽市襄城區。閭震：人名。前秦將領。《晉書》卷七四《桓石虔傳》、《苻堅載記上》所載事與本志同，餘事不詳。按：《晉書·苻堅載記上》作"閭振"。　竟陵：郡名。治所在今湖北潛江市。

　　[2]桓石虔：人名。字鎮惡，譙國龍亢人。《晉書》卷七四有附傳。

　　[3]獲生萬人：丁福林《校議》云："'獲生萬人'，不成文義。《晉書·天文志下》作'獲生口萬人'，是也。《晉書·石虔傳》作'俘獲萬人'，《通鑑》卷一〇四作'俘虜萬人'，可與印證。此於'生'後佚'口'。"

　　[4]朱綽：人名。沛郡沛（今江蘇沛縣）人。事見《晉書》卷四八《朱齡石傳》。

　　[5]"有奔星東南經翼、軫"至"拔將六百餘家而還"：翼、軫分野屬楚，故本志占曰："楚地有兵。"應在荆州刺史起兵兵敗，襄陽太守被擒。這條天象應有附會不合之處。《開元占經》卷七一引《雒書》曰："此星所往者，其分受福，有利。"《荆州占》曰："所墜國安，有喜。"又曰："將軍均封疆。"與本志占語相反，但本志中星占家都作了相應驗的附會。奔星，流星的一種。《爾雅·釋天》曰："奔星爲彴約。"疏曰："奔星爲彴約者，奔星即流星。"

　　太元七年十一月，太白晝見，在斗。占曰："吳有兵喪。"

　　八年四月甲子，太白又晝見，在參。占曰："魏有兵喪。"是月，桓沖征沔漢，[1]楊亮伐蜀，[2]並拔城略地。八月，苻堅自將號百萬，九月，攻没壽陽。[3]十月，劉牢之破堅將梁成斬之，^[4]殺獲萬餘人。謝玄等又破堅於淝水，^[5]斬其弟融，堅大衆奔潰。

九年六月，皇太后褚氏崩。^[6]八月，謝玄出屯彭城，^[7]經略中州。

十年八月，苻堅爲其將姚萇所殺。^[8]

太元十年十二月己丑，太白犯歲星。占曰："爲兵饑。"是時河朔未一，^[9]兵連在外。冬，大饑。

太元十一年三月戊申，^[10]太白晝見，在東井。占曰："秦有兵，臣强。"六月甲午，歲星晝見，在胃。占曰："魯有兵，臣强。"十二年，慕容垂寇東阿，^[11]翟遼寇河上，姚萇假號安定，^[12]苻登自立隴上，^[13]呂光竊據涼土。^[14]

［1］沔：地名。即沔口。又名夏口、漢口。在今湖北武漢市原漢水入長江處。　漢：水名。即漢水。長江最大支流，源出今陝西寧强縣北嶓塚山。

［2］楊亮：人名。弘農華陰（今陝西華陰縣）人。歷任梁州刺史、雍州刺史等官。事見《晉書》卷九《孝武帝紀》、卷五八《周楚傳》、卷一一三《苻堅載記上》、卷一一四《苻堅載記下》、卷一一六《姚弋仲載記》。

［3］壽陽：縣名。治所在今安徽壽縣。

［4］劉牢之：人名。字道堅，彭城（今江蘇徐州市）人。《晉書》卷八四有傳。

［5］淝水：水名。源出今安徽合肥市西北將軍嶺，西北流入壽縣境，又經八公山西南入淮。

［6］褚氏：即康獻褚皇后。名蒜子，河南陽翟（今河南禹州市）人。《晉書》卷三二有傳。

[7]彭城：縣名。治所在今江蘇徐州市。

[8]姚萇：人名。字景茂，南安赤亭（今甘肅隴西縣）人，羌族。後秦皇帝。《晋書》卷一一六有載記。

[9]河朔：地區名。泛指黃河以北。

[10]太元十一年三月戊申：中華本校勘記云：“‘三月戊申’各本並作‘二月戊申’，據《晋書·天文志》改。按是年二月癸酉朔，無戊申。三月壬寅朔，初七日戊申。《宋志》誤，《晋志》是。”今從之。

[11]慕容垂：人名。字道明，棘城（今遼寧義縣）人，鮮卑族。後燕皇帝。《晋書》卷一二三有載記。

[12]安定：縣名。治所在今甘肅涇川縣北涇河北岸。

[13]苻登：人名。字文高，略陽臨渭人，氐族。前秦皇帝。《晋書》卷一一五有載記。　隴上：地區名。泛指今陝北、甘肅及其以西地區。

[14]呂光：人名。字世明，略陽人，氐族。後涼皇帝。《晋書》卷一二二有載記。

太元十一年三月，客星在南斗，至六月乃没。占曰：“有兵。”一曰：“有赦。”是後司、雍、兖、冀常有兵役。[1]十二年正月，大赦。八月，又赦。

太元十二年二月戊寅，熒惑入月。占曰：“有亂臣死，相若有戮者。”一曰：“女親爲敗，[2]天下亂。”是時琅邪王輔政，[3]王妃從兄國寶以姻昵受寵。[4]又陳郡人袁悦昧私苟進，[5]交遘主相，扇揚朋黨。十三年，帝殺悦。於是主相有隙，亂階興矣。

太元十二年十月庚午，太白晝見，在斗。十三年閏月戊辰，天狗東北下有聲。十二月戊子，辰星入月，在危。占曰："賊臣欲殺主，不出三年，必有内惡。"是月，熒惑在角、亢，形色猛盛。占曰："熒惑失其常，吏且棄其法，諸侯亂其政。"自是後慕容垂、翟遼、姚萇、苻登、慕容永並阻兵爭强。[6]十四年正月，彭城妖賊又稱號於皇丘，[7]劉牢之破滅之。三月，張道破合鄉，圍泰山，向欽之擊走之。[8]是年，翟遼又攻没滎陽，侵略陳、項。[9]于時政事多弊，治道陵遲矣。

太元十四年十二月，熒惑入羽林。乙未，月犯歲星。占並同上。十五年，翟遼陸掠司、兗，衆軍累討弗克。鮮卑又跨略并、冀。[10]七月，旱。八月，諸郡大水，兗州又蝗。

太元十五年七月壬申，[11]有星孛于北河戍，經太微、三台、文昌，入北斗，長十餘丈。八月戊戌，入紫微，乃滅。占曰："北河戍，[12]一名胡門。胡門有兵喪，掃太微，入紫微，王者當之。三台爲三公，文昌爲將相，將相三公有災。入北斗，强國發兵，諸侯爭權，大夫憂。"十一月，太白入羽林。占曰："天子爲軍自守，有反臣。"二十一年九月，孝武帝崩。隆安元年，[13]王恭、殷仲堪、桓玄等並發兵表誅王國寶，朝廷從而殺之，并斬其從弟緒，[14]司馬道子由是失勢，禍亂成矣。

[1]司：州名。治所在今河南洛陽市。　雍：州名。治所在今陝西西安市。　兗：州名。治所在今山東鄆城縣。　冀：州名。治所在今河北冀州市。

[2]女親爲敗：丁福林《校議》云："《晋書·天文志中》作'女親爲政'。考下文云：'時琅邪王輔政，王妃從兄國寶以姻昵受

寵。又陳郡人袁悦昧私苟進，交遘主相，扇揚朋黨。'即'女親爲政'也。此'敗'，或'政'之訛。"

[3]琅邪王：王爵名。王國僑治在今江蘇南京市。此琅邪王指司馬道子。河内温縣人。《晋書》卷六四有傳。

[4]國寶：人名。即王國寶。太原晋陽人。《晋書》卷七五有附傳。

[5]陳郡：治所在今河南沈丘縣。 袁悦：人名。字元禮，陳郡陽夏人。《晋書》作"袁悦之"。《晋書》卷七五有附傳。

[6]翟遼：人名。高車族。翟魏政權建立者。事見《晋書》卷九《孝武帝紀》、卷八一《朱序傳》、卷一二三《慕容垂傳》。 慕容永：人名。字叔明，昌黎棘城（今遼寧義縣）人，鮮卑族。西燕皇帝。《魏書》卷九五有傳。

[7]彭城妖賊：對劉黎的蔑稱。劉黎爲反晋軍領袖。利用宗教起事，於皇丘稱帝，後爲劉牢之討平。事見卷九《孝武帝紀》、卷八四《劉牢之傳》。 皇丘：地名。待考。

[8]張道：人名。本書僅此一見，《晋書·天文志中》所載事同，餘事不詳。《晋書·劉牢之傳》作"張遇"。 合鄉：地名。在今山東滕州市。按：丁福林《校議》云："《晋書·劉牢之傳》'金鄉'。考合鄉時屬徐州東海郡（今山東滕州市），金鄉時屬兖州高平郡（今山東金鄉縣），二地相近，未知孰是。" 泰山：郡名。治所在今山東泰安市。 向欽之：人名。劉牢之参軍。本書僅此一見，《晋書》之《天文志下》《劉牢之傳》所載事同，餘事不詳。

[9]滎陽：郡名。治所在今河南滎陽市。 陳：郡名。即陳郡。項：地名。在今河南沈丘縣。

[10]鮮卑：古族名。中國古代北方游牧民族。本書卷九六有《鮮卑吐谷渾傳》。 并：州名。治所在今山西太原市。

[11]太元十五年七月壬申：中華本校勘記云："《晋書·孝武帝紀》作'七月丁巳'。按是年七月丁未朔，十一日丁巳，二十六日壬申。未知孰是。"

[12]北河戍：百衲本、中華本均作“北河戒”，誤。《晋書·
天文志下》作“北河戍”，是。中國古星官名中祇有“南、北河
戍”，而無“南、北河戒”。北河戍爲守衛河北邊之星，南河戍爲
守衛河南邊之星。王引之等人也主此説，故據此改正。又《漢書·
天文志》曰：“星孛于河戍。占曰：‘南戍爲越門，北戍爲胡門。’”
故本志占曰：“北河戍，一名胡門。”

[13]隆安：晋安帝司馬德宗年號（397—401）。

[14]王恭：人名。字孝伯，太原晋陽（今山西太原市）人。
《晋書》卷八四有傳。 殷仲堪：人名。陳郡人。《晋書》卷八四
有傳。 桓玄：人名。字敬道，一名靈寶，譙國龍亢人。《晋書》
卷九九有傳。 緒：人名。即王緒。太原晋陽人。事見《晋書》卷
七五《王國寶傳》。

太元十六年十一月癸巳，月奄心前星。[1]占曰：“太
子憂。”是時太子常有篤疾。

[1]心前星：星名。即心宿三。《史記·天官書》曰：“心爲明
堂，大星天王，前後星子屬。”《索隱》曰：“前星，太子。”心前
星爲太子，故本志占曰：“太子憂。”應在太子常有篤疾。

太元十七年九月丁丑，歲星、熒惑、填星同在亢、
氐。占曰：“三星合，是謂驚位絶行，内外有兵喪與飢，
改立王公。”[1]

[1]三星合，是謂驚位絶行，内外有兵喪與飢，改立王公：此
占語引自《史記·天官書》和《漢書·天文志》。

太元十八年正月乙酉，熒惑入月。占曰：“憂在宫

中，非賊乃盜也。”一曰：“有亂臣，若有戮者。”二十一年九月，帝暴崩內殿，兆庶宣言夫人張氏潛行大逆。[1]于時朝政闇緩，不加顯戮，但默責而已。又王國寶邪狡，卒伏其辜。

[1]宣言：傳言。　張氏：即晉孝武帝寵妃張貴人。名不詳。事見《晉書》卷九《孝武帝紀》。　潛行大逆：暗中謀殺皇帝。

太元十八年二月，有客星在尾中，至九月乃滅。占曰：“燕有兵喪。”十九年四月己巳，月奄歲星，在尾。占曰：“爲飢，燕國亡。”[1]二十年，慕容垂遣息寶伐什圭，[2]爲圭所破，死者數萬人。二十一年，垂死，國遂衰亡。

太元十九年十月癸丑，太白犯歲星，在斗。占曰：“爲飢。爲內兵。斗，吳、越分。”至隆安元年，王恭等舉兵顯王國寶之罪，朝廷赦之。是後連歲水旱民飢。

太元二十年六月，熒惑入天囷。[3]占曰：“天下飢。”七月丁亥，太白入太微。占曰：“太白入太微，國有憂。晝見，爲兵喪。”九月，有蓬星如粉絮，[4]東南行，歷女、虛至哭星。占曰：“蓬星見，不出三年，必有亂臣戮死於市。”[5]十二月己巳，月犯權閉及東西咸。占曰：“權閉司心腹喉舌，[6]東西咸主陰謀。”是時，王國寶交構朝政。二十一年九月，帝崩。隆安元年，王恭等舉兵，而朝廷戮王國寶、王緒。又連歲水旱，兼三方動衆，民飢。

［1］燕國：即後燕政權。

［2］寶：人名。即慕容寶。字道祐，棘城人，鮮卑族。後燕皇帝。《晉書》卷一二四有載記。　　什圭：人名。即北魏道武帝拓跋珪。《魏書》卷二有紀。

［3］熒惑入天囷：中華本校勘記云：“‘天囷’各本並作‘天囤’，據《晉書·天文志》改。”今從之。天囷，十三星，在胃宿南，圓形庫房。

［4］蓬星：《開元占經》卷八六引《荆州占》曰：“蓬星，一名王星，狀如夜火之光，多即至四五，少即一二。一曰：蓬星在西南，脩數丈左右，銳出而移處。”《聖洽符》曰：“有星，其色黃白，方不過三尺，名曰蓬星。”由此可知，蓬星是一種能夠移動且有一定大小的異常天象，類似彗星而無尾。

［5］戮死於市：《漢書·天文志》：“蓬星出六十日，不出三年，下有亂臣戮死於市。”

［6］�閉司心腹喉舌：中華本校勘記云：“‘腹’各本並作‘腸’，據《晉書·天文志》改。”今從之。

太元二十一年三月，太白連晝見，在羽林。占曰：“有强臣，有兵喪，中軍兵起。”四月壬午，太白入天囷。[1]占曰：“爲飢。”六月，歲星犯哭星[2]占曰：“有哭泣事。”是年九月，孝武帝崩。隆安元年，王恭舉兵脅朝廷，於是中外戒嚴，戮王國寶以謝之。

［1］太白入天囷：《開元占經》卷五二引石氏曰：“庫藏空虛，期二年。”故占曰“爲飢”。天囷，中華本校勘記云：“‘天囷’各本並作‘天囤’，據《晉書·天文志》改。”今從之。

［2］哭星：在虛、危二宿之南。

晋安帝隆安元年正月癸亥，^[1]熒惑犯哭星。占曰：“有哭泣事。”二月，歲星熒惑皆入羽林。占曰：“軍兵起。”四月丁丑，太白晝見，在東井。秦有兵喪。^[2]是月，王恭舉兵，内外戒嚴。尋殺王國寶等。六月，羌賊攻洛陽，^[3]郗恢遣兵救之。^[4]姚萇死，子略代立。^[5]什圭自號於中山。^[6]

[1] 晋安帝：即司馬德宗。河内温人。《晋書》卷一〇有紀。

[2] 四月丁丑，太白晝見，在東井。秦有兵喪：丁福林《校議》云：“‘秦有兵喪’，當是占語……本卷此前載晋孝武‘寧康三年六月辛卯，太白犯東井。占曰：“秦地有兵。”’本書《天文志二》載晋穆帝‘永和五年四月丁未，太白犯東井。占曰：“秦有兵。”’皆可爲證。《晋書·天文志下》於此作：‘占曰：“秦有兵喪。”’是也。此於‘在東井’後佚‘占曰’二字。”

[3] 洛陽：縣名。治所在今河南洛陽市。

[4] 郗恢：人名。字道胤，高平金鄉（今山東金鄉縣）人。《晋書》卷六七有附傳。

[5] 姚萇死，子略代立：中華本校勘記云：“周家禄《晋書校勘記》：‘姚萇死，在晋孝武太元十八年，不在安帝隆安元年。萇死，子興嗣位，亦無子略代立之文。’”按：姚興字子略，南朝誤作“姚略”。南安赤亭（今甘肅隴西縣）人，羌族。後秦皇帝。《晋書》卷一一七、卷一一八有載記。

[6] 中山：地名。在今河北定州市。

隆安元年六月庚午，月奄太白，在太微端門外。占曰：“國受兵。”乙酉，月奄歲星，在東壁。占曰：“爲飢，衛地有兵。”八月，熒惑守井、鉞。占曰：“大臣有誅。"二年六月戊辰，攝提移度失常，歲星晝見在胃。[1]
胃，兗州分。[2]是年六月，郗恢遣鄧啓方等以萬人殘虜
於滑臺。[3]滑臺，衛地也。啓方等敗而還。九月，王恭、
庾楷、殷仲堪、桓玄等並舉兵表誅王愉、司馬尚之兄
弟，[4]於是內外戒嚴，大發民衆。仲堪軍至尋陽，[5]禽江
州刺史王愉，[6]楷將段方攻尚之於楊湖，[7]爲所敗，方
死。王恭司馬劉牢之反恭，恭敗。桓玄至白石，[8]亦奔
退。仲堪還江陵。[9]三年冬，荆州刺史殷仲堪爲桓玄
所殺。[10]

[1]攝提移度失常，歲星晝見在胃：大角之南有攝提星，但此
處"攝提"當指木星，與下文歲星晝見在胃相應。《開元占經》卷
二三引石氏曰："歲星，他名曰攝提。"恒星之攝提星是不能"移
度"的。

[2]兗州：治所在今山東鄆城縣。

[3]鄧啓方：人名。曾任東晉寧朔將軍。事見《晋書》卷一○
《安帝紀》、卷三七《郗恢傳》、卷一二七《慕容德載記》。　滑臺：
地名。在今河南滑縣，北臨古黄河，爲軍家必争之地。

[4]庾楷：人名。潁川鄢陵（今河南鄢陵縣）人。《晋書》卷
八四有傳。　王愉：人名。太原晋陽（今山西太原市）人。《晋
書》卷七五有附傳。　司馬尚之：人名。字伯道，河内温人。《晋
書》卷三七有附傳。

[5]尋陽：縣名。治所在今江西九江市。

[6]江州：治所在今江西南昌市。

[7]段方：人名。歷任東晋上庸太守、汝南太守。事見《晋
書》卷三七《司馬尚之傳》、卷七四《桓沖傳》、卷八四《庾楷
傳》。　楊湖：地名。在今江蘇常州市、無錫市之間。按：《晋書·

庾楷傳》作"慈湖"。慈湖在今安徽當塗縣。

[8]白石:地名。在今江蘇南京市小市鎮。

[9]江陵:縣名。在今湖北荊州市荊州區。

[10]荊州:治所在今湖北荊州市荊州區。

　　隆安二年閏月,太白晝見,在羽林。丁丑,月犯東上相。三年五月辛酉,月又奄東上相。[1]辛未,辰星犯軒轅星。占悉同上。[2]是年正月,楊佺期破郗恢,[3]奪其任,殷仲堪又殺之。六月,鮮卑攻没青州。[4]十月,羌賊攻没洛陽。桓玄破荊、雍,殺殷仲堪、楊佺期。孫恩聚衆攻没會稽,殺内史王凝之,[5]劉牢之東討走之。四年七月,太皇太后李氏崩。[6]

　　[1]丁丑,月犯東上相。三年五月辛酉,月又奄東上相:中華本校勘記云:"各本並脱'三年五月辛酉,月又奄東上相'十二字,據《晉書·天文志》補。按隆安二年閏十一月己未朔,十九日丁丑,是月無辛巳,蓋《宋志》奪去'三年五月'等十二字,今據《晉志》補入。隆安三年五月丙辰朔,初六日辛酉,十六日辛未,與上年月干支相接正吻合也。"今從之。

　　[2]"月犯東上相"至"占悉同上":即上文占曰"大臣有誅"。月犯太微大臣憂,辰星犯軒轅,大人當之,故有以上占文。應在皇后崩上。

　　[3]楊佺期:人名。弘農華陰(今陝西華陰縣)人。《晉書》卷八四有傳。

　　[4]青州:治所在今山東青州市。

　　[5]孫恩:人名。字靈秀,琅邪人。《晉書》卷一○○有傳。　會稽:王國名。治所在今浙江紹興市。　王凝之:人名。琅邪臨沂(今山東臨沂市)人。《晉書》卷八○有附傳。

[6]李氏：即孝武文李太后。名陵容。《晋書》卷三二有傳。

　　隆安四年正月乙亥，月犯填星，在牽牛。占曰：
"吳、越有兵喪。女主憂。"二月己丑，有星孛于奎，長
三丈，上至閣道、紫宮西蕃，入斗魁，至三台、太微、
帝座、端門。占曰："彗拂天子廷閣，易主之象。"[1]經
三台，入北斗，占同上條。六月乙未，月又犯填星，在
牽牛。辛酉，又犯哭星。十月，奄歲星在北河。[2]占曰：
"爲飢。"十二月戊寅，有星孛于貫索、天市、天津。占
曰："貴臣獄死，内外有兵喪。天津爲賊斷，王道天下
不通。"[3]十二月，太白在斗晝見，[4]至五年正月乙卯。
案占，災在吳、越。三月甲寅，流星赤色衆多，西行經
牽牛、虛、危、天津、閣道，貫太微、紫宮。占曰：
"星者庶民，類衆多西流之象。徑行天子庭，主弱臣強，
諸侯兵不制。"七月癸亥，大角星散搖五色。占曰："王
者流散。"丁卯，月犯天關。占曰："王者憂。"九月庚
子，熒惑犯少微，[5]又守之。占曰："處士誅。"十月戊
子，月犯東蕃次相。四年五月，孫恩復破會稽，殺内史
謝琰。[6]遣高雅之等討之。[7]七月，太皇太后李氏崩。十
月妖賊大破高雅之於餘姚，[8]死者十七八。五年二月，
孫恩攻句章，高祖拒之。[9]五月，吳郡内史袁山松出
戰，[10]爲所殺，死者數千人。六月，孫恩至京口，[11]高
祖擊破之。恩軍蒲洲，[12]於是内外戒嚴，營陣屯守，柵
斷淮口。[13]恩遣別將攻廣陵，[14]殺三千餘人。恩遁據郁
洲。[15]是月，高祖又追破之。九月，桓玄表至，逆旨陵
上。十月，司馬元顯大治水軍，[16]將以伐玄。元興元年

正月,[17]桓玄東下。是月,孫恩在臨海,[18]人衆餓死散亡,恩亦投水死。盧循自稱征虜將軍,[19]領其餘衆,略有永嘉、晉安之地。[20]二月,帝戎服遣西軍。丁卯,桓玄至姑孰,破歷陽,[21]司馬尚之見殺,劉牢之降于玄。三月,玄剋京都,殺司馬元顯,[22]放太傅道子。七月,大飢,人相食。浙江東餓死流亡十六七,吳郡、吳興户口減半。[23]又流奔而西者萬計。十月,桓玄遣將擊劉軌,[24]破走奔青州。四年,玄遂篡位,遷帝尋陽。[25]

[1]易主之象:閣道、紫宮、太微、帝座、端門,皆爲天子宮廷,彗星拂之,故曰易主之象。

[2]北河:北河戍的簡稱。

[3]"有星孛于貫索、天市、天津"至"王道天下不通":《史記·天官書》曰:"有句圜十五星,屬杓,曰賤人之牢。其牢中星實則囚多,虛則開出。"《索隱》曰:"句音鉤。圜音員。其形如連環,即貫索星也。"又曰:"若有客星出,視其小大:大,有大赦;小,亦如之也。"即貫索象微牢獄,彗星犯之,故占曰"貴臣獄死"。天市,三垣之一。三垣是環繞北極和比較靠近頭頂天空的星象,分紫微、太微、天市三區。各區都有東西兩藩的星,圍繞成墙垣的樣子,因而稱三垣。北極周圍廣泛的區域爲紫微垣,稱爲中宮。它的東北部爲太微垣,東南部爲天市垣。貫索在天市垣内,垣墙之外,七公之前。天市内大都爲地方諸侯、帝輔血脉之臣,故彗星犯之,占曰貴臣獄死,内外有兵。天津,天上河津的通道口,彗星犯之,象徵關津不通,故本志占曰:"天津爲賊斷,王道天下不通。"《開元占經》卷九〇引石氏曰:"彗星犯天津,賊斷王道。"又引何法盛《中興書》曰:"安帝隆安四年十一月,星孛于貫索及天市,掃天津。其時,元顯輔政,刑罰不中,故掃貫索。發徭無

度，故掃天市。建士失節，故掃天津。天津關通萬川，利關梁也。天市貨財帛，周百姓也。貫索平察，刑獄無枉濫也。而元顯皆反之，天若曰掃除穢惡，令改革也。顯不悛，遂致覆滅。”

［4］斗：此處爲南斗。南斗分野在吳越。

［5］少微：太微垣中的一個星官。《開元占經》卷三六引石氏曰：“熒惑犯守少微，名士有憂，王者任用小人，忠臣被害，有死者。”故本志占曰：“處士誅。”

［6］謝琰：人名。字瑗度，陳郡陽夏人。《晋書》卷七九有附傳。

［7］高雅之：人名。東晋將軍。事見《晋書》卷一〇《安帝紀》、卷八四《劉牢之傳》、卷一二七《慕容德載記》。

［8］十月：丁福林《校議》云：“《晋書·安帝紀》、《通鑑》卷一一二皆記孫恩破高雅之在隆安四年十一月，此作‘十月’，誤。”　餘姚：縣名。治所在今浙江餘姚市。

［9］句章：城名。在今浙江寧波市南鄞江南岸。　高祖：即劉裕。字德興，小名寄奴，彭城（今江蘇徐州市）人。本書卷一、卷二、卷三有紀。

［10］吳郡：治所在今江蘇蘇州市。　袁山松：人名。陳郡陽夏人。《晋書》卷八三有附傳。

［11］京口：地名。又稱北府，在今江蘇鎮江市。

［12］蒲洲：洲名。在今江蘇句容市一帶。

［13］淮口：地名。淮河入長江之口。在今江蘇南京市。

［14］廣陵：郡名。治所在今江蘇揚州市西北蜀崗上。

［15］郁洲：洲名。在今江蘇連雲港市。原在海中，現與大陸連成一片。

［16］司馬元顯：人名。河内温人。事見《晋書》卷六四《會稽文孝王道子傳》。

［17］元興：晋安帝司馬德宗年號（402—404）。

［18］臨海：郡名。治所在今浙江臨海市。

[19]盧循：人名。字于先，小名元龍，范陽（今河北涿州市）人。《晉書》卷一〇〇有傳。

[20]永嘉：郡名。治所在今浙江溫州市。　晉安：郡名。治所在今福建福州市。

[21]姑孰：城名。又名南洲。在今安徽當塗縣。　歷陽：縣名。治所在今安徽和縣。

[22]殺司馬元顯：中華本校勘記云：“‘殺’字下，各本並有‘大’字。按司馬元顯未嘗爲大司馬，‘大’字衍文，今刪去。”今從之。

[23]吳興：縣名。治所在今浙江湖州市吳興區。

[24]劉軌：人名。東晉冀州刺史。被桓玄擊敗后同劉敬宣、高雅之北逃，投奔南燕。事見《晉書》卷八四《劉牢之傳》、《慕容德載記》。

[25]四年，玄遂篡位，遷帝尋陽：丁福林《校議》云：“上文記晉安帝元興元年事。考《晉書》之《安帝紀》《桓玄傳》、《建康實録》卷一〇、《通鑑》卷一一三皆記桓玄篡位及遷安帝於尋陽在元興二年。本卷下文載‘二年十二月，桓玄篡位，放遷帝后於尋陽’，可與印證。此作‘四年’，誤。”

晉安帝元興元年三月戊子，[1]太白犯五諸侯，[2]因晝見。四月辛丑，月奄辰星。七月戊寅，熒惑在東井，熒惑犯輿鬼、積尸。占並同上。八月庚子，太白犯歲星，在上將東南。占曰：“楚兵飢。”一曰：“災在上將。”丙寅，太白奄右執法。九月癸未，太白犯進賢。[3]占曰：“賢者誅。”[4]十月，客星色白如粉絮，在太微西，至十二月，入太微。占曰：“兵入天子庭。”二年二月，歲星犯西上將。六月甲辰，奄斗第四星。[5]占曰：“大臣誅，不出三年。"八月癸丑，太白犯房北第二星。九月己丑，歲星犯進賢，熒惑犯西上將。十月甲戌，太白犯泣星。十一月丁丑，熒惑犯填星。辛巳，月犯熒惑。十二月乙巳，月奄軒轅第二星。占悉同上。元年冬，索頭破羌軍。[6]二年十二月，桓玄篡位，放遷帝后於尋陽，以永安何皇后爲零陵君。[7]三年二月，高祖盡誅桓氏。

[1]晋安帝元興元年三月戊子：中華本校勘記云："'三月'各本並作'二月'，據《晋書·天文志》改。按是年二月庚子朔，無戊子。三月己巳朔，二十日戊子。宋志誤，晋志是。"今從之。

[2]五諸侯：太微垣中的一個星官。《開元占經》卷五一引巫咸曰："太白犯五諸侯，有兵起，大將出，若大臣有誅，若有戮死。"

[3]進賢：星名。在平道西。《開元占經》卷六九引甘氏曰："進賢卿相，舉逸命才。"進賢星爲薦舉賢才之星，太白犯之，故占曰"賢者誅"。

[4]賢者誅：丁福林《校議》據本書《天文志四》及《晋書·天文志下》考證，"賢者"前佚"進"字。

[5]奄斗第四星：丁福林《校議》云："文義不全。《晋書·天文志下》作：'月奄斗第四星。'此於'奄'前佚'月'字。"

[6]索頭：晋宋人對北魏的蔑稱。因鮮卑人頭上有髮辮，故稱其爲索虜、索頭虜。

[7]永安：宮名。即金墉城。在今河南洛陽市漢魏故城西北角。爲廢帝、廢后居住之所。趙王司馬倫廢晋惠帝時，改金墉城爲永安宮。　何皇后：名法倪，廬江灊（今安徽霍山縣）人。《晋書》卷三二有傳。

元興三年正月戊戌，熒惑逆行犯太微西上相。占曰：“天子戰於野，上相死。”二月甲辰，月奄歲星於左角。占曰：“天下兵起。”丙辰，熒惑逆行在左執法西北。占曰：“執法者憂。”四月甲午，月奄軒轅第二星，填星入羽林。十二月，熒惑太白皆犯羽林。占同上。是年二月丙辰，高祖殺桓脩等。[1]三月己未，破走桓玄。遣軍西討。辛酉，誅左僕射王愉及子荊州刺史綏。[2]桓玄劫帝如江陵。五月，玄下至崢嶸洲，[3]義軍破滅之。桓振又攻没江陵，[4]幽劫天子。明年正月，衆軍攻之，振走，乘輿乃旋。七月，永安何皇后崩。三月，桓振又襲江陵，荊州刺史司馬休之敗走。[5]是月，劉懷肅擊振滅之。[6]其年二月，巴西人譙縱殺益州刺史毛璩及璩弟西夷校尉瑾，[7]跨有西土，自號蜀王。

晉安帝義熙元年三月壬辰，[8]月奄左執法。占同上。丁酉，月奄心前星。[9]占曰：“豫州有災。”[10]太白犯東井。占曰：“秦有兵。”四月己卯，月犯填星，在東壁。占曰：“其地亡國。”一曰：“貴人死。”七月庚辰，太白比晝見，在翼、軫。占曰：“爲臣强。荊州有兵喪。”己未，月奄填星，在東壁。占曰：“其國以伐亡。”一曰：“民流。”八月丁巳，月犯斗第一星，占曰：“天下有兵。”一曰：“大臣憂。”案江左來，南斗有災，則吳越會稽、丹陽、豫章、廬江各隨其星應之。[11]淮南失土，殆不占耳。史闕其説，故不列焉。九月戊子，熒惑犯少微。占曰：“處士誅。”庚寅，熒惑犯右執法。癸卯，熒惑犯左執法。占並同上。十月丁巳，月奄填星、營室。占同七月。十一月丙戌，太白奄鉤鈐。[12]占曰：

"喉舌臣憂。"十二月己卯，歲星犯天江。[13]占曰："有兵亂，河津不通。"是年六月，索頭寇沛土，使僞豫州刺史索度真戍相縣，太傅長沙景王討破走之。[14]十一月，荊州刺史魏詠之薨。[15]二年二月，司馬國璠等攻没弋陽。[16]四月，羌伐仇池，[17]仇池公楊盛擊走之。[18]九月，益州刺史司馬榮期爲其參軍楊承祖所害，[19]時文處茂討蜀屢有功，[20]會榮期死，乃退。三年十二月，司徒揚州刺史王謐薨。[21]四年正月，太保武陵王遵薨。[22]三月，左僕射孔安國卒。[23]五年，高祖討鮮卑，并定舊兖之地。

[1]桓脩：人名。字承祖，譙國龍亢人。《晋書》卷七四有附傳。

[2]綏：人名。即王綏。字彦猷，太原晋陽人。《晋書》卷七五有附傳。

[3]崢嶸洲：洲名。又名得勝洲。在今湖北黄岡市黄州區。

[4]桓振：人名。字道全，譙國龍亢人。《晋書》卷七四有附傳。

[5]司馬休之：人名。河内温人。《晋書》卷三七有附傳、《魏書》卷三七有傳。

[6]劉懷肅：人名。彭城人，劉裕從母兄。本書卷四七有傳。

[7]巴西：郡名。西晋永嘉後僑置，治所在今四川綿陽市。譙縱：人名。巴西南充（今四川南充市）人。《晋書》卷一〇〇有傳。　益州：治所在今四川成都市。　毛璩：人名。字叔連，滎陽陽武（今河南原陽縣）人。《晋書》卷八一有傳。　西夷校尉：官名。西晋太康三年（282）置，治寧州，寧州併入益州後，以益州刺史兼領。東晋太元中平蜀後復置，治益州涪城，持節、領兵，掌

益州少數民族事務。四品。　瑾：人名。即毛瑾。榮陽陽武人。事見《晉書》卷八一《毛璩傳》。

[8]義熙：晉安帝司馬德宗年號（405—418）。

[9]月奄心前星：《開元占經》卷一三引《海中占》曰："月犯心中央星，人主惡之；犯其前星，太子惡之。"今太子無事，星占家總得有所交待，心爲宋之分野，宋屬豫州，故曰豫州有灾。

[10]豫州：治所在今安徽壽縣。

[11]丹陽：郡名。治所在今江蘇丹陽市。　豫章：郡名。治所在今江西南昌市。　廬江：郡名。僑治，治所在今安徽繁昌縣。

[12]太白奄鈎鈐：鈎鈐星屬房宿附星。《開元占經》卷四七引《海中占》曰："太白入鈎鈐，王室大亂。"《文曜鈎》曰："太白入鈎鈐，主德移。"石氏曰："太白犯房鈎鈐，王者憂。"與本志占曰"喉舌臣憂"有異。

[13]歲星犯天江：《開元占經》卷二八巫咸曰："歲星犯守天江，下有水；若入之，大水齊城郭，人民饑亡，去其鄉。"與本志占語"有兵亂，河津不通"有異。

[14]索度真：人名。本書卷五一《長沙景王道憐傳》所載事同，餘事不詳。《魏書》不見此人。　戍相縣：丁福林《校議》云："'戍相縣'，本書《武三王·長沙景王道憐傳》作'攻相縣'。考《晉書·地理志上》《宋書·州郡志一》，相縣時屬徐州沛郡。北魏既寇沛土，則沛地當屬晉有，是應以'攻相縣'爲得其實。"相縣，治所在今安徽濉溪縣。　長沙景王：王爵名。王國在今湖南長沙市。此指劉道憐。彭城人。本書卷五一有傳。

[15]魏詠之：人名。字長道，任城（今山東鄒城市）人。《晉書》卷八五有傳。

[16]司馬國璠：人名。河內溫人，河間王子，桓玄部將，後投奔後秦。事見《晉書》卷一一八《姚興載記下》、卷一一九《姚泓載記》。　弋陽：郡名。治所在今河南潢川縣。

[17]羌：指後秦政權。　仇池：地名。在今甘肅西和縣。

[18]仇池公：公爵名。楊盛封號。　楊盛：人名。氐族領袖。楊定從子，定死，楊盛自稱征西將軍、秦州刺史、仇池公，分諸氐羌二十部，設護軍各爲鎮戍，不置郡縣，並占有漢中之地，先向晉稱臣，後又投靠北魏，因與後秦不和，經常征戰，又投靠劉宋。事見本書卷九八《略陽清水氐楊氏傳》。

[19]司馬榮期：人名。河內溫人，司馬楚之之父。任益州刺史時曾帥軍破譙縱，餘事不詳。事見《晉書》卷一○《安帝紀》。楊承祖：人名。《晉書·天文志下》所載事同，餘事不詳。

[20]文處茂：人名。曾任涪陵及巴西、梓潼二郡太守，西夷校尉，伐譙縱有功。事見《晉書》卷八一《毛璩傳》、卷九九《桓玄傳》。

[21]揚州：治所在今江蘇南京市。　王謐：人名。琅邪臨沂人。《晉書》卷六五有附傳。

[22]武陵王：王爵名。王國在今湖南常德市。　遵：人名。即司馬遵。字茂遠，河內溫人。《晉書》卷六四有附傳。

[23]孔安國：人名。字安國，會稽山陰（今浙江紹興市）人。《晉書》卷七八有附傳。

　　義熙二年二月己丑，月犯心後星。占曰："豫州有災。"四月癸丑，月犯太微西上將。己未，月犯房南第二星。乙丑，歲星犯天江。占悉同上。五月癸未，月犯左角。占曰："左將軍死，天下有兵。"壬寅，熒惑犯氐。占曰："氐爲宿宮，人主憂。"六月庚午，熒惑犯房北第二星。八月癸亥，熒惑犯斗第五星。丁巳，犯建星。九月壬午，熒惑犯哭星，又犯泣星。占悉同上。十二月丙午，月奄太白，在危。占曰："齊亡國。"一曰："強國君死。"丁未，熒惑、太白皆入羽林。是年二月甲戌，司馬國璠等攻没弋陽。三年正月，鮮卑寇北徐州，至下邳。[1]八月，遣劉敬宣伐蜀。[2]十二月，司徒王謐薨。四年正月，武陵王遵薨。五年，鮮卑復寇淮北。四月，高祖大軍討之。六月，大戰臨朐城，進圍廣固。[3]十月，什圭爲其子偪清河公所殺。[4]六年二月，拔廣固，禽慕容超，[5]阬斬其衆三千餘人。

義熙三年正月丙子，太白晝見，在奎。二月庚寅，月奄心後星。占悉同上。癸亥，熒惑、填星、太白、辰星聚於奎、婁，從填星也。[6]其説見上九年。[7]五月己丑，太白晝見，在參。占曰：“益州有兵喪，臣强。”六月辛卯，熒惑犯辰星，在翼。占曰：“天下兵起。”八月己卯，太白奄熒惑，又犯執法。占曰：“奄熒惑，有大兵。”辛卯，熒惑犯左執法。九月壬子，熒惑犯進賢。是年正月丁巳，鮮卑寇北徐，至下邳。八月，劉敬宣伐蜀，不克而旋。四年三月，左僕射孔安國卒，[8]七月，司馬國璠等攻没鄒山，[9]魯郡太守徐邕破走之。[10]姚略遣衆征佛佛，[11]大爲所破。五年，高祖討鮮卑。六年三月，妖賊徐道覆殺鎮南將軍、江州刺史何無忌於豫章。[12]四月，妖賊盧循寇湘中巴陵。[13]五月丙子，循、道覆敗撫軍將軍、豫州刺史劉毅於桑落洲，[14]毅僅以身免。丁丑，循等至蔡洲，[15]遣別將焚京口。庚辰，賊攻焚查浦，[16]查浦戍將距戰不利，高祖遣軍渡淮擊，大破之。司馬國璠寇碭山，竺夔討破之。[17]七月，妖賊南走據尋陽，高祖遣劉鍾等追之。[18]八月，孫季高乘海伐廣州。[19]桓謙以蜀衆聚枝江，[20]盧循將荀林略華容，[21]相去百里。臨川烈武王討謙之，[22] 又討林，林退走。鄱陽太守虞丘進破賊別帥於上饒。[23] 九月，烈武王使劉遵擊荀林於巴陵，[24] 斬之。桓道兒率蔡猛向大薄，又遣劉基討之，[25] 斬猛。十月，高祖以舟師南征。是時徐道覆率二萬餘人攻荆州，烈武王距之。戰於江津，[26] 大破之，梟殄其十八九，道覆棄戰船走。十一月，劉鍾破賊軍於南陵。[27] 癸丑，益州刺史鮑陋卒于白帝，譙道福攻没其衆。[28] 庚戌，孫季高襲廣州，刓之。十二月，高祖在大雷，[29] 與賊交戰，大破之。賊走左里，[30] 進擊，又破，死者十八九。賊還廣州，劉藩等追之。[31] 七年二月，藩拔始興城，[32] 斬徐道覆。盧循還番禺，[33] 攻圍孫季高不能刓，走交州，交州刺史杜慧度斬之。[34] 四月，到彥之攻譙道福於白帝，[35] 拔之。

　　[1]北徐州：治所在今江蘇徐州市。　下邳：郡名。治所在今江蘇睢寧縣西北古邳鎮。

　　[2]劉敬宣：人名。彭城人。《晋書》卷八四有附傳。

　　[3]臨朐城：城名。在今山東臨朐縣。　廣固：地名。南燕都城，在今山東青州市。

　　[4]清河公：北魏公爵名。拓跋紹封號。拓跋紹，拓跋珪之子。事見魏書卷二《太祖紀》、卷三《太宗紀》。

　　[5]慕容超：人名。字祖明，棘城人，鮮卑族。南燕皇帝。《晋書》卷一二八有載記。

　　[6]"癸亥"至"從填星也"：義熙三年二月癸亥，熒惑、填星、太白、辰星、聚於奎、婁。四星聚於二宿，是少有的天象。《開元占經》卷一九引《荆州占》曰："四星若合於一舍，其國當王，有德者繁昌，保有宗廟，無德者喪。"應在宋不久將代晋。

[7]其説見上九年：中華本校勘記云："此叙義熙三年天象及此後四五年間應占人事。所謂'其説見上九年'者，前無義熙九年之文，而後有'義熙九年二月丙午，熒惑、填星皆犯東井。占曰：'秦有兵。'三月壬辰，歲星、熒惑、填星、太白聚于東井，從歲星也'之文。疑'上九年'是'下九年'之誤。"

[8]四年三月，左僕射孔安國卒：丁福林《校議》云："孔安國之卒，《晉書·安帝紀》、《通鑑》卷一一四皆記在義熙四年四月，此'三月'，恐爲'四月'之誤。"

[9]司馬國璠等攻没鄒山：中華本校勘記云："'國璠'各本並作'叔璠'，周家禄《晉書校勘記》云：'國璠誤叔璠。'按同卷前條有'司馬國璠攻没弋陽'，本條下有'司馬國璠寇碭山'。今據前後文改正。"今從之。

[10]魯郡：治所在今山東曲阜市古城。　徐邕：人名。《晉書·天文志下》所載事同，餘事不詳。

[11]佛佛：人名。即赫連勃勃。匈奴族。大夏皇帝。《晉書》卷一三〇有載記。

[12]徐道覆：人名。孫恩、盧循反晉軍領袖，盧循姊夫。事見《晉書》卷一〇〇《盧循傳》。　鎮南將軍：官名。四鎮將軍之一，掌帥兵鎮守一方。三品。　何無忌：人名。東海郯（今山東郯城縣）人。《晉書》卷八五有傳。

[13]巴陵：郡名。治所在今湖南岳陽市。

[14]撫軍將軍：官名。與中軍、鎮軍合爲三號將軍，位比四鎮將軍。三品。　劉毅：人名。字希樂，彭城沛（今江蘇沛縣）人。《晉書》卷八五有傳。　桑落洲：在今江西九江市東北長江中。

[15]蔡洲：在今江蘇南京市，原爲長江中的沙洲，今已與陸地相連。

[16]查浦：地名。在今江蘇南京市清涼山南。

[17]碭山：山名。在今安徽碭山縣。　竺夔：人名。東晉青州刺史。事見本書卷九五《索虜傳》。

[18]劉鍾：人名。字世之，彭城人。本書卷四九有傳。

[19]孫季高：人名。名處，字季高，會稽永興（今浙江蕭山市）人。本書卷四九有傳。　廣州：治所在今廣東廣州市。

[20]桓謙以蜀衆聚枝江：中華本校勘記云："各本並奪'桓'字，'謙'字下又衍'之'字。今據《晋書·桓玄傳》訂正。"今從之。桓謙，人名。字敬祖，譙國龍亢人。《晋書》卷七四有附傳。枝江，地名。在今湖北枝江市。

[21]苟林：人名。《晋書》卷一一八《姚興載記》、《通鑑》作"苟林"。原爲後秦姚興前將軍，後歸譙縱，又轉爲盧循的將領，在巴陵爲劉遵所攻殺。事見《晋書》卷一一八《姚興載記》。　華容：縣名。在今湖北監利縣。

[22]臨川烈武王：王爵名。王國在今江西撫州市。此處指劉道規。字道則，彭城人。本書卷五一有傳。

[23]鄱陽太守虞丘進破賊別帥於上饒：中華本校勘記云："'虞丘進'各本並作'虞丘延'。張森楷校勘記云：'按武帝紀及虞丘進傳，此是虞丘進事，作"虞丘延"者誤。'按張校是，今改正。"今從之。鄱陽，郡名。治所在今江西鄱陽縣北廣進鄉。虞丘進，人名。字豫之，東海郯（今山東郯城縣）人。本書卷四九有傳。上饒，縣名。治所在今江西上饒市西北天津橋。

[24]劉遵：人名。劉道規帳下諮議參軍。事見本書卷五一《臨川烈武王道規傳》。

[25]桓道兒：人名。譙國龍亢人。事見本書卷四七《檀祇傳》、卷五一《臨川烈武王道規傳》。　蔡猛：人名。盧循部將。事見本書《臨川烈武王道規傳》。　大薄：地名。待考。　劉基：人名。官至秦郡太守、劉道規參軍。事見本書《檀祇傳》、《臨川烈武王道規傳》。

[26]江津：戍名。一名奉城，在今湖北荆州市沙平區。

[27]南陵：縣名。治所在今安徽池州市貴池區。

[28]鮑陋：人名。任益州刺史，隨劉敬宣赴四川，征譙縱，戰

死於白帝城。事見本書卷一《武帝紀上》、卷四七《劉敬宣傳》、卷四八《毛脩之傳》。　白帝：城名。在今重慶奉節縣東白帝山上。

譙道福：人名。譙縱大將。朱齡石伐蜀，道福戰敗。逃於獠中，後被擒，斬於軍門。事見本書卷一《武帝紀上》、卷四八《朱齡石傳》。

[29]大雷：戍名。在今安徽望江縣。

[30]左里：城名。在今江西都昌縣西北左蠡山下。

[31]劉藩：人名。彭城沛人，劉毅從弟。事見《晉書》卷一〇《安帝紀》、卷三七《司馬休之傳》、卷九九《桓玄傳》。

[32]始興：郡名。治所在今廣東韶關蓮花嶺下。

[33]番禺：縣名。在今廣東番禺市。

[34]交州：治所在今越南北寧省仙遊縣。　杜慧度：人名。交趾朱䳒（今越南海興省快州縣）人。本書卷九二有傳。

[35]到彥之：人名。字道豫，彭城武原（今江蘇邳州市）人。本書卷四六有目無文，《南史》卷二五有傳。

　　義熙四年正月庚子，熒惑犯天江。占同上。五月丁未，月奄斗第二星。占同上。壬子，填星犯天廩。[1]占曰："天下飢，倉粟少。"六月己丑，太白犯太微西上將。己卯，又犯左執法。十月戊子，熒惑入羽林。占悉同上。五年，高祖討鮮卑。六年，左僕射孟昶仰藥卒。[2]是後南北軍旅，運轉不息。

[1]填星犯天廩：《開元占經》卷四四引石氏曰："填星守天廩，天下大亂。"又占曰："填星入守天廩，天下有兵，歲大饑，倉粟散，不出其年。"故本志占曰"天下饑，倉粟少"。天廩星，爲天上的米倉星。

[2]孟昶：人名。字彥遠，平昌（今山東安丘市）人。事見

《晋书》卷一〇《安帝紀》、卷九六《孟昶妻周氏傳》、本書卷一《武帝紀上》。

義熙五年二月甲子，月犯昴。[1]占曰："胡不安。天子破匈奴。"四月甲戌，熒惑犯辰星，在東井。占同三年。五月戊戌，歲星入羽林。占同上。九月壬寅，月犯昴，占同二月。十月，熒惑犯氐，占同二年。閏月丁酉，月犯昴。占同二月，辛亥，熒惑犯鉤鈐。占同元年。十二月辛丑，太白犯歲星，在奎。[2]占曰："大兵起。魯有兵。"己酉，月奄心大星。占曰："王者惡之。"是年四月，高祖討鮮卑。什圭爲其子所殺。十一月，西虜攻安定，姚略自以大衆救之。六年二月，鮮卑滅。皆胡不安之應也。是時鮮卑跨魯地，又魯有兵之應也。五月，盧循逼郊甸，宮衞被甲。

[1]月犯昴：《開元占經》卷一三引石氏曰："月入昴中，胡王死。"《河圖帝覽嬉》曰："月犯昴，天子破匈奴。"故本志占曰："胡不安。天子破匈奴。"昴，胡人之星。

[2]太白犯歲星，在奎：《開元占經》卷二五引《荆州占》曰："太白犯歲星，爲旱，爲兵。"巫咸曰："太白犯木星，爲饑。"又奎爲魯之分野，屬徐州。故本志占曰："大兵起，魯有兵。"

義熙六年三月丁卯，月奄房南第二星。[1]占曰："災在次相。"己巳，又奄斗第五星。占曰："斗主兵，兵起。"一曰："將軍死。"太白犯五諸侯。占曰："諸侯有誅。"五月甲子，月奄斗第五星。占同三月。己亥，月奄昴。占曰："國有憂。"一曰："有白衣之會。"六月己丑，月犯房南第二星。甲午，太白晝見。占並同上。七月己亥，月犯輿鬼。占曰："國有憂。"一曰："秦有兵。"八月壬午，太白犯軒轅大星。甲申，月犯心前星。災在豫州。丙戌，月犯斗第五星。占悉同上五月。丁亥，月奄牛宿南星。占曰："天下有大誅。"乙未，太白犯少微。丙午，太白在少微而晝見。九月甲寅，太白犯左執法。丁丑，填星犯畢。占曰："有邊兵。"是年三月，始興太守徐道覆反，江州刺史何無忌討之，大敗於豫章，無忌死之。四月，盧循寇湘中，沒巴陵。五月，循等大破豫州刺史劉毅，毅僅以身免。循率衆逼京畿。是月，左僕射孟昶懼王威不振，仰藥自殺。七年二月，劉藩梟徐道覆首，杜慧度斬盧循，並傳首京都。八年六月，臨川烈武王道規薨，[2]時爲豫州。八月，皇后王氏崩。[3]九月，兗州刺史劉藩、尚書僕射謝混伏誅，[4]高祖西討劉毅，斬之。十二月，遣益州刺史朱齡石伐蜀。[5]九年，諸葛長民伏誅。[6]林邑王范胡達將萬餘人寇九真，九真太守杜慧期距破之。[7]七月，朱齡石滅蜀。

[1]月奄房南第二星：《開元占經》卷一三陳卓曰："月犯房，有兵。"又曰："天下有殃，主憂。"《郗萌占》曰："正月十九日，候月出房南，有兵，女主喪。"《荊州占》曰："月出四表以南，人君有憂。"故本志占曰"災在次相""兵起"。

[2]八年六月，臨川烈武王道規薨：丁福林《校議》云："劉道規之卒，《晉書·安帝紀》記在是年七月庚子，考十月己巳朔，無庚子，《晉書》誤。《建康實錄》卷一○記在'秋八月庚子'，爲

月之初二。本書《臨川烈武王道規傳》記在是年閏月，《通鑑》卷
一一六記在是年‘閏月庚子’，是年閏六月，庚子爲月之朔日。以
上所載，未知孰是。”

[3]王氏：即安僖王皇后。名神愛，琅邪臨沂人。《晋書》卷
三二有傳。

[4]謝混：人名。字叔源，陳郡陽夏人。《晋書》卷七九有
附傳。

[5]朱齡石：人名。字伯兒，沛郡沛人。本書卷四八有傳。

[6]諸葛長民：人名。琅邪陽都（今山東沂南縣）人。《晋書》
卷八五有傳。

[7]范胡達：人名。林邑國王，餘事不詳。　九真：郡名。治
所在今越南清化省清化西北馬江南岸。　杜慧期：人名。交阯朱載
人。事見本書卷九二《杜慧度傳》。

　　義熙七年四月辛丑，熒惑入輿鬼。[1]占曰：“秦有
兵。”一曰：“雍州有災。”六月，太白晝見，在翼。占
同元年。己亥，填星犯天關。[2]占曰：“臣謀主。”庚子，
月犯歲星，在畢。[3]占曰：“有邊兵，且飢。”七月丁卯，
歲星犯填星，在參。占曰：“歲、填合爲内亂。”一曰：
“益州戰不勝，亡地。”五虹見東方。[4]占曰：“天子黜，
聖人出。”八月乙未，月犯歲星，在參。占曰：“益州兵
飢。”太白犯房南第二星。十一月丙午，太白犯哭、泣
星。占悉同上。七月，朱齡石剋蜀，[5]蜀民尋又反，又
討滅之。八年，誅劉藩、謝混，滅劉毅。皇后王氏崩。
九年，誅諸葛長民。十一年，討荆州刺史司馬休之、雍
州刺史魯宗之破之也。[6]

[1]熒惑入輿鬼:《開元占經》卷三四引甘氏曰:"熒惑入輿鬼,犯積尸,天下兵起,大戰流血,有没軍死將。"《黄帝占》曰:"熒惑入輿鬼,有兵喪。"又井、鬼的分野在秦、雍州。故本志占曰"秦有兵""雍州有灾"。

[2]填星犯天關:《開元占經》卷四三引石氏曰:填星行天關中,"中國隔絶,道路不通"。巫咸曰:"填星守天關,王者壅蔽,信使不達,若關梁不通。"郗萌曰:"不出其年,有兵。"與本志"臣謀主"占語有異。

[3]月犯歲星,在畢:《開元占經》卷一二引《黄帝占》曰:歲星入月中,"天下亡徙爲亂,若有野兵"。《史記·天官書》曰:"月蝕歲星,其宿地,饑若亡。"本志占曰"有邊兵,且飢"正合。畢爲中原,爲東晉邊境之地。

[4]五虹見東方:《開元占經》卷九八引《潛潭巴》曰:"五霓俱出,天子詘。"與本志占合。五虹爲五彩之虹。

[5]"義熙七年"至"朱齡石剋蜀":丁福林《校議》云:"據《晉書·安帝紀》、《宋書·武帝紀》、《南史·宋本紀上》、《通鑑》卷一一六、《建康實録》卷一〇、卷一一,朱齡石率師伐蜀在義熙八年十二月,破成都、擒譙縱在九年七月。又據《宋書》、《南史》之《朱齡石傳》,朱齡石於義熙八年前一直隨劉裕征戰,且功名亦未顯,故義熙七年時比無率衆克蜀之可能。是《志》記上事於'七年'下,誤。蓋於'七月'前佚'九年'二字也,應益。"

[6]魯宗之:人名。字彦仁,扶風郿(今陝西眉縣)人。事見《晉書》卷七四《魯爽傳》。

　　義熙八年正月庚戌,月犯歲星,在畢。占同上。七月癸亥,月奄房北第二星。占同上。甲申,太白犯填星,在東井。占曰:"秦有大兵。"己未,月犯井、鉞。

八月戊申，月犯泣星。十月辛亥，月奄天關。占曰：
"有兵。"十月丁丑，[1]填星犯東井。占曰："大人憂。"
十二月癸卯，填星犯井、鉞。是年八月，皇后王氏崩。
九月，誅劉藩、謝混，滅劉毅。九年三月，誅諸葛長
民。西虜攻羌安定戍，剋之。十二月，[2]朱齡石伐蜀。
九年七月，朱齡石滅蜀。

[1]十月丁丑：丁福林《校議》云："前既出'十月辛亥'，則
後不應復出'十月'。見此所記時當有疑問。《晋書·天文志下》
作：'十一月丁丑，填星犯東井。'考義熙八年十月戊戌朔，無丁
丑；十一月丁卯朔，丁丑爲月十一日。見《晋志》是也。此於
'十'後佚'一'字。"

[2]十二月：丁福林《校議》云："齡石率師伐蜀在義熙八年
十二月事，已見前。此於'十二月'顯佚'八年'二字。"

義熙九年二月丙午，熒惑、填星皆犯東井。占曰：
"秦有兵。"三月壬辰，[1]歲星、熒惑、填星、太白聚于
東井，從歲星也。熒惑入輿鬼。太白犯南河。初，義熙
三年，四星聚奎。奎、婁，徐州分。是時，慕容超僭號
於齊，侵略徐、兗，連歲寇抄，至于淮、泗。姚興、譙
縱僭僞秦、蜀。盧循、木末，[2]南北交侵。五年，高祖
北殄鮮卑，是四星聚奎之應也。九年，又聚東井。東
井，秦分。十三年，高祖定關中，又其應也。而縱、循
群凶之徒，皆已剪滅，於是天人歸望，建國舊徐，元熙
二年，[3]受終納禪。皆其徵也。《星傳》曰："四星若
合，是謂太陽，其國兵喪並起，君子憂，小人流。五星

若合，是謂易行。有德受慶，改立王者，奄有四方，無德受罰，離其國家，滅其宗廟。"今案遺文所存，五星聚者有三：周、漢以王，齊以霸。周將伐殷，五星聚房。齊桓將霸，五星聚箕。漢高入秦，五星聚東井。齊則永終侯伯，卒無更紀之事。是則五星聚有不易行者矣。四星聚者有九：漢光武、晉元帝並中興，[4]而魏、宋並更紀。是則四星聚有以易行者矣。昔漢平帝元始四年，[5]四星聚柳、張，各五日。柳、張，三河分。後有王莽、赤眉之亂，[6]而光武興復於洛。晉懷帝永嘉六年，[7]四星聚牛、女，後有劉聰、石勒之亂，[8]而元皇興復揚土。漢獻帝初平元年，[9]四星聚心，又聚箕、尾。心，豫州分。後有董卓、李傕暴亂，[10]黃巾、黑山熾擾，[11]而魏武迎帝都許，[12]遂以兗、豫定，是其應也。一曰："心爲天王，大兵升殿，天下大亂之兆也。"韓馥以爲尾箕燕興之祥，[13]故奉幽州牧劉虞，[14]虞既距之，又尋滅亡，固已非矣。尾爲燕，又爲吳，此非公孫度，則孫權也。[15]度偏據僻陋，然亦郊祀備物，皆爲改漢矣。建安二十二年，[16]四星又聚。二十五年而魏文受禪，[17]此爲四星三聚而易行矣。蜀臣亦引後聚爲劉備之應。[18]案太元十九年、義熙三年九月，[19]四星各一聚，而宋有天下，與魏同也。魚豢云：[20]"五星聚冀方，而魏有天下。"[21]熒惑入輿鬼。占曰："兵喪。"太白犯南河，占曰："兵起。"後皆有應。

[1]三月壬辰：中華本校勘記云："各本並脱'三月'二字，據《晉書·天文志》補。按義熙九年二月丙申朔，無壬辰。三月丙

寅朔，二十七日壬辰。"今從之。

[2]木末：人名。即拓跋木末、拓跋嗣。北魏明元帝。《魏書》
卷三有紀。

[3]元熙：晋恭帝司馬德文年號（419—420）。

[4]漢光武：即劉秀。字叔文，東漢南陽蔡陽（今湖北棗陽
市）人。《後漢書》卷一、卷二有紀。　晋元帝：即司馬睿。字景
文，河內溫人。《晋書》卷六有紀。

[5]漢平帝：即劉衎。《漢書》卷一二有紀。　元始：漢平帝
劉衎年號（1—5）。

[6]王莽：人名。字巨君，西漢魏郡元城（今河北大名縣）
人。《漢書》卷九九有傳。　赤眉：新莽時期由樊崇率領的農民起
義軍。

[7]晋懷帝：即司馬熾。字豐度，河內溫人。《晋書》卷五有
紀。　永嘉：晋懷帝司馬熾年號（307—313）。

[8]劉聰：人名。字玄明，一名載，新興（今山西忻州市）
人，匈奴族。前趙開國皇帝。《晋書》卷一〇二有載記。　石勒：
人名。字世龍，上黨武鄉（今山西榆社縣）人，羯族。後趙開國皇
帝。《晋書》卷一〇四、一〇五有載記。

[9]漢獻帝：即劉協。《後漢書》卷九有紀。　初平：漢獻帝
劉協年號（190—193）。

[10]董卓：人名。字仲穎，東漢隴西臨洮（今甘肅岷縣）人。
《後漢書》卷七二、《三國志》卷六有傳。　李傕：人名。字稚然，
東漢北地（今寧夏吳忠市）人。事見《三國志》卷六《魏書·董
卓傳》。

[11]黃巾：東漢末年由張角等人率領的農民起義軍。　黑山：
東漢末年在河北地區活動的農民起義軍。

[12]魏武：即曹操。字孟德，東漢沛國譙（今安徽亳州市）
人。《三國志》卷一有紀。　許：地名。在今河南許昌市。

[13]韓馥：人名。字文節，東漢潁川（今河南禹州市）人。

歷任御史中丞、冀州牧等官。事見《後漢書》卷七四上《袁紹傳》。

　　[14]幽州：治所在今北京市。　　劉虞：人名。字伯安，東漢東海郯人。《後漢書》卷七三有傳。

　　[15]公孫度：人名。字升濟，東漢遼東襄平（今遼寧遼陽市）人。《三國志》卷八有傳。　　孫權：人名。吳郡富春（今浙江富陽市）人。三國吳國君主。《三國志》卷四七有傳。

　　[16]建安：漢獻帝劉協年號（192—220）。

　　[17]魏文：即曹丕。字子桓，三國魏沛國譙人。《三國志》卷二有紀。

　　[18]劉備：人名。字玄德，三國蜀涿郡涿縣（今河北涿州市）人。《三國志》卷三二有傳。

　　[19]太元：晋孝武帝司馬昌明年號（376—396）。

　　[20]魚豢：人名。三國魏京兆（今陝西西安市）人。曾任魏郎中，撰《魏略》五十卷。

　　[21]五星聚冀方，而魏有天下：上文多次列舉四星相聚之事：太元十九年十月，金木聚於斗；義熙三年四星聚奎，義熙九年三月四星聚東井。《開元占經》卷一九引《含神霧》曰：“五緯合，王更紀。”《荊州占》曰：“四星若合於一舍，其國當王，有德者繁昌。”此時有三次四星相聚，應在宋代晋。

　　五月壬辰，太白犯右執法，晝見。占同上。七月庚午，月奄鉤鈐。占曰：“喉舌臣憂。”九月庚午，歲星犯軒轅大星。己丑，月犯左角。十年正月丁卯，月犯畢。占曰：“將相有以家坐罪者。”二月己酉，月犯房北星。五月壬寅，月犯牽牛南星。乙丑，歲星犯軒轅大星。占悉同上。六月丙申，月奄氐。占曰：“將死之，國有誅者。”七月庚辰，月犯天關。占曰：“兵起。”熒惑犯井、鉞，填星犯輿鬼，遂守之。占曰：“大人憂，宗廟改。”八月丁酉，月奄牽牛南星。占同上。九月，填星犯輿鬼。占曰：“人主憂。”丁巳，太白入羽林。十二月己酉，月犯西咸，占曰：“有陰謀。”十一年三月丁巳，[1]月入畢。占曰：“天下兵起。”一曰：“有邊兵。”己卯，填星入輿鬼。閏月丙午，填星又入輿鬼。占曰：“爲旱，爲疫，爲亂臣。”五月甲申，彗星出天市，掃帝座，在房、心。[2]房、心，宋之分野。案占，得彗柄者興，除舊布新，宋興之象。[3]癸卯，熒惑從行入太微。甲辰，犯右執法。六月己未，太白犯東井。占曰：“秦有兵。”戊寅，犯輿鬼。占曰：“國有憂。”七月辛丑，月犯畢。占同上。八月壬子，月犯氐。占同上。庚申，太白從行從右掖門入太微。丁卯，奄左執法。十一月癸亥，月入畢。占同上。乙未，月入輿鬼而暈。占曰：“主憂，財寶出。”一曰：“暈，有赦。”十二年五月甲申，月犯歲星，在左角。占曰：“爲飢。留房、心之間，宋之分野，與武王伐紂同，得歲者王。”于時晉始封高祖爲宋公。六月壬子，太白從行入太微右掖門。己巳，月犯畢。占同上。七月，月犯牛宿。占曰：“天下有大誅。”十月丙戌，月入畢。占同上。十三年五月丙子，月犯軒轅。丁亥，犯牽牛。癸巳，熒惑犯右執法。八月己酉，月犯牽牛。丁卯，月犯太微。占曰：“人君憂。”九月壬辰，熒惑犯軒轅。十月戊申，月犯畢。占悉同上。月犯箕。占曰：“國有憂。”甲寅，月犯畢。占同上。乙卯，填星犯太微，留積七十餘日。占曰：“亡君之戒。”壬戌，月犯太微。占同上。十一月，月入太微，奄填星。占曰：“王者惡之。”十四年三月癸丑，太白犯五諸侯。占同上。四月壬申，月犯填星，於張。占曰：“天下有大喪。”五月庚子，月犯太微。占同上。壬子，有星孛于北斗魁中。占曰：“有聖人受命。”七月甲辰，熒惑犯輿鬼。占曰：“秦有兵。”丁巳，月犯東井。占曰：“軍將死。”癸亥，彗星出太微西，柄起上相星下，芒漸長至十餘丈，進掃北斗、紫微、中台。占曰：“彗出太微，社稷亡，天下易王。入北斗紫微，帝宮空。”一曰：“天下得聖主。”八月甲子，太白犯軒轅。癸酉，填星入太微，犯右執法，因留太微中，積二百餘日乃去。占曰：“填星守太微，亡君之戒，有徙王。”九月乙未，太白入太微，犯左執法。丁巳，月入太微。占曰：“大人憂。”十月癸巳，熒惑入太微，犯西蕃上將，仍從行至左掖門內，留二十日乃逆行。至恭帝元熙元年三月五日，出西蕃上將西三尺許，又從還入太微。時填星在太微，熒惑繞填星成鉤巳。其年四月二十七日丙戌，從端門出。占曰：“熒惑與填星鉤巳，天下更紀。”[4]甲申，月入太微。占同上。十一年正月，高祖討司馬休之、魯宗之等，潰奔長安。五月，林邑寇交州，[5]交州刺史杜慧度距戰于九真，大爲所敗。十二年七月，[6]高祖伐羌。十月，前驅定陝、洛。十三年三月，索頭大衆緣河爲寇，高祖討之奔退，其別帥托跋嵩交戰，[7]又大破之，嵩衆殲焉。進復攻關。八月，擒姚泓，[8]司、兗、秦、雍悉平，索頭兇懼。十四年，高祖還彭城，受宋公。十一月，左僕射前將軍劉穆之卒。[9] 明年，西虜寇長安，雍州刺史朱齡石諸軍陷没，官軍舍而東。[10] 十二月，安帝崩，母弟琅邪王踐阼，是曰恭帝。

[1] 十一年三月丁巳：中華本校勘記云："'三月'各本並作'二月'，據《晋書·天文志》改。按是年二月乙酉朔，無丁巳。三月甲寅朔，初四日丁巳。"今從之。

[2] 五月甲申，彗星出天市，掃帝座，在房、心：丁福林《校議》云："《晋書·天文志下》載此作'彗星二出天市，掃帝座，在房、心北'。今考之本書《符瑞志上》載：'義熙十一年五月三日，彗星出天市，其芒掃帝座。天市在房、心之北，宋之分野。'考義熙十一年五月癸未朔，甲申是五月初二日，即二處所載或一事，而《符瑞志》乃誤'二日'爲'三日'也。今彗星出天市，而天市位在房、心北，則此作'在房、心'顯誤，《晋志》所載是也。此於'心房'後佚'北'字。"

[3] 得彗柄者興，除舊布新，宋興之象：彗星出現一般爲除舊布新之兆，本志占，"得彗柄者興"，是對星占理論的進一步發展。意爲彗頭對應的地域當興，彗尾掃過的地域當滅。此次天象彗星出天市，掃帝座，在房心，房心爲宋之分野，晋帝初封劉裕爲宋公，本志解爲宋興之象。

[4] "十月癸巳"至"天下更紀"：填星是在恒星間緩慢移動的行星，一歲纔移動一宿，故又曰"鎮星"。而熒惑移動較快，並有往返逆行，在星空中勾畫出似鉤巳的圖形。《開元占經》卷三〇引《荆州占》曰："熒惑逆行，環繞屈曲，成鉤巳，至三舍，名山崩，大川竭；若守之三日不下，其分國凶，有大喪；熒惑逆行至五舍，大臣謀反，諸侯王也。熒惑逆行，必有破軍死將，國君若寄生。又曰夷將爲王，敢誅者昌，不敢誅者亡。當此之時，趣立九侯，置三王，取與必當，無逆天殃。"故本志占曰"熒惑與填星鉤

巳，天下更紀”。至恭帝元熙元年三月五日，中華本校勘記云：“各本並脱‘至恭帝元熙’五字，據《晋書·天文志》補。又三朝本、毛本、局本作‘三月’。北監本、殿本作‘二月’。”今從之。恭帝，即司馬德文。字德文，河内温人。《晋書》卷一〇有紀。元熙，晋恭帝司馬德文年號（419—420）。鉤巳，爲環繞屈曲之狀，巳爲蛇行之象。更紀，更改紀元，即改朝换代。巳，作“己”誤。

[5]林邑：古國名。即占城。在今越南中部一帶。

[6]十二年七月：中華本校勘記云：“‘十二年’各本並作‘十三年’，據《晋書·天文志》改。‘七月’，周家禄《晋書校勘記》云：‘當作八月。’”

[7]托跋嵩：人名。即北魏長孫嵩。代（今山西代縣）人。《魏書》卷二五有傳。

[8]八月，擒姚泓：中華本校勘記云：“周家禄《晋書校勘記》云：‘八月，當作七月。’”姚泓，人名。字元子，南安赤亭人，羌族。後秦皇帝。《晋書》卷一一九有載記。

[9]劉穆之：人名。字道和，小字道民，東莞莒（今山東莒縣）人。本書卷四二有傳。

[10]“十四年，高祖還彭城”至“官軍舍而東”：中華本校勘記云：“周家禄《晋書校勘記》云：‘按穆之卒以十三年十一月，當與十四年劉裕文互易前後。明年當作是年，承十四年文。’”

晋恭帝元熙元年正月丙午、三月壬寅，月犯太微。占悉同上。乙卯，辰星犯軒轅。六月庚辰，太白犯太微。七月，月犯歲星。己卯，月犯太微，太白晝見。占悉同上。自義熙元年至是，太白經天者九，[1]日蝕者四，皆從上始。革代更王，臣民失君之象也。是夜，太白犯哭星。十二月丁巳，月、太白俱入羽林。二年二月庚午，填星犯太微。占悉同上。元年七月，高祖受宋王。[2]二年六月，晋帝遜位，高祖入宫。

[1]太白經天：金星爲内行星，無論傍晚從西方或是早晨從東方出現在天頂這個位置，即亂了法紀。

[2]元年七月，高祖受宋王：中華本校勘記云："'七月'各本並作'十月'，據《宋書·武帝紀》及《晋書·天文志》改。"今從之。

宋書　卷二六

志第十六

天文四

　　宋武帝永初元年十月辛丑，熒惑犯進賢。[1]占曰：“進賢官誅。”十一月乙卯，熒惑犯填星於角。[2]占曰：“爲喪，大人惡之。”一曰：“兵起。”十二月庚子，月犯熒惑於亢。[3]占曰：“爲內亂。”一曰：“貴人憂。角爲天門，亢爲朝廷。”三年五月，宮車晏駕。七月，太傅長沙景王道憐薨。[4]索頭攻略青、司、兗三州。[5]於是禁兵大出。是後司徒徐羨之、尚書令傅亮、領軍謝晦等廢少帝，內亂之應。[6]

　　[1]宋武帝：即劉裕。小名寄奴，彭城（今江蘇徐州市）人。本書卷一、卷二、卷三有紀。　永初：宋武帝劉裕年號（420—422）。　進賢：一星，在太微東南。

　　[2]熒惑犯填星於角：《開元占經》卷二一引巫咸曰：“熒惑犯填星，兵大起。”《漢書·天文志》曰：“熒惑犯填星，大人忌。”

與本志占語“爲喪，大人惡之”“兵起”合。

　　[3]月犯熒惑於亢：《開元占經》卷一二引劉向《洪範五行傳》曰：“月蝕熒惑在角亢，憂在中宮，非賊而盜也；有內亂；一曰有死相，若戮者貴人，兵死，讒臣在旁。”與本志占語合，應在三年宮車晏駕。

　　[4]長沙景王：王爵名。王國在今湖南長沙市。　道憐：人名。即劉道憐。本書卷五一有傳。

　　[5]索頭：晉宋人對北魏的蔑稱。因鮮卑人頭上有髮辮，故稱其爲索虜、索頭虜。　青：州名。治所在今山東青州市。　司：州名。治所在今河南洛陽市。　兗：州名。治所在今山東鄆城縣。

　　[6]徐羨之：人名。字宗文，東海郯（今山東郯城縣）人。本書卷四三有傳。　傅亮：人名。字重友，北地靈州（今寧夏靈武縣）人。本書卷四三有傳。　謝晦：人名。字宣明，陳郡陽夏（今河南太康縣）人。本書卷四四有傳。　少帝：即劉義符。小字車兵，彭城人。本書卷四有傳。

　　永初元年十二月甲辰，月犯南斗。[1]占曰：“大臣憂。”三年七月，長沙王薨。索虜寇青、司二州，大軍出救。

　　[1]月犯南斗：《開元占經》卷一三引《河圖帝覽嬉》曰：“月犯南斗，大臣及將去。”與本志占曰“大臣憂”相合。應在長沙王薨。長沙王封於兗州，角亢氐爲兗州之分，故應在長沙王。

　　永初二年六月甲申，太白晝見。占：“爲兵喪，爲臣強。”三年五月，宮車晏駕。尋遣兵出救青、司。其後徐羨之等秉權，臣強之應也。

　　永初二年六月乙酉，熒惑犯氐。乙巳，犯房。占曰：“氐爲宿宮，房爲明堂，人主有憂。房又爲將相，將相有憂。氐、房又兗、豫分。”三年五月，宮車晏駕。七月，長沙王薨，王領兗州也。^[1]景平元年，廬陵王義真廢，王領豫州也。^[2]

永初二年十月，太白犯塡星於亢。亢，兗州分，又爲鄭。占曰：“大星有大兵，金、土合爲内兵。”三年，索頭攻略青、冀、兗三州，^[3]禁兵大出，兗州失守，虎牢没。^[4]

永初三年正月丁卯，月犯南斗。占同元年。一曰：“女主當之。”^[5]二月辛卯，^[6]有星孛于虚、危，向河津，掃河鼓。占曰：“爲兵喪。”五月，宮車晏駕。明年，遣軍救青、司。二月，太后蕭氏崩。

[1]七月，長沙王薨，王領兗州也：丁福林《校議》云：“長沙王劉道憐之卒，《宋書》《南史》之《長沙景王道憐傳》皆記在永初三年六月。本書及《南史》之《少帝紀》、《通鑑》卷一一九更記在是年六月戊子，爲月之十七日。此‘七月’，恐爲‘六月’之訛。”

[2]景平：宋少帝劉義符年號（423—424）。　廬陵王：王爵名。王國在今江西吉水縣。　義真：人名。即劉義真。彭城人。本書卷六一有傳。　豫州：治所在今安徽壽縣。

[3]冀：州名。治所在今河北冀州市。

[4]虎牢：關名。在今河南滎陽市汜水鎮。

[5]女主當之：女主即孝懿蕭皇后。名文壽，蘭陵蘭陵（東晋僑置於今江蘇常州市武進區）人。本書卷四一有傳。

[6]二月辛卯：《南史》卷一《宋本紀上》作“二月丙戌”，未知孰是。

永初三年二月壬辰，填星犯亢。占曰："諸侯有失國者，民多流亡。"一曰："廷臣爲亂。亢，兗州分，又爲鄭。"其年，索頭攻圍司、兗，兗州刺史徐琰委守奔敗，司州刺史毛德祖距守陷没，[1]緣河吏民，多被侵略。

永初三年三月壬戌，月犯南斗。占同正月。五月丙午，犯軒轅。占曰："女主當之。"六月辛巳，月犯房。占曰："將相有憂，豫州有災。"癸巳，犯歲星於昴。占曰："趙、魏兵飢。"其年，虜攻略青、兗、司三州。盧陵王義真廢，王領豫州也。二月，太后蕭氏崩。[2]元嘉三年，[3]司徒徐羨之等伏誅。

永初三年九月癸卯，熒惑經太微犯左執法。己未，犯右執法。占悉同上。十月癸酉，太白犯南斗。占曰："國有兵事，大臣有反者。"辛巳，熒惑犯進賢。占曰："進賢官誅。"明年，師出救青、司。景平二年，徐羨之等廢帝徙王。元嘉三年，羨之及傅亮、謝晦悉誅。

永初三年十一月戊午，有星孛于室壁。占曰："爲兵喪。"明年，兵救青、司。二月，太后蕭氏崩。營室，内宮象也。[4]

[1]毛德祖：人名。滎陽陽武（今河南原陽縣）人，時任冠軍將軍、司州刺史，戍守虎牢，用地道戰、反間計重創魏軍，後因援兵不至，雖經奮戰，城終被攻破，被俘，死於魏。事見本書卷九五《索虜傳》。

[2]盧陵王義真廢，王領豫州也。二月，太后蕭氏崩：丁福林《校議》云："本書《少帝紀》、《南史·宋本紀》、《建康實録》卷

一一、《通鑑》卷一二〇皆記廬陵王義真之廢在少帝景平二年 (424)正月，太后蕭氏之卒在景平元年二月。本書《后妃傳》亦 記蕭太后崩於景平元年，本卷下文亦有景平元年‘二月，太后蕭氏 崩’之記載。見以上記事，於‘廬陵王’前佚‘景平二年’四字， 於‘二月’前佚‘元年’二字。”

[3]元嘉：宋文帝劉義隆年號（424—453）。

[4]營室，内宫象也：《荆州占》曰：“離宫者，天子之別宫 也。主隱藏止息之所也。”與本志占語相當。孛星犯了内宫，應在 蕭太后崩。

永初三年十一月癸亥，月犯亢、氐。占曰：“國有 憂。”十二月戊戌，[1]熒惑犯房。房爲明堂，王者惡之。 一曰：“將相憂。”景平二年，羨之等廢帝，因害之。元 嘉三年，羨之等伏誅。

[1]十二月戊戌：中華本校勘記云：“各本並作‘十一月戊 戌’。按上有十一月癸亥，此當是十二月戊戌。是年十一月庚子朔， 二十四日癸亥，無戊戌。十二月己巳朔，三十日戊戌。”今從之。

少帝景平元年正月乙卯，有星孛于東壁南，白色， 長二丈餘，拂天苑，[1]二十日滅。二月，太后蕭氏崩。 十月戊午，有星孛于氐北，尾長四丈，西北指，貫攝 提，[2]向大角，[3]東行，日長六七尺，十餘日滅。明年五 月，羨之等廢帝。

[1]拂天苑：彗尾掃拂天苑星。《開元占經》卷六八引石氏曰： “天苑十六星，在昴畢南。”又曰：“天苑，天囷也。主馬牛羊，非

其故，若星不具，有斬死吏。"

[2]攝提：大角兩旁的星座名。攝提、大角均在北斗斗柄延長綫上。郗萌曰："彗星出攝提，主迷惑，群下爭起。"

[3]向大角：《開元占經》卷九〇引《黄帝占》曰："彗星犯守大角，大兵起，國不安，天子失御，有亡國，更政令。"應在少帝被廢。

文帝元嘉元年十月，熒惑犯心。元嘉三年正月甲寅夜，天東南有黑氣，廣一丈，長十餘丈。元嘉六年五月，太白晝見經天。元嘉七年三月，太白犯歲星於奎。六月，熒惑犯東井、輿鬼，入軒轅。月犯歲星。十一月癸未，西南有氣，上下赤，中央黑，廣三尺，長三十餘丈，狀如旌旗。十二月丙戌，有流星頭如甕，尾長二十餘丈，大如數十斛船，赤色有光照人面，從西行經奎北大星南過，至東壁止。其年，索虜寇青、司，殺刺史，掠居民。遣征南大將軍檀道濟討伐，[1]經歲乃歸。

元嘉八年四月辛未，太白晝見，在胃。五月，犯天關、東井。六月庚午，熒惑入東井。七月壬戌夜，白虹見東方。丁丑，太白犯上將。八月癸未，太白入太微右掖門內，犯左執法。乙未，熒惑犯積尸。九月丙寅，流星大如斗，赤色，發太微西蕃，北行，未至北斗没，餘光長三丈許。十月丙辰，金、土相犯，在須女。月奄天關、東井。十二月，月犯房、鉤鈐。十年，仇池氏寇漢中，梁州失戍。[2]

元嘉九年正月庚午，熒惑入輿鬼。三月，月犯軒轅。四月，犯左角。歲星入羽林。月犯房、鉤鈐。己丑，太白入積尸。五月，犯軒轅。月掩南斗第六星。辛酉，熒惑入太微右掖門，犯右執法。七月丙午，月蝕左角。八月癸未，太白犯心前星。乙酉，犯心明堂星。[3]

[1]檀道濟：人名。高平金鄉（今山東嘉祥縣）人。本書卷四三有傳。

[2]仇池氏：在仇池地區的楊氏氏族政權。仇池，地名。在今甘肅西和縣。　漢中：郡名。治所在今陝西漢中市。　梁州：治所在今陝西漢中市。

[3]明堂：星名。在傳統星圖上，太微垣西南外有明堂星三顆。《史記·天官書》有“心爲明堂”之説，而《晉書·天文志上》云“房四星，爲明堂”，説法不一。本志所述“犯心明堂”，當指心宿。

元嘉十年十月，有流星大如甕，尾長二十餘丈。

元嘉十一年二月庚子，月犯畢，入畢口而出，因暈昴、畢，西及五車，東及參。三月丙辰，太白晝見，在參。閏月戊寅，太白犯五諸侯。己丑，月入東井，犯太白。于時司徒彭城王義康專權。[1]

元嘉十二年五月壬戌，月犯右執法。七月壬戌，熒惑犯積尸，奄上將。十月丙午，月犯右執法。十二月甲申，太白犯羽林。十七年，上將、執法皆被誅。

元嘉十三年正月庚午，月犯熒惑。二月，月犯太微東蕃第一星。十一月辛亥，歲星犯積尸。十二月戊子，熒惑入羽林。後年，廢大將軍彭城王義康及其黨與。[2]凡所收掩，皆羽林兵出。

元嘉十四年正月，有星晡前晝見東北維，[3] 在井左右，黃赤色，大如橘。月犯東井。四月丁未，太白犯輿鬼。五月丙子，太白晝見，在太微。七月辛卯，歲星入軒轅。八月庚申，熒惑犯上將。九月丙戌，熒惑犯左執法。其後皇后袁氏崩。[4] 丹陽尹劉湛誅。[5] 尚書僕射殷景仁薨。[6]

［1］彭城王：王爵名。王國在今江蘇徐州市。 義康：人名。即劉義康。彭城人。本書卷六八有傳。

［2］“元嘉十三年正月庚午”至“後年，廢大將軍彭城王義康及其黨與”：丁福林《校議》云：“據本書《文帝紀》《武二王·彭城王義康傳》、《通鑑》卷一二三，大將軍義康被廢徙江州在元嘉十七年，此云‘後年’，非是。考此條後續云：‘元嘉十四年正月，有星晡前晝見東北維……其後皇后袁氏崩。丹陽尹劉湛誅。尚書僕射殷景仁薨。元嘉十五年四月己卯，月犯氏……其後誅丹陽尹劉湛等。’據此體例，此‘後年’，或爲‘其後’之訛。”

［3］晡前：古時下午三時至五時稱爲晡時，晡前即下午三時之前。

［4］袁氏：即文帝袁皇后。名齊嬀，陳郡陽夏（今河南太康縣）人。本書卷四一有傳。

［5］丹陽：郡名。治所在今江蘇丹陽市。 劉湛：人名。字弘仁，南陽涅陽（今河南鄧州市）人。本書卷六九有傳。

［6］尚書僕射：官名。魏晉時爲尚書省次官，輔助尚書令執掌政務，參議大政，諫諍得失，監察彈劾百官，可封還詔旨，常受命主持官吏選舉。南朝時，尚書令爲宰相之職，位尊權重，不親庶務，尚書省日常工作由尚書僕射主持。三品。 殷景仁：人名。陳郡長平（今河南西華縣）人。本書卷六三有傳。

元嘉十五年四月己卯，月犯氐。十月壬戌，流星大如鴨子，出文昌，入紫宮，聲如雷。十一月癸未，熒惑入羽林。丁未，月犯東井、鉞星。其後誅丹陽尹劉湛等。

元嘉十六年二月，歲星逆行犯左執法。五月丁卯，太白晝見胃、昴間。月入羽林。太白犯畢。歲星犯左執法。七月，月會填星。八月，太白犯軒轅。明年，皇后袁氏崩。熒惑犯太微西上將。太白晝見，在翼。九月，熒惑同入太微相犯，太白犯左執法，熒惑犯右執法。十月，歲星熒惑相犯，在亢。十一月，熒惑犯房北第一星。明年，大將軍義康出徙豫章，誅其黨與。尚書僕射、揚州刺史殷景仁薨。[1]

元嘉十九年九月，客星見北斗，漸爲彗星，至天苑末滅。[2]

[1]揚州：治所在今江蘇南京市。
[2]客星見北斗，漸爲慧星，至天苑末滅：古人對彗星的出現過程觀察和記録得很詳細。首先見到的是一顆不太明亮的慢慢移動的客星，逐漸成爲有尾巴的彗星，自斗移動至天苑末纔滅。

元嘉二十年二月二十四日乙未，有流星大如桃，出天津，入紫宮，須臾有細流星或五或三相續，又有一大流星從紫宮出，入北斗魁，須臾又一大流星出，貫索中，經天市垣，諸流星並向北行，至曉不可稱數。流星占並云：「天子之使。」又曰：「庶民惟星。星流，民散之象。」[1]至二十七年，索虜殘破青、冀、徐、兖、南兖、豫六州。[2]民死太半。

[1]"元嘉二十年"至"民散之象"：這是元嘉二十年（443）二月二十四日觀測到的一次流星雨。

[2]南豫：州名。治所在今江蘇鎮江市。

元嘉二十二年二月，金、火、木合東井。四月，月犯心。太白入軒轅。七月，太白晝見。其冬，太子詹事范曄謀反伏誅。[1]

元嘉二十三年正月，金、火相爍。其月，索虜寇青州，驅略民戶。

元嘉二十四年正月，月犯心大星。天星並西流，多細，大不過如雞子，尾有長短，當有數百，至旦日光定乃止，有入北斗紫宮者。[2]占："流星群趨所之者，兵聚其下，有大急。"又占："衆星並流，將軍並舉兵。隨星所之，以應天氣。"又占："流星入紫宮，有喪，水旱不調。"又占："流星入北斗，大臣有繫者。"又占："流星爲民，大星大臣流，小星小民流。"四月，太白晝見。八月，征北大將軍衡陽王義季薨。[3]豫章民胡誕世率其宗族破郡縣，[4]殺太守及縣令。

[1]太子詹事：官名。總領東宮官屬，執掌庶務，輔翊太子，可參預朝政。三品。　范曄：人名。字蔚宗，順陽（今河南淅川縣）人。劉宋時歷史學家，著《後漢書》。本書卷六九有傳。

[2]"天星並西流"至"有入北斗紫宮者"：又是一次流星雨觀測記錄。天星並西流即流星向西方流動。

[3]衡陽王：王爵名。王國在今湖南湘潭市。　義季：人名。即劉義季。彭城人。本書卷六一有傳。

[4]豫章：郡名。治所在今江西南昌市。　胡誕世：人名。豫章南昌（今江西南昌市）人，胡藩第十六子，欲立劉義康爲帝謀反。事見本書卷五〇《胡藩傳》。

元嘉二十五年正月，火、水入羽林，月犯歲星。太白晝見經天。

元嘉二十六年十月，彗星入太微。十一月，白氣貫北斗。

二十七年夏，太白晝見經天。九月，太白犯歲星。十月，熒惑入太微。

元嘉二十八年五月，彗星見卷舌，入太微，逼帝座，犯上相，拂屏，出端門，滅翼、軫。翼、軫，荆州分。[1]太白晝見犯哭星。

三十年，太子巫蠱呪詛事覺，遂殺害朝臣。孝建元年，[2]荆、江二州反，皆夷滅。卷舌，呪詛之象，彗之所起，是其應也。[3]

[1]荆州：治所在今湖北荆州市荆州區。

[2]孝建：宋孝武帝劉駿年號（454—456）。

[3]“彗星見卷舌”至“是其應也”：《開元占經》卷九〇引《帝覽嬉》曰：“彗孛出卷舌，人主用讒言，誅忠臣，貴人有戮死者。一曰民多訟，不出年。”又《玉曆》曰：“彗星出屏星，守衛臣有謀，若有罪，執法者當之。”這是一條典型的星占事例，彗星見卷舌，人主用讒言誅忠臣之象。入太微、逼帝座、犯上相、拂屏、出端門，均顯示出天子宮廷、帝位受到侵犯，執法官、守衛臣

有憂。應在元嘉三十年太子劉劭與皇子劉濬信巫蠱，琢玉爲皇上形象，埋於含章殿前，欲令二人之過，不爲皇上所聞。事泄，太子信巫蠱行咒詛事發，朝臣被殺。

元嘉二十九年正月，太白晝見，經天。明年，東宮弑逆。

孝武孝建元年二月，有流星大如月西行。其年，豫州刺史魯爽反誅。[1]

孝建元年九月壬寅，熒惑犯左執法。尚書左僕射建平王宏表解職，[2]不許。

孝建元年十月乙丑，熒惑犯進賢星。吏部尚書謝莊表解職，[3]不許。

孝建二年五月乙未，熒惑入南斗。十月甲辰，又入南斗。大明元年夏，[4]京師疾疫。

孝建三年四月戊戌，太白犯輿鬼。占曰："民多疾。"明年夏，京邑疫疾。[5]

[1]豫州：治所在今安徽壽縣。　魯爽：人名。小字女生，扶風郿（今陝西眉縣）人。本書卷七九有傳。

[2]尚書左僕射：官名。尚書省副長官，位在右僕射上，協助尚書令執行政務，參議大政，諫諍得失，監察糾彈百官，可封還詔旨，常受命主管選舉。三品。　建平王：王爵名。王國在今重慶巫山縣。　宏：人名。即劉宏。字休度，彭城人。本書卷七二有傳。

[3]謝莊：人名。字希逸，陳郡陽夏人。本書卷八五有傳。

[4]大明：宋孝武帝劉駿年號（457—464）。

[5]"孝建二年五月"至"京邑疫疾"：孝建二年五月的熒惑入南斗和孝建三年四月的太白犯輿鬼，都應在大明元年夏的京師疾

疫。京師，首都建康（今江蘇南京市）。京邑，指京口（今江蘇鎮江市）。

孝建三年八月甲午，太白入心。占曰："後九年，大飢至。"大明八年，東土大飢，民死十二三。

大明元年三月癸亥，太白在奎南，犯歲星。占曰："有滅諸侯。"三年，司空竟陵王誕反誅。

大明元年六月丙申，月在東壁，掩熒惑。占曰："將軍有憂，期不出三年。"至三年，司空竟陵王誕反。[1]

大明二年三月辛未，熒惑入東井。四月己亥，熒惑在東井北犯軒轅第二星。井，雍州分。[2]其年四月，海陵王休茂爲雍州刺史，[3]五年，休茂反誅。

大明二年七月己巳，月掩軒轅第二星。十月辛卯，月掩軒轅。十一月丙戌，月又掩軒轅。軒轅，女主。時民間喧言人主帷薄不修。

大明二年十一月庚戌，熒惑犯房及鉤鈐。壬子，熒惑又犯鉤鈐。占曰："有兵。"其年，索虜寇歷下，[4]遣羽林軍討破之。

大明三年春正月夜，通天薄雲，四方生赤氣，長三四尺，乍沒乍見，尋皆消滅。占名隊（墜）星，一曰刀星，天下有兵，戰鬭流血。月入太微，犯次將。占曰："有反臣死、將誅。"三月，月在房，犯鉤鈐，因蝕。占曰："人主惡之，將軍死。"三月，土守牽牛。[5]占曰："大人憂疾，兵起，大赦，姦臣賊子謀欲殺主。"四月，犯五諸侯。占曰："諸侯誅。"金、水合西方，占曰：

“兵起。”五月，歲星犯東井、鉞。占曰：“斧鉞用，大臣誅。”六月，月入南斗。占曰：“大臣大將軍誅。”南兗州刺史竟陵王誕尋據廣陵反，[6]遣車騎大將軍沈慶之領羽林勁兵及豫州刺史宗愨、徐州刺史劉道隆衆軍攻戰。[7]及屠城，城內男女道俗，梟斬靡遺。將軍宗越偏用虐刑，[8]先刳腸決眼，或笞面鞭腹，苦酒灌創，然後方加以刀鋸。大兵之應也。八月，月犯太白。太白犯房。占曰：“人君有憂，天子惡之。”熒惑守畢。占曰：“萬民饑，有大兵。”九月，太白犯南斗。占曰：“大臣有反者。”九月，月在胃而蝕，既，又於昴犯熒惑。[9]占曰：“兵起，女主當之，人主惡之。”一曰：“女主憂，國王死，民饑。”十月，太白犯哭星。占曰：“人主有哭泣之聲。”自後六宮多喪，公主薨亡，天子舉哀相係。歲大旱，民饑。

[1]司空：官名。三公之一，爲名譽宰相，多爲重臣加官。一品。　竟陵王：王爵名。王國在今湖北鍾祥市。　誕：人名。即劉誕。字休文。彭城人。本書卷七九有傳。

[2]雍州：治所在今湖北襄陽市襄城區。

[3]海陵王：王爵名。王國在今江蘇泰州市。　休茂：人名。即劉休茂。彭城人。本書卷七九有傳。

[4]歷下：地名。在今山東濟南市歷下區。

[5]土守牽牛：《開元占經》卷四〇引郗萌曰：“填星守牽牛，貴人憂。”又曰：“奸臣賊子謀弑其主。”甘氏曰：“填星犯牛，留守之，爲破軍殺將。”本志占語與此相合。

[6]廣陵：王國名。在今江蘇揚州市西北蜀岡上。

[7]沈慶之：人名。字弘先，吳興武康（今浙江德清縣）人。

本書卷七七有傳。　宗慤：人名。字元幹，南陽（今河南南陽市）人。本書卷七六有傳。　徐州：治所在今江蘇徐州市。　劉道隆：人名。彭城人。本書卷四五有附傳。

[8]宗越：人名。南陽葉（今河南葉縣）人。本書卷八三有傳。

[9]月在胃而蝕，既，又於昴犯熒惑：這是一條月全食記録，食後，又發生月犯熒惑的天象。前注已有月犯熒惑的占語，均與本志占語相合。

　　大明四年正月，月奄氐。占曰：“大將死。”又犯房北第二星。占曰：“有亂臣謀其主。”二月，有赤氣長一尺餘，在太白、帝坐北。[1]占曰：“兵起，臣欲謀其君。”五月，月入太微。占曰：“有反臣，大臣死。”六月，太白犯井、鉞。占曰：“兵起，斧鉞用，大臣誅。”月犯心前星。占曰：“有亂臣，太子惡之。”月入南斗魁中。占曰：“大人憂，女主惡之。”七月，歲星犯積尸。占曰：“大臣誅。”十二月，月犯心中央大星。占曰：“大人憂。”十二月，通天有雲，西及東北並生，合八所，[2]並長四尺，乍没乍見，尋消盡。占曰：“天下有兵。”十二月，月犯箕東北星。女主惡之。明年，雍州刺史海陵王休茂反。太白犯東井。雍州兵亂之應也。

[1]有赤氣長一尺餘，在太白、帝坐北：此爲觀測到的復合天象。首先是太白犯帝坐，其次是在其旁有赤氣長一尺餘。《開元占經》卷五一引石氏曰：“太白守犯帝座，有逆亂事。”與本志占語合。

[2]合八所：文義不詳，疑指雲合八處地方。

　　大明五年正月，歲星犯輿鬼、積尸。占曰：“大臣誅，主有憂，財寶散。”月入南斗魁中。占曰：“大人憂，天下有兵。”火、土同在須女。占曰：“女主惡之。”三月，月掩軒轅。占曰：“女主惡之。”有流星數千萬，或長或短，或大或小，並西行，至曉而止。占曰：“人君惡之，民流亡。”四月，太白犯東井北轅。占曰：“大臣爲亂，斧鉞用。”太白犯輿鬼。占曰：“大臣誅，斧鉞用，人主憂。”六月，有流星白色，大如甌，出王良，西南行，沒天市中，尾長數十丈，沒後餘光良久。占曰：“天下亂。”八月，熒惑入東井。占曰：“大臣當之。”十月，歲星犯太微上將星。太白入亢，犯南第二星。占曰：“上將有憂，輔臣有誅者，人君惡之。”十月，太白入氐中。熒惑入井中。占曰：“王者亡地，大赦，兵起，爲飢。”月入太微，掩西蕃上將，犯歲星。占曰：“有反臣死。”大星大如斗，出柳北行，尾十餘丈，入紫宮沒，尾後餘光良久乃滅。占曰：“天下凶，有兵喪，天子惡之。”十一月，月掩心前星，又犯大星。占曰：“大人憂，兵起，大旱。”十二月，太白犯西建中央星。[1]占曰：“大臣相讒。”月犯左角。占曰：“天子惡之。”後三年，孝武帝、文穆皇后相係崩，[2]嗣主即位一年，誅滅宰輔將相，虐戮朝臣，禍及宗室，因自受害。

　　[1]西建：即建星。古代設建鼓在阼階之西，故稱建星爲西建。《儀禮·大射》曰：“建鼓在阼階西。”

[2] 文穆皇后：名王憲嫄，琅邪臨沂（今山東臨沂市）人。本書卷四一有傳。

大明六年正月，月在張，犯歲星。占曰：“民飢流亡。”月犯心後星。占曰：“庶子惡之。”二月，月掩左角。占曰：“天子惡之。”三月，熒惑入輿鬼。占曰：“有兵，大臣誅，天下多疾疫。”五月，月在張，又入太微，犯熒惑。占曰：“國主不安，女主憂。”火犯木在翼。占曰：“爲飢，爲旱，近臣大臣謀主。”有星前赤後白，大如甌，尾長十餘丈，出東壁北，西行没天市，啾啾有聲。占曰：“其下有兵，天下亂。”月掩昴七星。占曰：“貴臣誅，天子破匈奴，胡主死。”歲星犯上將。占曰：“輔臣誅，上將憂。”六月，月入太微，犯右執法。占曰：“人主不安，天下大驚，主不吉，執法誅。”月犯心後星。占曰：“庶子惡之。”七月，月犯箕。[1] 占曰：“女主惡之。”八月，月入南斗魁中。占曰：“大臣誅，斧鉞用，吴、越有憂。”明年，揚、南徐州大旱，[2] 田穀不收，民流死亡。自後三年，帝后仍崩，宰輔及尚書令僕誅戮，索虜主死，新安王兄弟受害，[3] 司徒豫章王子尚薨，羽林兵入三吴討叛逆。[4]

[1] 月犯箕：《開元占經》卷一三引《海中占》曰“月犯箕，女主有憂”，與本志占語相合。在星占學上，往往有同一種異常天象有幾種應驗的占語，供星占家選擇。

[2] 南徐州：治所在今江蘇鎮江市。

[3] 新安王：王爵名。王國在今浙江淳安縣。此指劉子鸞。字

孝羽，彭城人。本書卷八〇有傳。按：新安王兄弟指劉子鸞及其弟南海哀王子師，二人並爲前廢帝劉子業所害。

[4]豫章王：王爵名。王國在今江西南昌市。　子尚：人名。即劉子尚。字孝師，彭城人。本書卷八〇有傳。　三吳：地區名。即指吳興（今浙江湖州市南下菰城），吳郡（今江蘇蘇州市）、會稽（今浙江紹興市）三郡地區。

　　大明七年正月夜，通天薄雲，四方合有八氣，蒼白色，長二三丈，乍見乍没，名刀星。占曰：“天下有兵。”三月，月犯心後星。占曰：“庶子惡之。”四月，火犯金，在婁。占曰：“有喪，有兵，大戰。”六月，月犯箕。占曰：“女主惡之。”太白入東井。占曰：“大臣當之。”太白犯東井。占曰：“大臣爲亂，斧鉞用。”七月，熒惑入東井。占曰：“兵起，大將當之。”月入南斗魁，犯第二星。[1]占曰：“大人憂，吳郡當之。”太白犯輿鬼。占曰：“兵起，大將誅。人主憂，財帛出。”八月，月入哭星中間。太白犯軒轅、少微星。[2]占曰：“人主憂，哭泣之聲，民飢流亡。”太白入太微。占曰：“近臣起兵，國不安。”熒惑犯鬼。太白犯右執法。占曰：“大臣誅。”十月，金、水相犯。占曰：“天下飢。”熒惑守軒轅第二星。占曰：“宮中憂，有哀。”十一月，歲星入氐。占曰：“諸侯人君有入宮者。”十二月，月犯五車。[3]占曰：“天庫兵動。”後二年，帝后崩，大臣將相誅滅，皇子被害，皇太后崩，四方兵起，分遣諸軍推鋒外討。

[1]月入南斗魁，犯第二星：《晋書·天文志上》曰："南二星魁，天梁也。中央二星，天相也。北二星，天府庭也。"

[2]太白犯軒轅、少微星：軒轅星座在七星北，少微星在太微垣中。

[3]月犯五車：《開元占經》卷一四引《黃帝占》曰："月入五車、天庫，兵起，道不通。"與本志占文相合。五車，星座名。在畢宿東北。

大明八年正月，月掩輿鬼。占曰："大臣誅。"月入南斗魁中，掩第二星。占曰："大人憂，女主惡之。"二月，月犯南斗第四星，入魁中。占曰："大人有憂，女主當之。豫章受災。"四月，月入南斗魁中，犯第三星。[1]占曰："大人有憂，女主惡之，丹陽當之。"太白入東井，入太微，犯執法。占曰："執法誅，近臣起兵，國不安。"六月，歲星犯氐。占曰："歲大飢。"有流星大如五斗甌，赤色有光，照見人面，尾長一丈餘，從參北東行，直下經東井，過南河，沒。占曰："民飢，吳、越有兵。"七月，歲星入氐。十月，太白守房。占曰："有兵，大喪。"月掩食房。占曰："有喪，大飢。"此後國仍有大喪，丹陽尹顏師伯、豫章王子尚死。[2]明年，昭太后崩。[3]四方賊起，王師水陸征伐，義興晉陵縣大戰，殺傷千計。

[1]月入南斗魁中，犯第三星：《開元占經》卷六一引石氏曰："南斗魁第一星主吳，第二星主會稽，第三星主丹陽，第四星主豫章，第五星主廬江，第六星主九江。"本志所占地域與石氏相對應。

[2]顏師伯：人名。字長淵，琅邪臨沂人。本書卷七七有傳。

[3]昭太后：即路惠男。丹陽建康（今江蘇南京市）人。本書卷四一有傳。

前廢帝永光元年正月丁酉，[1]太白掩牽牛。牽牛越分。其月庚申，月在虛宿，犯太白。虛，齊地。二月甲申，月入南斗。南斗，揚州分野。又爲貴臣。[2]三月庚子，月入輿鬼，犯積尸。輿鬼主斬戮。六月庚午，熒惑入東井。東井，雍州分。其月壬午，有大流星，前赤後白，入紫宮。景和元年九月丁酉，熒惑入軒轅，在女主大星北。[3]十月，熒惑入太微，犯西上將。十一月丁未，太白犯哭星。其月乙卯，月犯心。心爲天王。其年，太宰江夏王義恭、尚書令柳元景、尚書僕射顏師伯等並誅，[4]太尉沈慶之薨。[5]廬陵王敬先、南平王敬猷、南安侯敬淵並賜死。[6]廢帝殞。明年，會稽太守尋陽王子房、廣州刺史袁曇遠、雍州刺史袁顗、青州刺史沈文秀並反。[7]昭太后崩。

[1]前廢帝：即劉子業。小字法師，彭城人。本書卷七有紀。永光：前廢帝劉子業年號（465）。

[2]月入南斗。南斗，揚州分野。又爲貴臣：《開元占經》卷六一引韓揚曰：“南斗第一星上將，第二星相，第三星妃，第四星太子，第五星、第六星天子。”故本志說“又爲貴臣”。

[3]女主大星：《史記·天官書》曰：“軒轅，黃龍體。前大星，女主象。”

[4]太宰：官名。用作加官以安置元老勳舊大臣，名義尊榮，無職掌。一品。 江夏王：王爵名。王國在今湖北武漢市武昌區。義恭：人名。即劉義恭。彭城人。本書卷六一有傳。 尚書令：

官名。尚書省長官，綜理全國政務，爲高級政務長官，參議大政，實權如宰相，如加録尚書事頭銜，則兼有宰相名義。三品。　柳元景：人名。字孝仁，河東解（今山西臨猗縣）人。本書卷七七有傳。

[5]太尉：官名。東漢以後爲三公之首，劉宋時爲名譽宰相，無實際職掌。一品。東晉末年授劉裕太尉，則有實權。

[6]敬先：人名。即劉敬先。彭城人。本書卷六一有附傳。南平王：王爵名。王國在今湖北公安縣。　敬猷：人名。即劉敬猷。彭城人。本書卷七二有附傳。　南安侯：侯爵名。侯國在今四川樂山市。本書卷七《前廢帝紀》作“安南侯”，卷九二《劉敬猷傳》作“南安縣侯”。未知孰是。　敬淵：人名。即劉敬淵。彭城人。本書卷七二有附傳。

[7]會稽：郡名。治所在今浙江紹興市。　尋陽王：王爵名。王國在今江西九江市。　子房：人名。即劉子房。字孝良，彭城人。本書卷八〇有傳。　廣州：治所在今廣東廣州市。　袁曇遠：人名。曾任南海太守，懦弱無遠略，隨晉安王子勛反明帝，爲其部下李萬周所殺。事見本書卷七《前廢帝紀》、卷八《明帝紀》、卷八四《鄧琬傳》。　袁顗：人名。字景章（一作國章），陳郡陽夏人。本書卷八四有傳。　沈文秀：人名。字仲遠，吳興武康（今浙江德清縣）人。本書卷八八有傳。

　　明帝泰始元年十二月己巳，[1]太白入羽林。占曰：“羽林兵動。”乙亥，白氣入紫宮。[2]占曰：“有喪事。”明年，羽林兵出討。昭太后崩。

[1]明帝：即劉彧。字休炳，小字榮期。彭城人。本書卷八有紀。　泰始：宋明帝劉彧年號（465—471）。

[2]白氣入紫宮：《開元占經》卷九六曰：“蒼白氣入（大角），

國有大喪。"又卷六五引《荆州占》曰："棟星亡，王者死。"棟星即大角。故與本志占語相合。

泰始二年正月甲午，熒惑逆行在屏西南。[1]占曰："有兵在中。"其月丙申，月暈五車，通畢、昴。占曰："女主惡之。"其月庚子，月犯輿鬼。占曰："將軍死。"其月甲寅，流星從五車出，至紫宮西蕃没。占曰："有兵。"其月丙辰，黑氣貫宿。[2]占曰："王侯有歸骨者。"三月乙未，有流星大小西行，不可稱數，至曉乃息。占曰："民流之象。"四月壬午，熒惑入太微，犯右執法。月在丙子，歲星晝見南斗度中。占曰："其國有軍容，大敗。"其月己卯，竟夜有流星百餘西南行，一大如甌，尾長丈餘，黑色，從河鼓出。又曰："有兵。"其月壬午，太白在月南並出東方，爲犯。占曰："有破軍死將，王者亡地。"七月甲午，月犯心。心爲宋地。其月丙午，月犯南斗。占曰："大臣誅。"其月乙卯，熒惑犯氐。氐，兗州分野。十月辛巳，太白入氐。占曰："春穀貴。"十一月癸巳，太白犯房。占曰："牛多死。"其年，四方反叛，内兵大出，六師親戎。昭太后崩。大將殷孝祖爲南賊所殺。[3]尚書右僕射蔡興宗以熒惑犯右執法，[4]自解，不許。九月，諸方反者皆平，多有歸降者。後失淮北四州地，[5]彭城、兗州並爲虜所没，[6]民流之驗也。彭城，宋分也。是春，穀貴民飢。明年，牛多疾死，詔太官停宰牛。

[1]屏：即内屏四星。黄道從附近通過。

　　[2]黑氣貫宿：殿本《考證》云：“宿字上當有脱字。”《開元占經》卷九六曰：“黑氣入尾，故臣有來歸骸骨者。”與本志占文“王侯有歸骨者”合。雲氣占中祇有黑氣入尾宿，占語爲“有來歸骸骨者”。故此處“宿”字前當脱“尾”字。

　　[3]殷孝祖：人名。陳郡長平（今河南西華縣）人。本書卷八六有傳。

　　[4]蔡興宗：人名。濟陽考城（今河南民權縣）人。本書卷五七有附傳。

　　[5]淮北四州：淮北以北地區的四個州。即徐、兗、青、冀四州。

　　[6]彭城：縣名。治所在今江蘇徐州市。

　　泰始三年六月甲辰，月犯東井。占曰：“軍將死。”熒惑犯輿鬼。占曰：“金錢散。”又曰：“不出六十日，必大赦。”八月癸卯，天子以皇后六宮衣服金釵雜物賜北征將士。明年二月，護軍王玄謨薨。[1]

　　泰始四年六月壬寅，太白犯輿鬼。[2]占曰：“民大疾，死，不收。”其年普天大疫。

　　[1]王玄謨：人名。字彦德，太原祁（今山西祁縣）人。本書卷七六有傳。

　　[2]太白犯輿鬼：《開元占經》卷五〇引郤萌曰：“太白出入留舍輿鬼，五十日不下，民大疾，死而不收。”本志占文與此相應。又本志孝武孝建三年四月戊戌太白犯輿鬼，占曰“民多疾”，亦與此相應。

　　泰始五年二月丙戌，月犯左角。占曰：“三年，天子惡之。"三月庚申，月犯建星。占曰："易相。"十月壬午，月犯畢。占曰："天子用法，誅罰急，貴人有死者。"其月丙申，太白犯亢。占曰："收斂國兵，以備北方。"其年冬，建安王休仁解揚州，[1]桂陽王休範爲揚州。[2]揚州牧前後常宰相居之，易相之驗也。[3]七年，晋平王休佑、建安王休仁並見殺。[4]時失淮北。立戍以備防北虜。後三年，宮車晏駕。

[1]建安王：王爵名。王國在今福建建甌市南松溪南岸。 休仁：人名。即劉休仁。彭城人。本書卷七二有傳。

[2]桂陽王：王爵名。王國在今廣西武宣縣。 休範：人名。即劉休範。彭城人。本書卷七九有傳。

[3]"月犯建星"至"易相之驗也"：《開元占經》卷一四引郗萌曰："月變於建星，有亂臣更天子之法令者。一曰易將相，近臣多死。"又卷一三引郗萌曰："月乘南斗，色惡蒼蒼，丞相死。""月變於南斗，亂臣有更天子之法令者。"《荆州占》曰："月變於南斗，易相，近臣死。"古星占家對建星和南斗同樣看待，占語相同，源於二者均曾作爲古之冬至日所在，五星日月起始的曆元。本志占語與其相應。

[4]晋平王：王爵名。王國在今福建福州市。 休佑：人名。即劉休佑。彭城人。本書卷七二有傳。

泰始六年正月辛巳，月犯左角。同前占。八月壬辰，熒惑犯南斗。南斗，吳分。十一月乙亥，月犯東北轅。[1]占曰："大人當之。"又曰："大臣有誅者。"二年，殺揚州刺史王景文。[2]宮車晏駕。

[1]月犯東北轅：月亮犯軒轅東北星，具體對象不明，可能指軒轅十三。

[2]二年，殺揚州刺史王景文：丁福林《校議》云："此'二年'，不知何屬，應有脫誤。考本書《明帝紀》《王景文傳》、《通鑑》卷一一三，王景文與宋明帝之卒皆爲泰豫元年（472）事，乃泰始六年（470）之後二年。據本書體例，此'二年'，恐爲'後二年'之訛，蓋於'二年'前佚'後'字也。"王景文，人名。名彧，字景文，琅邪臨沂人。本書避宋明帝劉彧諱而稱字。本書卷八五有傳。

後廢帝元徽三年七月丙申，[1]太白入角，犯歲星。占曰："角爲天門，國將有兵事。"占，於角，太白與木星會，殺軍在外，破軍殺將。其月丁巳，太白入氐。氐爲天子宿宮，太白兵凶之星。八月己巳，太白犯房北頭第二星。占曰："王失德。"九月癸卯，太白犯南斗第三星。占曰："大人當之，國易政。"十月丙戌，歲星入氐。占曰："諸侯人君有來入宮者。"十一月庚戌，月入太微，奄屏西南星。占曰："貴者失勢。"四年七月，建平王景素據京口反。[2]時廢主凶慝無度，五年七月殞。安成王入篡皇祚。[3]三年，齊受禪。

元徽四年三月乙巳，[4]月犯房北頭第一星，進犯鍵閉星。占曰："有謀伏甲兵在宗廟中，天子不可出宮下堂，多暴事。"九月甲辰，填星犯太微西蕃，[5]占曰："立王。"一曰："徙王。"又曰："大人憂。"時廢帝出入無度，卒以此殞，安成王立。

[1]後廢帝：即劉昱。字德融，小字慧震，彭城人。本書卷九

有紀。　元徽：後廢帝劉昱年號（473—477）。

[2]景素：人名。即劉景素。本書卷七二有附傳。　京口：地名。又稱北府，在今江蘇鎮江市。

[3]安成王：王爵名。王國在今江西安福縣。此指宋順帝劉準。字仲謀，小字智觀，彭城人。本書卷一〇有紀。

[4]元徽四年三月乙巳：中華本校勘記云：“‘乙巳’下，各本並有‘朔’字。按是年三月庚寅朔，十六日乙巳，‘朔’字是衍文，今刪去。”今從之。

[5]填星犯太微西蕃：《開元占經》卷四三引石氏曰：“填星守太微宮，必有破國、易世、改王。”與本志占文“立王”“徙王”合。

　　元徽五年正月戊申，月犯南斗第五星。與前同占。四月丁巳，熒惑犯輿鬼西北星。占曰：“大人憂，近期六十日，遠期六百日。”又曰：“人君惡之。”其月丙子，太白犯輿鬼西北星。占曰：“大赦。”五月戊申，太白晝見午上，光明異常。占曰：“更姓。”六月壬戌，月犯鉤鈐星。占曰：“有大令。”其月乙丑，月犯南斗第四星。與前同占。七月，廢帝殞，大赦天下。後二年，齊受禪。

　　順帝昇明元年八月庚申，[1]月入南斗。犯第三星。與前同占。九月丁亥，太白在翼，晝見經天。占曰：“更姓。”閏十二月癸卯夜，月奄南斗第四星。與前同占。

[1]昇明：宋順帝劉準年號（477—479）。

宋書　卷二七

志第十七

符瑞上

　　夫體睿窮幾，含靈獨秀，謂之聖人，所以能君四海而役萬物，使動植之類，莫不各得其所。百姓仰之，歡若親戚，芬若椒蘭，故爲旗章輿服以崇之，玉璽黃屋以尊之，以神器之重，[1]推之於兆民之上，自中智以降，則萬物之爲役者也。性識殊品，蓋有愚暴之理存焉。見聖人利天下，謂天下可以爲利，見萬物之歸聖人，謂之利萬物。力爭之徒，至以逐鹿方之，亂臣賊子，所以多於世也。夫龍飛九五，[2]配天光宅，有受命之符，[3]天人之應。《易》曰：“河出《圖》，[4]洛出《書》，[5]而聖人則之。”符瑞之義大矣。[6]

[1]神器：代表國家政權的實物，如玉璽、寶鼎之類。
[2]九五：《易》卦的爻位名。九，陽爻通稱；五，卦象自下而上第五爻的位置。凡第五爻屬陽爻，均稱九五。九五爻居上卦中

位，又是陽爻居陽位，《易傳》稱爲天位、尊位，所以後世用九五指帝位。《易·乾卦》："九五，飛龍在天，利見大人。"孔穎達疏："猶若聖人有龍德，飛騰而居天位。"故稱龍飛九五。

[3]受命之符：天降的受命符瑞或玉璽等。古帝王自稱受命於天以鞏固統治，故稱受命。

[4]河出《圖》：語出《易·繫辭上》。指黄河出現龍圖。是關於《易》卦形來源的傳説。河，黄河。歷代對河圖有不同解釋。《尚書·顧命》："大玉、夷玉、天球、河圖，在東序。"孔安國傳："伏犧王天下，龍馬出河，遂則其文，以畫八卦，謂之'河圖'。"此説認爲伏犧取法龍馬身上如星點的旋毛花紋而畫八卦。或視作書名，李鼎祚《周易集解》卷一四引《春秋緯》云："河龍圖發，洛龜書成，河圖有九篇，洛書有六篇也。"自宋初陳摶創"龍圖易"後，多認爲是圖式。北宋劉牧將九宮圖稱爲河圖，將五行生成圖稱爲洛書。南宋蔡元定反之，將五行生成圖稱爲河圖，將九宮圖稱爲洛書。朱熹《周易本義》沿其説，後世所稱一般依此爲準。南宋薛季宣認爲河圖洛書是周王朝的地圖和地理志圖籍，清黄宗羲、胡渭等認爲是古代四方向中央所上的圖經一類。今人高亨認爲河圖洛書可能是古代的地理書，韓永賢認爲是上古游牧時代的氣象圖和方位圖（參見韓永賢《對河圖洛書的探究》，《内蒙古社會科學》1988年第3期）。

[5]洛出《書》：指洛水出現龜書。是古代關於《尚書·洪範》"九疇"創作過程的傳説。洛，洛水。《尚書·洪範》："天乃錫禹洪範九疇，彝倫攸叙。"孔安國傳："天與禹，洛出書。神龜負文而出，列於背，有數至于九，禹遂因而第之以成九類常道。"1977年出土的西漢初期的太一九宮占盤上有一對九、二對八、三對七、四對六的圖式，與洛書圖式布局完全相符（參見安徽省文物工作隊等《阜陽雙古堆西漢汝陰侯墓發掘簡報》，《文物》1978年第8期）。説明西漢初期已有被後世認爲是洛書的九宮圖式。

[6]符瑞：吉祥的徵兆。多指帝王受命的徵兆。古人認爲出現

河圖洛書、景星景雲、麒麟鳳凰等都是帝王受命的祥瑞。

　　赫胥、燧人之前，[1]無聞焉。太昊帝宓犧氏，[2]母曰
華胥。[3]燧人之世，有大迹出雷澤，[4]華胥履之，而生伏
犧於成紀。[5]蛇身人首，有聖德。燧人氏没，宓犧代之，
受《龍圖》，[6]畫八卦，所謂"河出《圖》"者也。有景
龍之瑞。[7]

　　[1]赫胥：又稱赫胥氏。傳説中的帝王。《莊子・馬蹄》言其
時代特徵："夫赫胥氏之時，民居不知所爲，行不知所之，含哺而
熙，鼓腹而遊，民能以此矣。"　燧人：又稱燧人氏。傳説中的帝
王，鑽木取火的發明者。《韓非子・五蠹》："有聖人作，鑽燧取
火，以化腥臊，而民説之，使王天下，號之曰燧人氏。"
　　[2]太昊帝宓犧氏：傳説中的帝王。昊，又作"皓""皞"。宓
犧又作"伏羲""庖犧""伏戲""伏犧""宓戲"，或作"羲皇"
"犧皇""皇犧"。太昊、伏羲在先秦傳爲兩人，漢代以後合爲一
人。傳説他作八卦，又造書契、創婚嫁、正姓氏等。一般認爲，伏
羲是漁獵時代的氏族代表。
　　[3]華胥：傳説中伏羲的母親。《御覽》卷七八引《詩緯含神
霧》："大迹出雷澤，華胥履之，生伏犧。"
　　[4]雷澤：一名雷夏澤。《水經注・瓠子河》："瓠河又左逕雷
澤北，其澤藪在大成陽縣故城西北十餘里，昔華胥履大迹處也。"
漢始置城陽縣，在今山東菏澤市東北。此處雷澤當是神話中雷神的
居處。《山海經・海内東經》："雷澤中有雷神，龍身而人頭，鼓其
腹。"神話中華胥履雷神脚印而生伏羲，伏羲當是雷神之子。
　　[5]成紀：地名。西漢置。治所在今甘肅靜寧縣。《水經注》
卷一七："成紀縣，故帝太皞庖犧所生之處也。"
　　[6]《龍圖》：龍馬負圖。

[7]景龍：指大龍。《春秋緯元命苞》（黄奭輯本，上海古籍出版社1993年版。以下簡稱黄本。）：“伏羲龍狀。”前言伏羲蛇身龍首，也是龍狀，故稱景龍之瑞。

炎帝神農氏，[1]母曰女登，[2]遊於華陽，[3]有神龍首感女登於常羊山，[4]生炎帝。人身牛首，有聖德，致大火之瑞。[5]嘉禾生，[6]醴泉出。[7]

[1]炎帝神農氏：傳説中上古姜姓部落的首領。原居姜水流域，後逐漸沿渭水、黄河東徙至中原地區，與黄帝聯合大戰蚩尤於涿鹿，後又與黄帝大戰於阪泉，戰敗後遂與黄帝部落合併。一説炎帝即神農氏，《史記》卷一《五帝本紀》：“軒轅之時，神農氏世衰。”《正義》引《帝王世紀》：“神農氏，姜姓也……以火德王，故號炎帝。”傳爲上古帝王，又稱連山氏、烈山氏。傳説他是農業和醫藥的發明者，又復演伏羲八卦爲六十四卦，作《連山易》。

[2]女登：傳説中神農氏的母親。一作“安登”。《玉函山房輯佚書》輯《春秋緯元命苞》：“少典妃安登遊于華陽，有神龍首感之于常羊，生神農。”《古微書·春秋元命包》：“少典妃安登游於華陽，有神龍首感之於常羊，生神子，人面龍顔，好耕。是爲神農。”

[3]華陽：相當於今陝西秦嶺以南一帶地區，以在華山之陽得名。

[4]常羊山：《山海經·大荒西經》：“西南大荒之中隅，有偏句、常羊之山。”又《海外西經》：“形天與帝至此争神，帝斷其首，葬之常羊之山。”地望無考。

[5]大火之瑞：按五德終始説，炎帝“以火德王”，故有大火的祥瑞。

[6]嘉禾：指一莖多穗的異禾。《類聚·百穀部·禾》引《東

觀漢記》："光武生於濟陽縣，是歲有嘉禾，一莖九穗。"又引《孝經援神契》："德下至地，則嘉禾生。"故嘉禾是有德帝王出世的祥瑞。

[7]醴泉：甜美的泉水。《禮記·禮運》："故天降膏露，地出醴泉。"

黃帝軒轅氏，[1]母曰附寶，[2]見大電光繞北斗樞星，[3]照郊野，感而孕。二十五月而生黃帝於壽丘。[4]弱而能言，龍顏，有聖德，劾百神朝而使之。應龍攻蚩尤，[5]戰虎、豹、熊、羆四獸之力。以女魃止淫雨。[6]天下既定，聖德光被，群瑞畢臻。有屈軼之草生於庭，[7]佞人入朝，則草指之，是以佞人不敢進。有景雲之瑞，[8]有赤方氣與青方氣相連，[9]赤方中有兩星，青方中有一星，凡三星，皆黃色，以天清明時見於攝提，[10]名曰景星。[11]黃帝黃服齋于中宮，坐于玄扈洛水之上，[12]有鳳皇集，不食生蟲，不履生草，或止帝之東園，或巢于阿閣，或鳴於庭，其雄自歌，其雌自舞。麒麟在囿，[13]神鳥來儀。有大螻如羊，大螾如虹。[14]黃帝以土氣勝，遂以土德王。[15]

[1]黃帝軒轅氏：傳說為上古姬姓部落祖先。《史記》卷一《五帝本紀》稱他出自少典部落，姓公孫，居軒轅之丘，故號軒轅氏。又居姬水，因改姬姓。國於有熊，也稱有熊氏。以土德而王，土色黃，故稱黃帝。傳說他助炎帝在涿鹿擊敗蚩尤，又在阪泉敗炎帝而組成炎、黃部落聯盟。史籍傳他在開發中原過程中，發明了文字、音律、干支、曆法、舟車、宮室、杵臼、蠶絲，制定了棺椁、衣衾、百官等禮制，開拓了中華古老文明，故被尊為中原各族的共

同祖先。

　　[2]附寶：傳説爲黄帝母親。

　　[3]樞星：又稱樞、天樞、樞斗。北斗第一星。《晉書·天文志上》引石氏曰：“第一曰正星，主陽德，天子之象也。”故樞星往往代表國家政權與帝王。大電光繞樞星，説明黄帝是雷神所生。

　　[4]壽丘：古地名。在今山東曲阜市東。

　　[5]應龍：傳説中一種有翼的神龍，善興雲作雨。相傳其畜水助黄帝殺蚩尤，（見《山海經·大荒北經》）又“以尾畫地”成江河，助大禹治水。（見《楚辭·天問》及王逸注。）　蚩尤：傳説中古代九黎族的首領。以金作兵，與黄帝戰於涿鹿，兵敗被殺。古籍所記蚩尤説法不一：一説爲炎帝臣。見《逸周書·嘗麥解》、《御覽·兵部一》引《世本》宋衷注。一説爲黄帝臣。見《管子·五行》《越絶書·計倪内經》。一説爲九黎之君。見《尚書·吕刑》陸德明釋文。一説爲古天子。見《山海經·大荒北經》、《漢書》卷一上《高帝紀上》應劭注。

　　[6]女魃：傳説中的旱神。《山海經·大荒北經》：“有人衣青衣，名曰黄帝女魃。蚩尤作兵伐黄帝，黄帝乃令應龍攻之冀州之野。應龍畜水，蚩尤請風伯、雨師，縱大風雨。黄帝乃下天女曰魃，雨止，遂殺蚩尤。”郝懿行《箋疏》：“《玉篇》引《文字指歸》曰：‘女妭，秃無髮，所居之處不雨也。’”

　　[7]屈軼之草：又稱屈佚草、屈草。傳説中一種生於庭階，見佞人就屈莖指之的神草，故亦稱指佞草。《論衡·是應》：“屈軼，草也。安能知佞？”《玉函山房輯佚書》卷七二輯《田俅子》：“黄帝時有草生於帝庭階，有佞人入朝，則草指之，名曰屈軼。是以佞人不敢進也。”

　　[8]景雲：一種若烟非烟、若雲非雲的祥雲或瑞雲。古人以爲天樞星處於合適位置或帝王德至山陵會出現景雲。《春秋緯》卷五《春秋運斗樞》：“天樞得則景雲出。”宋均注：“景雲若烟非烟，若雲非雲，風不鳴條則見也。”《文選》應貞《晉武帝華林園集詩》

李善注引《孝經援神契》：“王者德至山陵則景雲出。”

　　[9]赤方、青方：五行理論把五方、五色相配：東方木配青，南方火配赤，西方金配白，北方水配黑，中方土配黄。赤方、青方即南方、東方。　氣：指雲氣。

　　[10]攝提：星名。共六星，居斗杓南，正對斗杓所指，故可以它定季節。又三星一組分置大角星兩旁，稱爲左攝提、右攝提。攝提主九卿或大臣之象，若色温而明大，則臣恣主恐。

　　[11]景星：一種形狀無常出入有道之國的瑞星，是人君有德之兆。《史記·天官書》：“天精而見景星。景星者，德星也。其狀無常，常出於有道之國。”《集解》引孟康曰：“精，明也。有赤方氣與青方氣相連，赤方中有兩黄星，青方中一黄星，凡三星合爲景星。”《正義》：“景星狀如半月，生於晦朔，助月爲明。見則人君有德，明聖之慶也。”

　　[12]玄扈：山名。在今陝西洛南縣西，洛水之南。傳説黄帝於此山拜受鳳鳥銜來之圖。此處當爲玄扈山上石室名。《初學記》卷三〇引《春秋合誠圖》：“黄帝坐玄扈洛水上，與大司馬容光等臨觀，鳳皇銜圖置帝前，帝再拜受圖。”宋均注：“玄扈，石室名。”

　　[13]麒麟：傳説中的一種動物，形狀像鹿，頭上有獨角，全身披鱗甲，牛尾巴。古人以爲仁獸、瑞獸，吉祥的象徵。

　　[14]大螻、大螾：古人認爲是土德之瑞。大螻，大螻蛄。大螾，大蚯蚓。《吕氏春秋·有始覽·應同》：“凡帝王者之將興也，天必先見祥乎下民。黄帝之時，天先見大螾大螻，黄帝曰：‘土氣勝！’土氣勝，故其色尚黄，其事則土。”《史記·五帝本紀》：“軒轅有土德之瑞，故號黄帝。”

　　[15]土德：五德之一。古代陰陽家把金、木、水、火、土五行看成五德，認爲歷代王朝各代表一德，按五行生克順序交互更替，周而復始。

　　五十年秋七月庚申，[1]天霧三日三夜，晝昏。黃帝以問天老、力牧、容成曰：[2]“於公何如？”天老曰：“臣聞之，國安，其主好文，則鳳皇居之。國亂，其主好武，則鳳皇去之。今鳳皇翔於東郊而樂之，其鳴音中夷則，[3]與天相副。以是觀之，天有嚴教以賜帝，帝勿犯也。”乃召史卜之，龜燋。[4]史曰：“臣不能占也。其問之聖人。”帝曰：“已問天老、力牧、容成矣。”史北面再拜曰：“龜不違聖智，故燋。”霧除，遊于洛水之上，見大魚，殺五牲以醮之，[5]天乃甚雨，七日七夜，魚流於海，得《圖》《書》焉。《龍圖》出河，《龜書》出洛，赤文篆字，以授軒轅。軒轅接萬神於明庭，今寒門谷口是也。[6]

　　[1]五十年秋七月庚申：指黃帝紀年。一般把漢以後古籍所記共和以前的紀年視爲疑年或假說。今本《竹書紀年》：“（黃帝軒轅氏）五十年秋七月庚申，鳳鳥至，帝祭于洛水。”與此紀年全同。今人董作賓據皇甫謐《帝王世紀》《通志》作五帝紀年：黃帝元年丁亥，五十年丙子，爲公元前 2625 年（參見董作賓《中國年曆簡譜》，臺灣藝文印書館 1974 年版）。
　　[2]天老：黃帝臣。爲黃帝説鳳凰之象（事見《韓詩外傳》卷八）。　力牧：黃帝臣。《帝王世紀輯存》卷一：“（黃帝）夢人執千鈞之弩，驅羊萬群”，醒而求之，“得力牧於大澤，進以爲將”。　容成：黃帝臣。《世本·作篇》（張澍稡集補注本）：“容成作調厤。”宋衷注：“容成，黃帝之臣。”
　　[3]夷則：十二律之一。陰律六爲吕，陽律六爲律。夷則爲陽律第五律。
　　[4]龜燋：占卜時將龜甲灼焦，不能成兆象。《左傳》定公九

年："衛侯將如五氏，卜過之，龜焦。"杜預注："龜焦兆不成，不可以行事也。"

[5]醮：祭神。《文選》宋玉《高唐賦》："醮諸神，禮太一。"李善注："醮，祭也。"

[6]寒門谷口：地名。在今陝西禮泉縣東北。《漢書·郊祀志》："所謂寒門者，谷口也。"顏師古注："谷口，仲山之谷口也，漢時爲縣，今呼之治谷是也。以仲山之北寒涼，故謂此谷爲寒門也。"

帝摯少昊氏，[1]母曰女節，[2]見星如虹，[3]下流華渚，[4]既而夢接意感，生少昊。登帝位，有鳳皇之瑞。

[1]帝摯少昊氏：傳說中古代東夷部落集團的首領。名摯（或質），號金天氏。東夷集團以鳥爲圖騰，傳少昊以鳥名爲官名。後被配屬五方色天帝，爲西方金德白帝。見《左傳》昭公十七年及杜預注、《逸周書·嘗麥解》、《吕氏春秋·孟秋紀》等。

[2]女節：少昊母。《玉函山房輯佚書》輯《春秋元命苞》："黃帝時，大星如虹，下流華渚，女節夢接，意感而生白帝朱宣。"注云："朱宣，少昊氏。"爲此節所本。

[3]虹：一種自然現象。空中小水珠經日光照射發生折射和反射後形成的圓弧形七彩帶。常呈兩種：一種是紅色在外，紫色在內，顏色鮮艷，稱虹或雄虹；一種是紅色在內，紫色在外，顏色較淡，稱霓或雌虹。古人常把虹的出現視作祥瑞徵兆。

[4]華渚：神話傳說中的地名。

帝顓頊高陽氏，[1]母曰女樞，[2]見瑶光之星，貫月如虹，感己於幽房之宮，[3]生顓頊於若水。[4]首戴干戈，有聖德。生十年而佐少昊氏。二十而登帝位。

[1]顓頊：傳説中的帝王。黄帝後裔，五帝之一，號高陽氏。傳其命南正重、北正黎分别司天、地，絶地天通，進行了一次原始宗教的改革（見《國語・楚語下》。《尚書・吕刑》）又爲北方水德黑帝（見《吕氏春秋・孟冬紀》《淮南子・天文訓》）。

[2]女樞：顓頊母。《繹史》卷七注引《詩含神霧》："瑶光如蜺，貫月正白，感女樞，生顓頊。"爲此節所本。

[3]幽房：深暗的房間。

[4]若水：今雅礱江。是與金沙江合流後的一段金沙江，古時兼稱若水。《吕氏春秋・仲夏紀・適音》："帝顓頊生自若水。"

　　帝嚳高辛氏，[1]生而駢齒，[2]有聖德，代高陽氏王天下。使鼓人拊鞞鼓，[3]擊鍾磬，鳳皇鼓翼而舞。

[1]帝嚳：傳説中的帝王。黄帝後裔，五帝之一，號高辛氏。《初學記》卷九引《帝王世紀》："生而神異，自言其名曰夋。"《山海經》作"帝俊"。《世本・帝繫篇》："帝嚳年十五歲，佐顓頊有功，封爲諸侯，邑於高辛。"又説其有姜嫄、簡狄、慶都、常儀四妃，生后稷、契、堯、摯。

[2]駢齒：前齒併兩爲一，奇異之相。古代相士認爲具此相者有出衆的才能。《論衡・骨相》："帝嚳駢齒。"

[3]鞞鼓：古代用於祀神之鼓，屬六鼓中雷鼓一類。《禮記・月令》孔穎達疏："鞞鼓者，則《周禮》鼓人職掌六鼓，雷鼓鼓神祀之屬是也。"

　　帝堯之母曰慶都，[1]生於斗維之野，常有黄雲覆護其上。及長，觀于三河，[2]常有龍隨之。一旦龍負《圖》而至，其文要曰："亦受天祐。"眉八彩，鬢髮長七尺二寸，面銳上豐下，足履翼宿。[3] 既而陰風四合，赤龍感之。孕十四月而生堯於丹陵，[4] 其狀如圖。及長，身長十尺，有聖德。封於唐。[5] 夢攀天而上。高辛氏衰，天下歸之。在帝位七十年，景星出翼，鳳皇在庭，朱草生，嘉禾秀，甘露潤，醴泉出，日月如合璧，五星如連珠。[6] 厨中自生肉，其薄如箑，搖動則風生，食物寒而不臭，名曰“箑脯”。[7] 又有草夾階而生，月朔始生一莢，月半而生十五莢，十六日以後，日落一莢，及晦而盡，月小則一莢焦而不落，名曰“蓂莢”，[8] 一曰“曆莢”。歸功於舜，將以天下禪之，乃潔齋修壇場於河、雒，擇良日，率舜等升首山，遵河渚。有五老游焉，[9] 蓋五星之精也。相謂曰：“《河圖》將來告帝以期，知我者重瞳黃姚。”[10] 五老因飛爲流星，上入昴。[11] 二月辛丑昧明，禮備，至於日昃，[12] 榮光出河，休氣四塞，[13] 白雲起，回風搖，乃有龍馬銜甲，赤文綠色，臨壇而止，吐《甲圖》而去。甲似龜，背廣九尺，其圖以白玉爲檢，赤玉爲字，泥以黃金，約以青繩。檢文曰：“闓色授帝舜。”言虞、夏、殷、周、秦、漢當授天命。帝乃寫其言，藏于東序。[14] 後二年二月仲辛，[15] 率群臣沈璧于洛。禮畢，退俟，至于下昃，[16] 赤光起，玄龜負書而出，[17] 背甲赤文成字，止于壇，其書言當禪舜。遂讓舜。

[1] 帝堯：傳説爲父系氏族社會後期的部落聯盟首領。名放勳，號陶唐氏，姓伊祁氏，史稱唐堯。曾制定曆法，曆象日月星辰，授民以時，用鯀治理洪水。在位後期實行君主禪讓制，讓位於舜。見

《尚書·堯典》、《史記》卷一《五帝本紀》、《帝王世紀》等。　慶都：帝堯母。《春秋緯合誠圖》（黃本）："堯母慶都，有名於世。蓋大帝之女，生於斗維之野，常在三河之東南。天大雷電，有血流潤大石之中，生慶都。長大，形象天帝，常有黃雲覆蓋之，蔑食不饑。年二十，寄伊長孺家，無夫。出觀三河之首，常有若神隨之者。有赤龍負圖出，慶都讀之：'赤受天運'，下有圖人，衣赤光，面八彩，鬚髮長七尺二寸，兌上豐下，足履翼宿。署曰：'赤帝起，成天寶'。即慶都之翼之野，奄然陰風雨，赤龍與慶都合婚，有娠，龍消不見，而乳堯。"宋均注："赤龍與慶都合，十四月而生帝祁堯也。"又《御覽》卷八〇引《帝王世紀》："母曰慶都，孕十四月而生堯於丹陵。"上引爲本志慶都、堯感生神話之來源。但本志隱括言之，在"眉八彩"前未著"下有圖人，衣赤光"句，故造成先有堯的形象而後纙有堯生的文理不通的結果。"其狀如圖"應移至"足履翼宿"句下，則文理通順。

　　[2]三河：漢時河東、河內、河南三郡稱爲三河，相當於今河南北部、中部和山西南部地區。有時也指洛陽市黃河兩岸一帶。此文有負圖事，當指後者。

　　[3]足履翼宿：漢代讖緯說者認爲"赤帝（堯）之精生於翼"（見黃本《春秋緯合誠圖》）。翼，二十八宿之一。故堯象足履翼宿，又有"景星出翼"之瑞。

　　[4]丹陵：傳說中堯的出生地。南朝梁江淹《建平王慶王太后正位章》："丹陵蘊德，玄丘棲聖。"

　　[5]唐：傳說爲堯的封國。一說在平陽（今山西臨汾市），一說在中山國唐縣（今山西太原市）。

　　[6]五星如連珠：又稱五星聚、五星聯珠、五星編珠、五星貫珠、五星聚舍。即五大行星同時出現在一個小範圍內。通常指在二十八宿的某一宿內，但各宿度數懸殊，有時四星在同宿，一星在鄰宿，也視作五星聚。是王者有至德或改朝換代的徵兆。《開元占經》卷一九引《易緯坤靈圖》："王者有至德之萌，則五星若連珠。"引

《詩緯含神霧》："五緯合，王更紀。"

[7]箑脯：傳説堯時厨中自生的肉脯，祥瑞之一。又作"箑莆"，一種瑞草或瑞木。《説文解字·蓮》："蓮莆，瑞草也。堯時生於庖厨，扇暑而凉。"段玉裁注："《白虎通》曰：'孝道至則蓮莆生庖厨。蓮莆者，樹名也。其葉大於門扇，不搖自扇，於飲食清凉，助供養也。'"箑，扇子。《論衡·是應》："儒者言箑脯生於庖厨者，言厨中自生肉脯，薄如蓮形，搖鼓生風，寒凉食物，使之不臭。"

[8]蓂莢：傳説中一種可以兆示時日的瑞草。是王者德至地，日月得其分的徵兆。《類聚·祥瑞部·祥瑞》引《白虎通》："德至地，即嘉禾生，蓂莢起。"《御覽》卷八七三引孫氏《瑞應圖》曰："蓂莢者，葉圓而五色，一名歷莢。十五葉，日生一葉，從朔至望畢。從十六，日毀一葉，至晦而盡。月小則一葉卷而不落。聖明之瑞也，人君德合乾坤則生。"

[9]五老：神名。五星之精氣。《論語緯比考讖》（黃本）："堯舜等升首山，觀河渚，有五老游於河渚，相謂曰：'河圖將來，告帝期。'五老流星，上入昴。"又"五老曰：'河圖將浮，龍銜玉苞，刻版題命，可卷，金泥玉檢，封書成，知我者重瞳黃姚。'視，五老飛爲流星，上入昴。"此爲本志隱括。

[10]重瞳黃姚：舜重瞳且姚姓，重瞳黃姚應指舜。重瞳，又稱重明，目中有兩瞳子，是一種異相。相術家認爲有重瞳者天賦優厚，有大才。

[11]昴：又稱髦頭、旄頭、西陸、大梁。二十八宿西宮白虎七星第四宿，一大六小共七星組成。星占家認爲昴是天的耳目，主獄事，主胡兵。

[12]昧明：拂曉。　日昃：太陽過正午偏西，約下午兩點左右。

[13]榮光：五色雲氣，吉祥之兆。　休氣：和煦之氣，祥瑞之兆。《初學記》卷六引《尚書中候》："榮光出河，休氣四塞。"《白

虎通·封禪》：“陰陽和，萬物序，休氣充塞。”

[14] 東序：古代宮室的東厢房，爲藏圖籍和秘寶之所。

[15] 二年二月仲辛：二年二月十八日。此處用的是《左傳》之“龍曆”，亦稱甲曆、易曆、律曆。該曆以天干紀日，十日一旬，仲辛爲第二旬辛日，故爲十八日。（詳見宋會群《乾卦六龍態的天文含義研究——〈左傳〉“龍紀”曆法鈎沉》，《史學月刊》2002年第 2 期。）

[16] 下昃：相當於漢代的晡時。《公羊傳》定公十五年：“日下昃，乃克葬。”何休注：“下昃，蓋晡時。”漢十二時制爲申時，約當下午三點至五點；漢十六時制爲未時，約當下午一點半至三點。（見宋會群、李振宏《秦漢時制研究》，《歷史研究》1993 年第 6 期。）

[17] 玄龜：傳爲河精使者。王嘉《拾遺記》卷二：“玄龜，河精之使者也。龜頷下有印，文皆古篆字，作九州山川之字。”

帝舜有虞氏，[1]母曰握登，[2]見大虹意感，而生舜於姚墟。[3]目重瞳子，故名重華。龍顔大口，[4]黑色，身長六尺一寸。舜父母憎舜，使其塗廩，自下焚之，舜服鳥工衣服飛去。又使浚井，自上填之以石，舜服龍工衣自傍而出。耕於歷山，[5]夢眉長與髮等。及即帝位，蓂莢生於階，鳳皇巢於庭，擊石拊石，百獸率舞，景星出房，地出乘黃之馬，[6]西王母獻白環、玉玦。舜在位十有四年，[7]奏鍾石笙筦未罷，而天大雷雨，疾風發屋拔木，桴鼓播地，鍾磬亂行，舞人頓伏，樂正狂走。舜乃擁璿持衡而笑曰：[8]“明哉！夫天下非一人之天下也，亦乃見于鍾石笙筦乎。”乃薦禹於天，使行天子事。于時和氣普應，慶雲興焉，[9]若煙非煙，若雲非雲，郁郁紛紛，蕭索輪囷，百工相和而歌《慶雲》。帝乃倡之曰：
"慶雲爛兮，糾縵縵兮，日月光華，旦復旦兮。"群臣咸
進，稽首曰："明明上天，爛然星陳，日月光華，弘予
一人。"帝乃再歌曰："日月有常，星辰有行，四時從
經，萬姓允誠。於予論樂，配天之靈。遷于聖賢，莫不
咸聽。鼖乎鼓之，軒乎舞之。精華以竭，褰裳去之。"
於是八風修通，慶雲叢聚，蟠龍奮迅於其藏，[10]蛟魚踊
躍於其淵，[11]龜鱉咸出其穴，遷虞而事夏。舜乃設壇於
河，依堯故事。至于下昃，榮光休氣至，黃龍負《圖》，
長三十二尺，廣九尺，出于壇畔，赤文綠錯，其文言當
禪禹。

[1]帝舜有虞氏：傳說爲父系氏族社會後期部落聯盟的首領。
姚姓，號有虞氏，名重華，史稱虞舜。小時不爲父母兄長所愛，但
信守孝道，二十歲以孝聞世，被舉薦爲堯的繼承人。曾攻伐共工、
驩兜、三苗等部落。繼位後，選賢任才，以治水有功的禹爲繼承
人。後巡狩南方，死於蒼梧，葬在九嶷。見《尚書·堯典》、《史
記》卷一《五帝本紀》。一說"舜囚堯于平陽，取之帝位"，後被
禹放逐死於蒼梧。（見方詩銘《古本竹書紀年輯證·附五帝紀》，
上海古籍出版社 2005 年版。）

[2]握登：舜母。《史記·五帝本紀》："虞舜者，名曰重華。"
《正義》："握登，見大虹意感而生舜於姚墟，故姓姚。目重瞳子，
故曰重華。字都君。龍顏，大口，黑色，身長六尺一寸。"

[3]姚墟：一說在雷澤縣，即今山東菏澤市東北；一說在今河
南濮陽縣。

[4]龍顏：眉骨圓起。古人認爲是帝王之相。

[5]歷山：古代山名。一說在今山東濟南市東南，又名舜耕山、

千佛山；一説在今河南濮陽縣東南。

　　[6]乘黃之馬：傳説由地生出的神馬。《管子·小匡》：“地出乘黃。”尹知章注：“乘黃，神馬也。”

　　[7]舜在位十有四年：此句以下至“其文言當禪禹”被今本《竹書紀年》當作附注，並隱括爲：“十四年，卿雲見，命禹代虞事。”王國維《今本竹書紀年疏證》認爲：“此隱括下附注爲説，附注出《宋書·符瑞志》，而《宋志》實本《尚書大傳》文。”此段與《尚書大傳》略同。

　　[8]擁璿持衡：《竹書紀年》引作“磬堵持衡”，未知孰是。璿，同“璇”。璇璣。衡，玉衡。漢代以來對璇璣玉衡有星象、儀器兩類解釋。星象説中有的主張是北斗七星。如《史記·天官書》：“北斗七星，所謂‘旋璣玉衡，以齊七政’。”《晋書·天文志上》則以爲：“魁四星爲璇璣，杓三星爲玉衡。”《春秋運斗樞》則把第二、第三星稱爲璇、璣，把第五星稱爲玉衡。又有北極（北辰）説。伏勝《尚書大傳》卷二：“璇璣謂之北極。”《説苑》：“璇璣謂北辰，句陳樞星也。”儀器説有《尚書·舜典》：“在璿璣玉衡，以齊七政。”孔傳：“璣衡，王者正天文之器，可運轉者。”孔穎達疏：“璣衡者，璣爲轉運，衡爲橫簫，運璣使動於下，以衡望之。是王者正天文之器。漢世以來謂之渾天儀者是也。”宋代蘇頌認爲是渾儀中的四游儀。

　　[9]慶雲：亦作“卿雲”。一種喜瑞之氣。《史記·天官書》：“若煙非煙，若雲非雲，郁郁紛紛，蕭索輪囷，是謂卿雲。卿雲（見），喜氣也。”又是舜禪禹時所唱的頌歌歌名（見《尚書大傳》卷二）。

　　[10]蟠龍：盤屈之龍。一説未升天之龍。

　　[11]蛟魚：蛟與魚的合稱。蛟，傳説中一種居深淵、能發水的龍。蟠龍蛟魚出，都被視作改朝換代的祥瑞。

帝禹有夏氏，[1]母曰脩己，[2]出行，見流星貫昴，夢接意感，既而吞神珠。脩己背剖，而生禹於石紐。[3]虎鼻大口，兩耳參鏤，[4]首戴鉤鈐，[5]胸有玉斗，[6]足文履己，[7]故名文命。長有聖德，長九尺九寸，夢自洗於河，以手取水飲之。又有白狐九尾之瑞。[8]當堯之世，舜舉之。禹觀於河，有長人白面魚身，出曰："吾河精也。"[9]呼禹曰："文命治淫。"言訖，授禹《河圖》，言治水之事，乃退入于淵。禹治水既畢，天錫玄珪，[10]以告成功。夏道將興，草木暢茂，青龍止於郊，祝融之神，[11]降于崇山。[12]乃受舜禪，即天子之位。洛出《龜書》六十五字，是爲《洪範》，[13]此謂"洛出《書》"者也。南巡狩，濟江，中流有二黃龍負舟，[14]舟人皆懼。禹笑曰："吾受命於天，屈力以養人。生，性也。死，命也。奚憂龍哉！"龍於是曳尾而逝。

[1]帝禹有夏氏：姒姓，名文命，亦稱大禹、夏禹、戎禹。原爲夏后氏部落領袖，奉舜命治理洪水，疏導江河，興修溝渠，發展農業。治水十三年，三過家門而不入。後被選爲舜的繼承人。繼位後，鑄象徵王權的九鼎，建立夏代，後世視爲聖王。見《尚書》中的《舜典》《大禹謨》《皋陶謨》《禹貢》《益稷》諸篇和《史記》卷二《夏本紀》。

[2]脩己：禹母。《史記·夏本紀》"夏禹，名曰文命。"《正義》引《帝王世紀》："父鯀妻脩己，見流星貫昴，夢接意感，又吞神珠薏苡，胸坼而生禹。"爲此志所本。

[3]石紐：地名。在今四川汶川縣石紐山下。

[4]兩耳參鏤：耳有三孔的一種異相。《論衡·骨相》："禹耳三漏。"

[5]鉤鈐：星名。共二星，房宿的屬官。《漢書·天文志》："其後熒惑守房之鉤鈐。鉤鈐，天子之御也。"此言禹頭頂有二凸起，象徵鉤鈐二星，預示著其即天子之位。

[6]胸有玉斗：即胸有七星痣。象徵其掌握天下樞機，貴爲天子。玉斗，星名。指北斗，象徵樞紐。

[7]足文履己：足底起"己"形紋理，貴相。

[8]白狐九尾：即九尾狐。《山海經·大荒東經》："有青丘之國，有狐九尾。"郭璞注："太平則出而爲瑞也。"傳說禹三十歲未娶，《吳越春秋·越王無余外傳》云："有白狐九尾造於禹，禹曰：'白者，吾之服也；其九尾者，王之證也。'""禹因娶塗山，謂之女嬌。"狐瑞本此。

[9]河精：即河伯。此傳說見於《尸子》（清孫星衍輯本）。《尸子》卷下："禹鴻理水，觀于河，見白面長人魚身，出曰：'吾河精也。'授禹《河圖》，而還于淵中。"

[10]玄珪：亦作"玄圭"。上尖下方的黑色玉器，用於賞賜有特殊功勳之人的瑞信禮器。《尚書·禹貢》："禹錫玄圭，告厥成功。"蔡沈《集傳》："水色黑，故圭以玄云。"

[11]祝融：帝嚳的火官，後被尊爲火神。傳說爲炎帝、黃帝的後裔。見《國語·鄭語》、《呂氏春秋·孟夏紀》高誘注。

[12]崇山：此指河南登封市境内的嵩山。《國語·周語上》："昔夏之興也，融降於崇山。"韋昭注："融，祝融也。崇，崇高山也。夏居陽城，嵩高所近。"此事也爲本志所本。

[13]乃受舜禪，即天子之位。洛出《龜書》六十五字，是爲《洪範》：此句本《尚書·洪範》文及孔傳、馬注爲説。《洪範》的九疇從"初一曰五行"至次九的"威用六極"共六十五字，馬融注："《洛書》文也。"孔安國傳則説："天與禹，洛出《書》，神龜負文而出，列於背，有數至于九。禹遂因而第之，以成九類。"因此，《洪範》的九疇被釋作"二、四爲肩，六、八爲足，左三右七，戴九履一，五居中央"的九宮數，並被漢以後人認爲是《洛

書》圖式。故下云“此謂‘洛出《書》’者也”。

[14]南巡狩，濟江，中流有二黃龍負舟：禹南巡有黃龍負舟事，源於《呂氏春秋·恃君覽·知分》和《淮南子·精神訓》。文略同，不録。

　　高辛氏之世妃曰簡狄。[1]以春分玄鳥至之日，從帝祀郊禖，[2]與其妹浴於玄丘之水。[3]有玄鳥銜卵而墜之，五色甚好，二人競取，覆以玉筐。簡狄先得而吞之，遂孕。胸剖而生契。[4]長爲堯司徒，[5]成功於民，受封于商。[6]後十三世，生主癸。[7]主癸之妃曰扶都，[8]見白氣貫月，意感，以乙日生湯，號天乙。[9]豐下鋭上，晳而有髯，句身而揚聲，[10]身長九尺，臂有四肘，[11]是曰殷湯。湯在亳，[12]能修其德。伊摯將應湯命，[13]夢乘船過日月之傍，湯乃東至于洛，觀帝堯之壇，沈璧退立，黃魚雙踊，黑鳥隨魚止于壇，化爲黑玉。[14]又有黑龜，並赤文成字，言夏桀無道，湯當代之。檮杌之神，見于邳山。[15]有神牽白狼銜鉤而入商朝。[16]金德將盛，[17]銀自山溢。湯將奉天命放桀，夢及天而舐之，遂有天下。商人後改天下之號曰殷。

[1]簡狄：亦作“簡翟”。傳爲帝嚳次妃，吞玄鳥卵懷孕生商族祖先契。其事見《呂氏春秋·季夏紀·音初》、《史記》卷三《殷本紀》。

[2]郊禖：古帝王求子時所祭之神，其祠在郊，故稱郊禖。《詩·大雅·生民》：“克禋克祀，以弗無子。”毛亨傳：“弗，去也。去無子，求有子，古者必立郊禖焉。玄鳥至之日，以太牢祠于郊禖，天子親往，后妃率九嬪御。”

［3］玄丘：傳說中的地名。

［4］胸剖而生契：一說發背生契。《春秋繁露·三代改制質文》：“契先發於胷。”

［5］司徒：官名。掌管土地、人民及教化。堯舜時設司徒，由契擔任，掌教化。西周金文中稱“司土”。

［6］商：地名。又名商邑。在今河南商丘市。

［7］主癸：商湯之父。《史記·殷本紀》：“從契至湯，凡十四代。”故稱後十三世。

［8］扶都：商湯之母。《春秋緯元命苞》（黃本）：“扶都感白帝而生湯。”商湯金德，尚白，故有感“白氣”“白帝”生湯之說。

［9］湯：商王朝建立者。子姓，名履。史籍稱商湯、殷湯、武湯、天乙、成湯、成唐等，甲骨文中稱唐、大乙、高祖乙。稱乙者，學界多認爲是按商代“祀周”計，乙日祭湯，故稱乙。其實是因其乙日所生纔稱乙，《易緯乾鑿度》卷上：“殷録質，以生日爲名，順天性也。”他任用伊尹爲相，敗夏桀於鳴條，建立商朝。

［10］句身：倨身，身彎曲。《晏子春秋·內篇諫上》：“湯晳而長，頤以髯，兌上豐下，倨身而揚聲。”

［11］四肘：《論衡·骨相》：“湯臂再肘。”說其一臂兩肘，二臂四肘。《古微書·春秋元命包》：“湯臂四肘，是謂神剛。象月推移，以綏四方。”

［12］亳：地名。即南亳。商湯都城。在今河南商丘市睢陽區。

［13］伊摯：又稱伊尹、阿衡。商湯大臣。本爲湯妻陪嫁的男奴隸，助湯伐桀，建立功勳。湯死後，佐外丙、仲壬二王。仲壬死，而立太甲爲王，但太甲不循祖制，被放之桐宫（今河南虞城縣，一說即偃師市商城）。三年後，太甲悔過，迎之復位。事見《左傳》襄公二十一年、《史記·殷本紀》。一說放逐太甲而自立七年，太甲還，殺伊尹。見《竹書紀年》卷上。

［14］沈璧退立，黃魚雙踊，黑鳥隨魚止于壇，化爲黑玉：湯沈璧事見黃本《春秋緯運斗樞》按引《洛書靈準聽》：“湯則沈璧於

洛，黑鳥隨魚化黑玉赤勒。"

[15]檮杌：傳説中的四大惡人之一。或謂即鯀。《國語·周語上》："商之興也，檮杌次於丕山。"韋昭注："檮杌，鯀也。" 丕山：韋昭注云在河東。河東郡，秦代始置，治所在安邑，即今山西夏縣禹王城。

[16]白狼銜鉤：白狼銜鉤兵，喻金德勝。白狼，瑞獸。鉤，鉤兵器。

[17]金德：五德終始説認爲黄帝土德、夏禹木德、商湯金德、文王火德、秦水德，五行相克而循環。商湯金德，尚白，故云"銀自山溢"。《吕氏春秋·有始覽·應同》："及湯之時，天先見金刃生於水，湯曰'金氣勝'。金氣勝，故其色尚白，其事則金。"

　　高辛氏之世妃曰姜嫄，[1]助祭郊禖，見大人迹履之，[2]當時歆如有人道感己，遂有身而生男。以爲不祥，棄之陋巷，羊牛避而不踐；又送之山林之中，會伐林者薦覆之；又取而置寒冰上，大鳥來以一翼藉覆之。姜嫄以爲異，乃收養焉，名之曰棄。[3]枝頤有異相。[4]長爲堯稷官，有功於民。后稷之孫曰公劉，[5]有德，諸侯皆以天子之禮待之。初黄帝之世，讖言曰：[6]"西北爲王，期在甲子，昌制命，發行誅，旦行道。"[7]及公劉之後，十三世而生季歷。[8]季歷之十年，飛龍盈於殷之牧野，[9]此蓋聖人在下位將起之符也。[10]季歷之妃曰太任，[11]夢長人感己，溲于豕牢而生昌，是爲周文王。龍顏虎肩，身長十尺，胸有四乳。[12]太王曰："吾世當有興者，其在昌乎！"季歷之兄曰太伯，知天命在昌，適越終身不反。弟仲雍從之，[13]故季歷爲嗣以及昌。

[1]姜嫄：周族祖先后稷母。傳説她踐大人之迹生棄，即后稷。事見《楚辭·天問》、《詩·大雅·生民》、《史記》卷四《周本紀》。但此處所本乃《春秋緯元命苞》（黄本）文。

[2]大人：巨人。《國語·魯語下》云：“守封、嵎之山者也，爲漆姓。在虞、夏、商爲汪芒氏，於周爲長狄，今爲大人。”

[3]棄：又稱稷、后稷。周族男始祖。姬姓，堯舜時爲農官，教民耕稼，死爲稷神。《淮南子·氾論訓》：“后稷作稼穡，而死爲稷。”《山海經·大荒西經》：“帝俊生后稷，稷降以百穀。”

[4]枝頤：兩頰腮部。

[5]公劉：傳爲后稷的曾孫。他帶領周族遷徙到適宜開墾的豳地（今陝西旬邑縣），擺脱游牧生活而定居，發展農業生産，爲周族興盛打下了基礎。見《詩·大雅·公劉》《史記·周本紀》。

[6]讖言：預言吉凶的文字、圖録稱讖，以讖術所作的預言稱讖言。

[7]昌：人名。即姬昌。周文王。商末周族領袖。紂時爲西伯，或稱伯昌，武王有天下，追尊爲文王，故又稱文昌。史傳其在位五十年，都於豐（今陝西西安市長安區西北灃水西岸），招賢納士，國勢強盛。虞、芮等小國歸服，滅殷與國黎、崇等。一度被紂囚禁於羑里，演伏羲八卦爲六十四卦，並作卦爻辭。　發：人名。即姬發。周武王。周王朝建立者。文王死後四年，率兵車三百乘，虎賁三千人，聯合諸方國部落，誓於孟津，進抵牧野。商軍陣前倒戈，遂滅商建周，都於鎬。實行分封制。滅商二年後去世。　旦：人名。即姬旦。又稱叔旦。周武王弟，因封地在周（今陝西岐山縣），史稱周公。助武王滅商，輔成王攝政，平定三監（管叔、蔡叔、霍叔）叛亂，攻滅東方十七國。繼續分封諸侯，並興建洛邑，加强對東方的控制，建立周朝的典章制度。其事見《尚書》的《大誥》《多士》《無逸》《立政》等篇。

[8]及公劉之後，十三世而生季歷：據《史記·周本紀》，從公劉至季歷共十一世，與本卷所記不同。季歷，又作“王季”。太

王第三子，文王父。

[9]牧野：周武王敗殷紂王處。在今河南淇縣以南、衛輝市以北地區。

[10]飛龍盈於殷之牧野，此蓋聖人在下位將起之符也：此句隱喻周將從九三臣位變作九五君位，取代商而王天下。飛龍，指《乾卦》九五爻辭："飛龍在天。"九五乃君位。聖人在下位，語出《易·乾卦》："賢人在下位而無輔。"下位，臣位。指九三爻。

[11]太任：文王母。《史記·周本紀》："季歷娶太任，皆賢婦人，生昌，有聖瑞。"《正義》引《列女傳》："太任之性，端壹誠莊，維德之行。及其有身，目不視惡色，耳不聽淫聲，口不出傲言，能以胎教子，而生文王。"

[12]四乳：四個乳房，異相。《史記·周本紀》："西伯曰文王。"《正義》："《帝王世紀》云：'文王龍顏虎肩，身長十尺，胸有四乳。'"

[13]太伯、仲雍：太王的長子、次子。其三子季歷，有子姬昌，聰明仁慈，有帝王之才，深受太伯喜愛，太伯、仲雍爲使姬昌能繼王位，遂亡如荆蠻，文身斷髮，以讓季歷。太伯、仲雍的後裔建立吳國。

昌爲西伯，作邑于豐。文王之妃曰太姒，[1]夢商庭生棘，太子發植梓樹於闕間，化爲松栢棫柞。以告文王，文王幣告群臣，與發並拜告夢。季秋之甲子，赤爵銜書及豐，[2]止于昌戶，昌拜稽首受之。其文要曰："姬昌，蒼帝子，亡殷者紂王。"將畋，[3]史徧卜之，[4]曰："將大獲，非熊非羆，天遺汝師以佐昌。臣太祖史疇爲禹卜畋，得皋陶。其兆如此。"王至于磻谿之水，吕尚釣於涯，[5]王下趨拜曰："望公七年，乃今見光景于斯。"[6]尚立變名答曰："望釣得玉璜，其文要曰：'姬受命，昌來提，撰爾雒鈐報在齊。'"[7]尚出游，見赤人自雒出，[8]授尚書曰："命曰呂，佐昌者子。"文王夢日月著其身，又鸑鷟鳴於岐山。[9]孟春六旬，五緯聚房。[10]後有鳳皇銜書，游文王之都。書又曰："殷帝無道，虐亂天下，皇命已移，不得復久，靈祇遠離，百神吹去，五星聚房，昭理四海。"文王既没，太子發代立，是爲武王。武王駢齒望羊。[11]將伐紂，至于孟津，[12]八百諸侯，不期而會。咸曰："紂可伐矣。"武王不從。及紂殺比干，囚箕子，微子去之，[13]乃伐紂。度孟津，中流，白魚躍入王舟。王俯取魚，長三尺，目下有赤文成字，言紂可伐。王寫以世字，[14]魚文消。[15]燔魚以告天。有火自天止于王屋，流爲赤鳥，鳥銜穀焉。[16]穀者，紀后稷之德；火者，燔魚以告天，天火流下，應以吉也。遂東伐紂，勝於牧野，兵不血刃，而天下歸之。乃封呂望於齊。

[1]太姒：文王妻。莘國之女，姒姓，尊爲太姒。

[2]赤爵：亦作"赤烏""赤鳥""赤雀"。一種瑞鳥，指帝王順天受命之祥瑞。《呂氏春秋·有始覽·應同》載此事："及文王之時，天先見火赤烏銜丹書集于周社。"漢代緯書又附會了丹書內容。《御覽》卷二四引《尚書中候》："周文王爲西伯，季秋之月甲子，赤雀銜丹書入豐鄗，止於昌户。乃拜稽首，受取。曰'姬昌，蒼帝子。亡殷者紂也'。"爲此句所引。

[3]畋：春季打獵。

[4]史徧：《漢書·古今人表》有"史扁"，班固注謂："殷太史。""徧""扁"古相通假，疑"史徧"即史扁。

　　[5]磻谿：水名。在今陝西寶雞市東南。傳爲吕尚未遇文王時的垂釣處。　吕尚：西周時齊國始祖。姜姓，吕氏，名望，一説字子牙，官爲太師，又稱師尚父。佐文王、武王滅商有功，封於齊。

　　[6]望公七年，乃今見光景于斯：卜獵得吕尚事見《史記》卷三二《齊太公世家》："西伯將出獵，卜之，曰'所獲非龍非彲，非虎非羆；所獲霸王之輔'。於是周西伯獵，果遇太公於渭之陽。與語大説，曰：'自吾先君太公曰"當有聖人適周，周以興"。子真是邪？吾太公望子久矣。'故號之曰'太公望'。"本志所記應出自緯書並據此進行增益附會。

　　[7]姬受命，昌來提，撰爾雒鈐報在齊：姬昌受命，舉用吕尚，尚將持著紋有赤鳥的兵器（征服四方），受封於齊國。撰，持。雒鈐，有赤鳥紋飾的兵器。雒，鳥名。猛禽，這裏指赤鳥。鈐，鉤（《孝經援神契》黃本），一種勾兵。《春秋繁露·服制像》："劍之在左，青龍之象也；刀之在右，白虎之象也；鉤之在前，赤鳥之象也。"《繹史》卷一九引《符子》："太公涓釣隱溪……果得大鯉，有兵鈐在腹中。"故此讖言以雒鈐爲喻。

　　[8]赤人：水神。

　　[9]鷟鸑：鳳凰的一種。《國語·周語上》："周之興也，鷟鸑鳴於岐山。"韋昭注："三君曰：鷟鸑，鳳之別名也。"　岐山：又名天柱山、鳳凰山。在今陝西岐山縣東北。

　　[10]五緯聚房：五星連珠。五緯，五星。《周禮·春官·大宗伯》賈公彦疏："五緯，即五星。東方歲星，南方熒惑，西方太白，北方辰星，中央鎮星。言緯者，二十八宿隨天左轉爲經，五星左旋爲緯。"

　　[11]駢齒望羊：《春秋演孔圖》（黃本）云："文王四乳，是謂含良。武王駢齒，是謂剛强。"又："聖人在後曰望羊，苞懷至德據少陽。"注曰："文王子也，故曰在後。嗣曰在後。"

　　[12]孟津：又名盟津、武濟、富平津。在今河南孟津縣，傳爲武王伐紂渡河處。

[13]比干：商貴族。紂王叔父，官少師。傳其屢次勸諫，被紂王剖心而死。　箕子：商貴族。紂王諸父，官太師。因勸諫被囚禁，商滅後獲釋。《尚書·洪範》記有其與武王的對答，係後人僞托。　微子：商貴族。紂王庶兄，封於微國，子爵，故稱微子，本名啓。數諫紂王，不聽，遂出走。武王滅商時，降於周。周公旦攻滅武庚後，被封於宋，爲宋國始祖。《尚書·微子》記有其言論。

[14]王寫以世字："世"不可解，據其所本緯書《尚書中候·合符后》，當爲"廿"之訛誤。説見下注。

[15]魚文消：白魚躍入王舟事見今文《尚書·泰誓》、《史記》卷四《周本紀》。但此句實本緯書。《尚書今古文注疏·泰誓》疏引《詩·周頌·思文》疏云："《太誓》止云白魚，不言魚之大小。《尚書中候·合符后》云：'魚長三尺，赤文，有字，題之目下："授右"。之下有一百二十餘字，王維退寫，成以二十字，魚文消。'"按古"二十"書寫作"廿"，經傳鈔訛誤爲"世"，"世"當改爲"廿"，作"王寫以廿字"文理縴通。

[16]有火自天止于王屋，流爲赤烏，烏銜穀焉：赤烏銜穀事見今文《尚書·泰誓》和《史記·周本紀》。

　　周德既隆，草木茂盛，蒿堪爲宮室，因名蒿宮。[1]武王没，成王少，[2]周公旦攝政七年，制禮作樂，神鳥鳳皇見，蓂莢生。乃與成王觀于河、洛，沈璧。[3]禮畢，王退俟，至于日昧，[4]榮光並出幕河，青雲浮至，青龍臨壇，銜玄甲之圖，坐之而去。禮于洛，亦如之。玄龜青龍蒼兕止于壇，[5]背甲刻書，赤文成字，周公援筆以世文寫之，書成文消，龜墮甲而去。其言自周公訖于秦、漢盛衰之符。麒麟遊苑，鳳皇翔庭，成王援琴而歌曰："鳳皇翔兮於紫庭，余何德兮以感靈，賴先王兮恩澤臻，于胥樂兮民以寧。”

[1]蒿宮：以蒿爲柱的宮室。《大戴禮記·明堂》：“周時德澤
洽和，蒿茂大以爲宮柱，名蒿宮也。此天子之路寢也。”

[2]成王：名誦，周武王子。幼年時武王死，由叔父周公旦攝
政。七年後親政，繼續分封諸侯，擴大疆域。

[3]乃與成王觀于河、洛，沈璧：成王得龍圖、龜書事見《尚
書中候·摘雒戒》。《春秋緯運斗樞》（黃本）按引《尚書中候·摘
雒戒》：“周公相成王，沉璧洛、河，青龍銜元甲之圖，元龜背甲刻
書，赤文成字。”

[4]日昧：天色發昏的時候。昧，昏暗。

[5]蒼兕：傳説中的水獸，善覆人舟。武王伐紂時，以蒼兕作
爲掌管舟輯的官名。此處蒼兕與玄龜、青龍並列，作爲成王之瑞，
乃緯書的附會。

　　魯哀公十四年，[1]孔子夜夢三槐之間，[2]豐、沛之
邦，[3]有赤煙氣起，[4]乃呼顔淵、子夏往視之。[5]驅車到
楚西北范氏街，[6]見芻兒摘麟，傷其左前足，薪而覆之。
孔子曰：“兒來，汝姓爲赤誦，名子喬，字受紀。”[7]孔
子曰：“汝豈有所見邪？”兒曰：“見一禽，巨如羔羊，
頭上有角，其末有肉。”[8]孔子曰：“天下已有主也，爲
赤劉，陳、項爲輔，[9]五星入井從歲星。[10]兒發薪下麟
示孔子，孔子趨而往，麟蒙其耳，吐三卷《圖》，廣三
寸，長八寸，每卷二十四字，其言赤劉當起，曰：“周
亡，赤氣起，大燿興，[11]玄丘制命，帝卯金。”[12]孔子
作《春秋》，[13]制《孝經》，[14]既成，使七十二弟子向北
辰星磬折而立，[15]使曾子抱《河》《洛》事北向。[16]孔

子齋戒向北辰而拜,[17]告備于天曰:"《孝經》四卷,《春秋》《河》《洛》凡八十一卷,謹已備。"天乃洪鬱起白霧摩地,[18]赤虹自上下,化爲黄玉,長三尺,上有刻文。孔子跪受而讀之曰:"寶文出,劉季握。卯金刀,在軫北。字禾子,[19]天下服。"

　　[1]魯哀公十四年:《春秋》哀公十四年:"十有四年春,西狩獲麟。"《史記》卷四七《孔子世家》:"仲尼視之,曰:'麟也。'取之。曰:'河不出圖,雒不出書,吾已矣夫!'"已把獲麟與《河圖》《洛書》聯繫起來。這一段又附會數處讖言,爲漢劉氏張本,實抄自緯書《孝經緯援神契》(黄本)。本事也見《搜神記》卷八、《孝經右契》、《類聚》卷一○引《琴操》。

　　[2]三槐:傳説中周代宮廷外有三棵槐樹,三公朝見天子時,面嚮三槐而立。後以三槐喻三公。此處指周朝廷。

　　[3]豐、沛之邦:指劉邦發迹地。秦漢時的沛縣在今江蘇沛縣,豐邑在今江蘇豐縣。

　　[4]赤煙氣:帝王降生或所處之地出現的一種祥瑞。

　　[5]顏淵:人名。名回,字子淵。春秋魯國人,孔子弟子。天資聰慧,貧而好學,以德行著稱,後世儒家尊其爲"復聖"。　子夏:人名。即卜商。春秋晉國溫人,孔子弟子。擅長文學,從事教育,吳起、李悝都是其學生。相傳《詩經》等儒家經典由他傳授下來。

　　[6]范氏街:《孝經右契》、《類聚》卷一○引《琴操》均作"范氏之廟"。

　　[7]兒來,汝姓爲赤誦同,名子喬,字受紀:此句有脱文。《孝經緯》和《孝經緯援神契》(黄本)均作:孔子曰:"兒,汝來,姓爲誰?"兒曰:"吾姓爲赤松(《援神契》作'誦'),名子喬,字受紀。"子喬,《搜神記》卷八作"時喬",《初學記》卷二

九作"時儁"。赤誦，亦稱赤誦子、赤松子、赤松子興。相傳爲上古神仙。

[8]其末有肉：《開元占經》卷一一六引《瑞應圖》云："（麟）頂有一角，角端戴肉。"此句後它本皆有"方以是西走"五字。

[9]赤劉：指漢高祖劉邦。因有火德，故名赤劉。　陳：指陳勝。　項：指項羽。

[10]五星入井從歲星：即五星聚於井宿。被視爲劉邦得天下的瑞象。《史記》卷八九《張耳陳餘列傳》："漢王之入關，五星聚東井。東井者，秦分也。先至必霸。"此處緯書加入"從歲星"，是因爲"歲星者，東方木之精，蒼帝之象也"。劉邦被附會爲蒼帝，故有"從歲星"説。

[11]大燿興："大"《孝經援神契》（黃本）作"火"。

[12]玄丘：指孔子。《文選》班固《典引》："故先命玄聖。"李善注引《春秋演孔圖》曰："玄丘制命，帝卯行也。"　帝卯金：卯金即劉。指劉邦。

[13]《春秋》：相傳孔子據魯史修訂而成的編年體史書。起於魯隱公元年（前722），止於魯哀公十四年（前481）。

[14]《孝經》：儒家經典。作者説法不一，以孔門後學所作一説較爲合理。其論述孝道，宣傳宗法倫理。東漢始列爲經，爲七經之一。

[15]北辰星：北極星。《論語·爲政》："子曰：'爲政以德，譬如北辰，居其所而衆星共之。'"　磬折：形容拜北辰時身體像石磬一樣彎折。《孝經援神契》（黃本）作"磬折"。

[16]曾子：即曾參。字子輿，魯國武城（今山東費縣）人。孔子弟子。以孝著稱，傳其述《大學》，作《孝經》，以其學説授子思。後世儒家尊其爲"宗聖"。

[17]孔子齋戒向北辰而拜：《孝經援神契》（黃本）作"孔子簪縹筆，絳單衣，向北辰而拜"。

[18]洪鬱起白霧摩地：洪，當從《孝經援神契》作"虹"。應

斷句作："虹鬱起，白霧摩地。"

　　[19]寶文出，劉季握。卯金刀，在軫北。字禾子：此句言劉邦興起於楚的北面。軫，二十八宿中朱雀七宿的末宿，分野主楚。字禾子，劉邦字季，上禾下子。

　　漢高帝父曰劉執嘉，[1]執嘉之母，夢赤鳥若龍戲己，而生執嘉，是爲太上皇帝。母名含始，是爲昭靈后。昭靈后游於洛池，有玉雞銜赤珠，刻曰玉英，吞此者王。昭靈后取而吞之。又寢於大澤，夢與神遇。是時雷電晦冥，太上皇視之，見蛟龍在其上，遂有身而生季，是爲高帝。[2]高帝隆準而龍顏，美須髯，左股有七十二黑子。[3]微時，數從王媼、武負貰酒，醉臥，上常有光怪。[4]每留飲，售輒數倍。武負異之，輒折其契。單父人呂公好相人，[5]見高帝，謂曰："臣少好相人，相人多矣，無如季相，願季自愛。臣有息女，願爲箕箒妾。"呂公妻媼怒呂公曰："公常奇此女，欲爲貴人。沛令善公，求不與。何妄許劉季。"呂公曰："非女子所知。"卒與高帝。生惠帝、魯元公主。[6]呂后嘗與兩子居田中，[7]有一老公過，請飲，呂后因饋之食。老父相呂后曰："夫人，天下貴人也。"令相二子，見惠帝曰："夫人所以貴者，乃此男。"相魯元公主，亦貴。老父已去，高帝適從傍舍來，呂后具言之。高帝追問老父。老父曰："向者夫人、兒子之貴，皆以君相。君貴不可言。"高帝被飲，夜行徑澤中。前人反曰："有大蛇當道，願還。"高帝醉，曰："壯士行，何畏。"乃前，拔劍斬蛇，蛇分爲兩，道開而過。後人來者，見老嫗守蛇曰：

“向者赤帝子過，殺之。”見者疑嫗爲詐，欲笞之，忽然不見。具以狀告高帝，帝心喜。秦始皇帝曰：“東南有天子氣。”於是東遊以厭之。高帝隱於芒、碭山澤之間，[8]呂后常知其處。高帝怪問之，對曰：“季所居，上常有雲氣，故知之。”高帝爲沛公，入秦，五星聚于東井，歲星先至，而四星從之。占曰：“以義取天下。”

[1]劉執嘉：人名。劉邦父。劉執嘉、劉邦感生事又見《春秋握誠圖》（黃本）：“劉媼夢赤鳥如龍，戲己，生執嘉。”“執嘉妻含始游雒池，赤珠上刻曰‘玉英’，吞此爲王客，以其年生劉季，爲漢皇。”《史記》卷八《高祖本紀》：“母曰劉媼。”《正義》引《帝王世紀》：“漢昭靈后含始游洛池，有寶雞銜赤珠出炫日，后吞之，生高祖。”爲此處所本。

[2]遂有身而生季，是爲高帝：事見《史記·高祖本紀》：“母曰劉媼（《握誠圖》誤爲執嘉母）。其先劉媼嘗息大澤之陂，夢與神遇。是時雷電晦冥，太公往視，則見蛟龍於其上。已而有身，遂産高祖。”以下至“故知之”，隱括《史記·高祖本紀》和《漢書》卷一上《高帝紀上》爲文。

[3]隆準：又稱龍準，指高鼻。相學認爲鼻爲中岳，高隆者爲龍相，貴不可言。　黑子：即痣。包括黑痣和朱痣。相學認爲，人有美質則生黑痣以彰其貴，有濁質則生惡痣以表其賤，美惡之痣的判別常以黑子所在部位、數量、色澤爲準。左股七十二黑子被認爲是大貴之相。

[4]光怪：指神奇怪異的現象。

[5]單父：縣名。秦置。在今山東菏澤市蘇、魯、豫、皖四省交界處。　呂公：高祖呂后之父。

[6]惠帝：即劉盈，劉邦第二子，呂后所出。《漢書》卷二有紀。　魯元公主：劉邦女，呂后所出。

[7]吕后：名雉。漢初，助高祖殺韓信、彭越等異姓諸侯王。高祖十二年（前195），其子惠帝即位，她掌國政。惠帝死後，臨朝稱制。分封吕氏四人爲諸侯王，殺少帝，立常山王義爲帝。擅權十六年。

[8]芒、碭山：山名。在今河南永城市。

　　初，[1]張良遊於下邳沂水之上，[2]有老父來，直至良前，而墮其履。顧謂良曰："孺子下取履。"良愕然，欲毆之，以其老，乃下取跪進。父以足受，笑而去。良殊大驚。父去里所復來，曰："孺子可教也。後五日平明，[3]與我會此。"良怪之，跪應曰："諾。"五日，良往，父已先來，怒曰："何與長者期而後也？五日，更與我會此。"凡三期而良前至。老父喜曰："不當如是邪！"[4]即出懷中一卷書與之，曰："讀之，此爲王者師。後十三年，孺子見我濟北穀城山下，[5]黃石即我也。"旦視其書，乃《太公兵法》。[6]良以《黃石篇》爲他人説，皆不省，唯高帝説焉。良曰："此殆天所授矣。"五年而成帝業。後十三年，張良果得穀城山下黃石，寶而祠之，死與合葬。

　　[1]初：此以下張良得《太公兵法》事本自《史記》卷五五《留侯世家》。

　　[2]張良：人名。字子房，傳爲城父（今河南寶豐縣）人。五代相韓，秦滅韓後，以全部家産結交刺客，在博浪沙（今河南原陽縣）擊秦始皇未中，亡匿下邳，得《太公兵法》。楚漢戰爭時，勸劉邦不立六國後代，聯結英布、彭越、韓信等，盡滅楚軍。封留侯。　下邳：縣名。在今江蘇睢寧縣西北古邳鎮東。其地處沂、泗

兩水交匯處，古兵家戰略要地。　沂水：《史記·留侯世家》作
"圯上"。圯，橋。即沂水上的橋。

［3］平明：黎明時刻。

［4］不當如是邪：《史記·留侯世家》作"當如是"。

［5］穀城山：一名黃山。在今山東平陰縣西南。

［6］《太公兵法》：《史記·留侯世家》："乃太公兵法也。"
《正義》引劉向《七錄》云："《太公兵法》一袠三卷。"今佚。

　　文帝之母薄姬，[1]魏豹爲魏王，[2]納之後宮。許負相
之，[3]當生天子，魏王豹於是背漢，漢高帝擊虜，而薄
姬輸織室。高帝見而美之，內於後宮。歲餘乃得幸。將
見幸，薄姬言："妾昨夢青龍據妾心。"高帝曰："我是
也。吾爲爾成之。"一御而生文帝。

　　［1］文帝：即劉恒。劉邦子，以代王入爲帝。《史記》卷一〇
有紀。文帝出生異事據《史記》卷四九《外戚世家》隱括爲文。

　　［2］魏豹：人名。戰國時魏國貴族。後攻下魏地二十餘城，自
立爲魏王。項羽改封其爲西魏王。韓信破魏，被虜。後爲漢將周苛
所殺。《史記》卷九〇有傳。

　　［3］許負：人名。漢初女相術家，河內溫（今河南溫縣）人。
漢高祖封其爲鳴雌亭侯。除相薄姬外，又相周亞夫"有從理入口"，
當餓死。事見《史記》卷五七《絳侯周勃世家》。

　　景帝王皇后初嫁爲金王孫妻，[1]母臧兒卜筮曰：[2]
"當貴。"乃奪金氏而內太子宮，生男。男方在身，夢日
入其懷，以告太子。太子曰："是貴徵也。"生男，是爲
武帝。

　　[1]景帝：即劉啓。文帝子，公元前156至前141年在位。《史記》卷一一有紀。景帝出生異事據《史記》卷四九《外戚世家》隱括爲文。

　　[2]卜筮：占卜的通稱。用灼燒龜甲或獸骨所得的兆象判斷吉凶稱卜，用數蓍草所得的卦象判斷吉凶稱筮。

　　武帝趙婕妤，[1]家在河間，生而兩手皆拳，不可開。武帝巡狩過河間，[2]望氣者言，[3]此有奇女天子氣。召而見之。武帝自披其手，既時申，[4]得一玉鉤。由是見幸，號曰"拳夫人"。進爲婕妤，居鉤弋宮，大有寵。十四月生男，是爲昭帝，[5]號曰"鉤弋子"。武帝曰："聞昔堯十四月而生，今鉤弋子亦然。"乃名其門曰"堯母門"。

　　[1]武帝：即劉徹。景帝子。《史記》卷一二有紀。　趙婕妤：又稱鉤弋夫人、拳夫人。此記本《史記》卷四九《外戚世家》，劉向《列仙傳》有《鉤翼夫人》。婕妤，內官名。西漢武帝始置，位次皇后，視上卿，比列侯。

　　[2]狩：各本並作"守"，中華本據《漢書·外戚傳》改。河間：郡名。治所在今河北獻縣。

　　[3]望氣者：以觀察天空雲氣或人的氣色而推斷人事吉凶的術士。《墨子·迎敵祠》："凡望氣，有大將氣，有小將氣，有往氣，有來氣，有敗氣，能得明此者，可知成敗吉凶。"

　　[4]既時：丁福林《校議》云："《史記·外戚世家》司馬貞《索隱》、《漢書·外戚傳》皆作'即時'。"　申：通"伸"。

　　[5]昭帝：即劉弗陵。武帝少子。《漢書》卷七有紀。

　　昭帝元鳳三年正月，[1]泰山、萊蕪山南，[2]民夜聞訩訕有數千人聲，晨往視之，見大石自立，高丈五尺，大四十八圍，入地八尺，三石爲足，立後，白烏數千集其旁。又上林苑中柳樹斷卧地，[3]一朝自起生枝葉，蟲齧其葉成文，曰："公孫病已立。"[4]陳留襄邑王社忽移至長安。博士眭孟占之曰：[5]"石，陰類。泰山，岱宗，王者禪代之處。將有廢故之家，姓公孫，名病已，從白衣爲天子者。"時昭帝幼少，霍光輔政，[6]以孟妖言誅之。及昭帝崩，昌邑王又廢，光立宣帝，武帝曾孫，本名病已，在民間白衣三世，如孟言焉。

[1]元鳳：漢昭帝劉弗陵年號（前80—前75）。此句以下至"以孟妖言誅之"見《漢書》卷七五《眭弘傳》。

[2]泰山：在今山東泰安市北。 萊蕪山：在今山東萊蕪市西南。

[3]上林苑：秦漢時帝王射獵、游樂之所。在今陝西西安市西及周至、户縣界，周三百餘里。

[4]公孫：即公之孫。暗示劉姓皇族之孫。 病已：人名。漢宣帝在民間時名。宣帝祖父戾太子、父史皇孫遭巫蠱事皆被殺，其流落民間三世。《漢書》卷八《宣帝紀》霍光奏議："孝武皇帝曾孫病已。"顏師古注："蓋以夙遭屯難而多病苦，故名病已，欲其速差也。後以爲鄙，更改諱詢。"

[5]博士：官名。皇帝的侍從顧問官員，參與議政、制禮、典守書籍，秩四百石，屬太常。 眭孟：人名。名弘，孟乃其字。《漢書》卷七五有傳。

[6]霍光：人名。昭帝時以后父輔政。《漢書》卷六八有傳。

元帝王皇后，[1]齊田氏之苗裔。祖父翁孺，自東平陵徙元城。[2]元城建公曰：[3]“昔《春秋》沙鹿崩，晋史卜之，陰爲陽雄，土火相乘，故沙鹿崩。[4]後六百四十五年，宜有聖女興，其齊田乎？今翁孺之徙，正值其地，日月當之。元城郭東有五鹿之墟，即沙鹿地。[5]後八十年，當有貴女興天下。”翁孺生禁。禁妻李氏方任身，夢月入其懷，生女，是爲元后。每許嫁，未行，所許者輒死。卜相者云：“當大貴。”遂爲元帝皇后，生成帝。[6]

[1]王皇后：名政君，王莽之姑，漢元帝皇后。《漢書》卷九八有傳。

[2]東平陵：縣名。原爲春秋齊平陵邑，漢置爲東平陵縣。在今山東章丘市。　元城：縣名。在今河北大名縣。

[3]元城建公：《漢書》卷九八《元后傳》服虔注曰：“元城人年老者也。”

[4]陰爲陽雄，土火相乘，故沙鹿崩：沙鹿崩事見《左傳》僖公十四年。晋卜偃但言“期年將有大咎，幾亡國”。後面的讖詞乃漢人之説。《漢書·元后傳》李奇注：“此龜繇文也。陰，元后也。陽，漢也。王氏舜後，土也。漢，火也。故曰土火相乘，陰盛而沙麓崩。”

[5]沙鹿地：據《中國歷史地圖册》第二册圖十七，魏郡元城（今河北大名縣）東有沙鹿。《左傳》僖公十四年杜預注：“平陽元城縣東有沙鹿土山。”

[6]成帝：即劉驁。公元前32年至前7年在位。重用外戚王氏，王鳳、王莽先後爲大司馬、大將軍輔政。

初，秦始皇世，有長人十二，身長五丈。足跡六尺，見於隴西臨洮，[1]前史以爲秦亡之徵，史臣以爲漢興之符也。自高帝至于平帝，十二主焉。

[1]隴西：郡名。治所在今甘肅隴西縣。　臨洮：縣名。在今甘肅岷縣。

　　光武皇帝，[1]父爲濟陽令。[2]濟陽有武帝行宮，常封閉。哀帝建平元年十二月甲子夜，[3]光武將產，乃開而居之。時有赤光，室中盡明，皇考異焉。使卜者王長卜之。長辟左右曰："此善事，不可言。"是歲，有嘉禾生產屋景天中，[4]一莖九穗，異於凡禾，縣界大豐，故名光武曰秀。時又有鳳皇集濟陽，於是畫宮爲鳳皇之象。明年，方士有夏賀良者，[5]上言哀帝云："漢家歷運中衰，當再受命。"於是改號爲太初元將元年，[6]稱陳聖劉太平皇帝以厭勝之。[7]王莽時，善望氣者蘇伯阿望光武所居縣舂陵城郭，[8]喟曰："氣佳哉！鬱鬱葱葱然。"莽忌惡漢，而錢文有金，[9]乃改鑄貨泉以易之。既而光武起於舂陵之白水鄉，貨泉之文爲"白水真人"也。[10]初起兵，望見家南有火光，以爲人持火，呼之而光遂盛，熒然上屬天，[11]有頃不見。及在河北，爲王郎所逼，[12]將南濟滹沱河。導吏還云："河水流澌，無船可渡。"左右皆恐懼。帝更遣王霸視之。[13]霸往視，如吏言。霸慮還以實對，驚動衆心，乃謬云："冰堅可渡。"帝馳進。比至，而河冰皆合，其堅可乘。既渡，餘數乘車未畢而冰陷。前至下博城西，[14]疑所之。有一白衣老公在道旁，曰："努力！信都爲長安城守，[15]去此八十里耳。"

言畢，失所在。遂至信都，投太守任光。[16]初光武微時，穰人蔡少公曰：[17]"讖言劉秀發兵捕不道，卯金修德爲天子。"國師公劉子駿名秀。[18]少公曰："國師公是也。"光武笑曰："何用知非僕？"道士西門君惠等並云：[19]"劉秀當爲天子。"光武平定河北，還至中山，將軍萬脩得《赤伏符》，[20]言光武當受命。群臣上尊號，光武辭。前至鄗縣，[21]諸生彊華又自長安詣鄗，上《赤伏符》，文與脩合。群下又請曰："受命之符，人應爲大。"光武又夢乘赤龍登天，乃即位，都洛陽，營宫闕。一夕有門材自至，是時琅邪開陽縣城門，一夕無故自亡，檢所得材，即是也，遂名其門曰"開陽門"。

[1]光武皇帝：即劉秀。字文叔，劉邦九世孫。東漢王朝建立者，公元25年至57年在位。其符瑞事見《後漢書》卷一下《光武帝紀下》。

[2]濟陽：縣名。在今河南蘭考縣東北。

[3]哀帝：即劉欣。《漢書》卷一一有紀。　建平：漢哀帝劉欣年號（前6—前3）。

[4]景天：多年生草本植物。葉長橢圓形，花白色帶紅。《後漢書·光武帝紀下》衹言"縣界有嘉禾生"，此言生產屋景天中，不知何據。

[5]夏賀良：人名。《後漢書》卷二三《竇融傳》稱其爲"博物道術之士"。

[6]太初元將：漢哀帝劉欣年號（前5）。

[7]厭勝：用詛咒和法術來制服人或物的一種古代巫術。

[8]蘇伯阿：人名。《後漢書·光武帝紀下》僅一見，所載事同。　春陵：地名。在今湖北棗陽市南。

[9]而錢文有金：此文"金"後應有"刀"字。《漢書·食貨志下》："莽即真，以爲書'劉'字有金刀，乃罷錯刀、契刀及五銖錢。"《後漢書·光武帝紀下》作："及王莽簒位，忌惡劉氏，以錢文有金刀，故改爲貨泉。"以劉字有"卯、金、刀"之形，故罷有"金"字旁的五銖和各種刀錢有關。

[10]貨泉：王莽天鳳五年鑄。文左曰"泉"，可拆爲"白水"；右爲"貨"，可拆爲"真人"，故有此讖。

[11]蕭然上屬天：此句以漢爲火德，火光之盛喻光武中興。

[12]王郎：人名。又名王昌。王莽末年，割據幽、冀二州，自稱天子，後爲劉秀所平。《後漢書》卷一二有傳。

[13]王霸：人名。字元伯，潁川潁陽（今河南許昌市西南）人。隨劉秀起兵，因其假稱"冰堅可度"，以安衆心，劉秀謂其"權以濟事，殆天瑞也"。封王鄉侯。《後漢書》卷二○有傳。

[14]下博：縣名。在今河北深州市。

[15]信都：郡名。治所在今河北冀州市。

[16]任光：人名。字伯卿，更始帝封其爲信都太守。王郎據河北時，光獨不降。後與劉秀破王郎。《後漢書》卷二一有傳。

[17]蔡少公：史待考。《後漢書》卷一五《鄧晨傳》稱其"頗學圖讖，言劉秀當爲天子。或曰：'是國師公劉秀乎？'光武戲曰：'何用知非僕邪？'坐者皆大笑。"此處蔡少公未明説劉秀指誰。與本書所記稍異。

[18]國師：官名。王莽置，位上公。與太師、太傅、周將同爲四輔。　劉子駿：人名。即劉歆。又名秀。《漢書》卷三六有傳。

[19]西門君惠：人名。方士，善養生却老之術及天文讖緯之學。

[20]萬脩：人名。字君游，拜右將軍。《後漢書》卷二一有傳，但未言其獻《赤伏符》之事。　《赤伏符》：劉秀在長安時的同舍生彊華所獻符讖。《後漢書》卷一上《光武帝紀上》載其内容爲："劉秀發兵捕不道，四夷雲集龍鬬野，四七之際火爲主。"注

曰："四七，二十八也。自高祖至光武初起，合二百二十八年，即四七之際也。漢火德，故火爲主也。"

[21]鄗縣：地名。在今河北柏鄉縣北固城店。

先是秦穆公時，[1]陳倉人掘地得物，[2]若羊非羊，若豬非豬，怪，將獻之。道逢二僮子，謂之曰："子知彼乎，名爲媦，[3]常在地下食死人腦。若欲殺之，以栢東南枝指之，則死矣。"媦因言曰："此二僮子，名爲寶。得其雄者王，得其雌者霸。"於是陳倉人遂棄媦而逐二僮子，二僮子化爲雉，飛入林。陳倉人以告穆公，穆公發徒大獵，得其雌者，化而爲石，置之汧、渭之間。[4]至文公，爲之立祠，名曰陳寶祠。雄南飛集南陽穰縣，[5]其後光武興於南陽。

[1]秦穆公時：《史記》卷五《秦本紀》："（文公）十九年，得陳寶。"又《史記·封禪書》、《漢書·郊祀志》、晉《太康地志》、《水經注·渭水》均作"文公時"。唯《搜神記》卷八作"穆公"，文和本書相若，是其源本。

[2]陳倉：地名。在今陝西寶雞市東渭水北岸。

[3]媦：《漢書·郊祀志》云："文公獲若石云，于陳倉北阪城祠之。其神或歲不至，或歲數。來也常以夜，光輝若流星，從東方來，集於祠城，若雄雉，其聲殷殷云，野雞夜鳴。以一牢祠之，名曰陳寶。"此處衍化爲非豬非羊的石媦怪。

[4]汧、渭之間：指陝西寶雞地區。汧，水名。即今陝西千河。源出甘肅六盤山南麓，經陝西千陽縣至寶雞市入渭水。

[5]穰縣：地名。在今河南鄧州市。《搜神記》卷八作"南陽雉縣"，且此句下有："每陳倉祠時，有赤光長十餘丈，從雉縣來，

入陳倉祠中，有聲殷殷如雄雉。其後光武起於南陽。"

　　光武之初興也，隗囂擁衆隴右，[1]招集英俊，而公孫述稱帝於蜀，[2]天下雲擾，大者連州郡，小者據縣邑。囂問扶風人班彪曰：[3]"往者周亡，戰國並爭，天下分裂，數世然後定。縱橫之事，[4]復起於今乎？將承運迭興，在於一人也？願先生論之。"對曰："周之廢興與漢異。昔周立爵五等，[5]諸侯從政，本根既微，枝葉強大，故其末流有縱橫之事，其勢然也。漢家承秦之制，郡縣治民，主有專己之威，臣無百年之柄。至於成帝，假借外家，哀、平短祚，國嗣三絶，[6]禍自上起，傷不及下。故王氏之貴，傾擅朝廷，能竊號位，而不根於民，是以即真之後，[7]天下莫不引領而嘆。十餘年間，中外騷擾，遠近俱發，假號雲合，咸稱劉氏，不謀而同辭。方今雄桀帶州域者，皆無七國世業之資。《詩》云："皇矣上帝，臨下有赫。鑒觀四方，求民之瘼。"[8]今民皆謳吟思漢，向仰劉氏，已可知矣。"隗囂曰："先生言周、漢之勢，可也。至於但見愚民習識劉氏姓號之故，而謂漢復興，疏矣。昔秦失其鹿，劉季逐而掎之，[9]時民復知漢乎？"

　　[1]隗囂：人名。字季孟，天水成紀（今甘肅天水市秦州區）人。新莽末，被當地豪強擁立，據天水、武都、金城等地，自稱西州上將軍。建武九年（33）死，其子降漢。《後漢書》卷一三有傳。

　　[2]公孫述：人名。字子陽，扶風茂陵（今陝西興平市）人。

新莽時，爲導江卒正，後起兵割據於益州，稱帝，號成家。建武十二年（36），爲漢軍所破，被殺。《後漢書》卷一三有傳。

〔3〕班彪：人名。字叔皮，扶風安陵人。史學家。二十歲時依隗囂，著《王命論》。東漢初，任徐令，後因病免官。爲《史記》作《後傳》六十餘篇，其子固、女昭先後續成其書，名《漢書》。《後漢書》卷四〇有傳。

〔4〕縱橫之事：指戰國時的合縱連橫之事。

〔5〕爵五等：公、侯、伯、子、男。

〔6〕外家：指王鳳、王商等外戚，並輔政領尚書事。　短祚：哀帝在位六年，平帝在位五年，故曰短祚。　國嗣三絶：成帝、哀帝、平帝俱無子嗣，故曰三絶。

〔7〕即真：指由攝政或監國而正式即皇帝位。

〔8〕求民之瘼：“瘼”《詩·大雅·文皇》作“莫”。

〔9〕昔秦失其鹿，劉季逐而掎之：喻爭奪天下。《太公六韜》曰：“取天下如逐鹿，鹿得，天下共分其肉也。”

　　彪既感囂言，又愍狂狡之不息，乃著《王命論》以救時難。辭曰：

　　　昔在帝堯之禪曰：[1]“咨爾舜，天之曆數在爾躬。”[2]舜亦以命禹。洎于稷、契，[3]咸佐唐、虞，光濟四海，奕世載德，至于湯、武，而有天下。雖其遭遇異時，禪代不同，至于應天從民，其揆一焉。[4]是故劉氏承堯之祚，[5]氏族之世，著于《春秋》。唐據火德，[6]而漢紹之。始起沛澤，則神母夜號，[7]以章赤帝之符。由是言之，帝王之祚，必有明聖顯懿之德，豐功厚利積累之業，然後精誠通于神明，流澤加於生民。故能爲鬼神所福嚮，[8]天下所歸往。未見運世無本，功德不紀，而得堀起在此位者也。[9]世俗見高祖興於布衣，不達其故，以爲適遭暴亂，得奮其劍。游説之士，至比天下於逐鹿，幸捷而得之。不知神器有命，不可以智力求也。悲夫！此世之所以多亂臣賊子者也。若然者，豈徒闇於天道哉，又不覩之於人事矣。

[1]禪：禪讓。

[2]天之曆數在爾躬：《文選》李善注：“《論語》文也。”曆數，指天道。

[3]洎于稷、契：“洎”《文選》作“暨”。

[4]揆：尺度，準則。

[5]劉氏：指劉邦之氏族。劉氏傳承詳見《漢書》卷一下《高帝紀下》。

[6]唐據火德：唐，帝堯。按五德終始説其爲火德，劉漢又繼爲火德。《漢書·高帝紀下》贊曰：“漢承堯運，德祚已盛，斷蛇著符，旗幟上赤，協于火德，自然之應，得天統矣。”

[7]神母：謂白帝母。劉邦爲赤帝子。

[8]福嚮：《文選》作“福饗”。

[9]而得堀起在此位者也：“堀”《文選》作“倔”。“倔”同“崛”，崛起。

夫餓饉流隸，饑寒道路，思有短褐之襲，[1]檐石之畜，[2]所願不過一金，然終於轉死溝壑。何則？貧窮亦有命也。況乎天子之貴，四海之富，神明之祚，可得而妄據哉！[3]故雖遭罹厄會，竊其權柄，勇如信、布，[4]强如梁、籍，[5]成如王莽，然卒潤鑊伏鑕，烹菹分裂；又況么麼不及數子，[6]而欲闚干天位者乎？是故駑蹇之乘，[7]不騁千里之塗；鷃雀之儔，不奮六翮之用；[8]篠椽之材，[9]不荷棟梁之任；斗筲之子，[10]不秉帝王之重。《易》曰：“鼎折足，覆公餗。”[11]不勝其任也。當秦之末，豪桀共推陳嬰而王之。[12]嬰母止嬰曰：“自吾爲子家婦，而世貧賤，卒富貴，不祥。不如以兵屬人，事成，少受其利，不成，禍有所歸。”嬰從其言，而陳氏以寧。王陵之母，[13]亦見項氏之必亡，而劉氏之將興也。是時陵爲漢將，而母獲於楚。有漢使來，陵母見之，謂曰：“願告吾子，漢王長者，必得天下，子謹事之，無有二心。”遂對漢使，伏劍而死，以固勉陵。其後果定於漢，陵爲宰相封侯。夫以匹婦之明，猶能推事理之致，探禍福之機，全宗祀於無窮，垂冊書於《春秋》，而況大丈夫之事乎。是故窮達有命，吉凶由人，嬰母知廢，陵母知興，審此二者，帝王之分決矣。

[1]裋褐之褻：《文選》作“裋褐之襲”。褻，貼身的衣服。襲，重衣。

[2]儋石：量詞。指一儋糧食。“儋”音、義同“石”。

[3]妄據：《文選》作“妄處”。

[4]信：人名。即韓信。淮陰人。《史記》卷九三、《漢書》卷三四有傳。　英：人名。即英布。又稱黥布。六縣（今安徽六安市）人。《史記》卷九一、《漢書》卷三四有傳。

[5]梁、籍：人名。即項梁、項籍。項梁，下相（今江蘇宿遷

市）人，楚將項燕子。項籍，字羽，項梁侄。二人均爲秦末起義領袖。事見《史記》卷七《項羽本紀》、卷四八《陳涉世家》。

[6]么麽：《文選》李善注："《通俗文》曰：'不長曰么，細小曰麽。'"這裏指弱小之輩。　數子：指前舉韓信、項羽等。

[7]駑蹇之乘：由能力低下的笨馬拉的車。

[8]儔：伴侶。　六翮：鳥類雙翅中的正羽，此指鳥的兩翼。

[9]楶：柱頭斗拱。　梲：梁上短柱。

[10]斗筲之子：喻才識短淺、氣量狹小之人。斗，容十升；筲，竹器，容十二升，皆小量容器。

[11]鼎折足，覆公餗：出自《易·鼎卦》九四爻辭："鼎折足，覆公餗，其形渥，凶。"餗，糝粥。渥，沾濕。按爻位說，九四爻既與初六爻有應（初與四、二與五、三與上相應，如果三對爻位上是一陰一陽，爲有應，否則爲無應），又上承六五爻（臨近兩爻有下承上、上乘下的承乘關係）不堪其重負，故鼎折足，糝粥溢出，鼎體自污，有凶。以此說明不自量力者要失敗。

[12]陳嬰：人名。《史記·項羽本紀》載，秦末時爲東陽（今江蘇盱眙縣東南）小吏，有少年殺令聚衆，強立嬰爲首領，縣中從者得二萬人，少年又欲立其爲王，聽母訓而不敢爲王。漢建立後，被封爲堂邑安侯。

[13]王陵：人名。沛縣（今江蘇沛縣）人。楚漢戰爭時，聚衆數千人據南陽，後聽母訓歸附劉邦，漢建立後，封安國侯，任右丞相。《漢書》卷四〇有傳。

　　蓋在高祖，其興也有五：一曰帝堯之苗裔，二曰體貌多奇異，三曰神武有徵應，四曰寬明而仁恕，五曰知人善任使。加之以信誠好謀，達於聽受，見善如不及，用人如由己，從諫如從流，趨時如響赴；[1]當食吐哺，納子房之策；[2]拔足揮洗，揖酈生之説；^[3]寤戍卒之言，斷懷土之情；^[4]高四皓之名，^[5]割肌膚之愛；舉韓信於行陣，收陳平於亡命；^[6]英雄陳力，群才畢舉，此高祖之大略所以成帝業也。若乃靈瑞符應，又可略聞矣。初劉媼任高祖而夢與神遇，震雷晦冥，有龍蛇之怪。及長多靈異，有殊於衆，是以王、武感物而折契，^[7]呂公覩貌而進女；秦皇東遊以厭其氣，^[8]呂后望雲而知所處；始受命則白蛇分，西入關則五星聚。故淮陰、留侯謂之天授，^[9]非人力也。

[1]從諫如從流，趨時如響赴：《文選》作“從諫如順流，趨時如響起”。

[2]吐哺：吐出口中食物。喻爲事業操勞，殷勤待士。《史記》卷五五《留侯世家》載劉邦“輟食吐哺”而納張良不立六國後代之諫，故曰“當食吐哺”。

[3]酈生：即酈食其。陳留高陽鄉（今河南杞縣）人。《史記》卷九七《酈生陸賈列傳》載劉邦“輟洗，起攝衣”而納酈食其所獻取陳留之策，故曰“拔足揮洗”。

[4]寤戍卒之言，斷懷土之情：《漢書》卷一下《高帝紀下》曰：“戍卒婁敬求見，説上曰：‘陛下取天下與周異，而都雒陽，不便，不如入關，據秦之固。’上以問張良，良因勸上。是日，車駕西都長安。拜婁敬爲奉春君，賜姓劉氏。”

[5]四皓：指秦末隱居商山的東園公、甪里先生、綺里季、夏黄公。四人鬚髮皆白，故稱商山四皓。高祖召，不應。後高祖欲廢太子，呂后用張良計，迎四皓輔太子，高祖以太子羽翼已成，乃消除改立太子之意。事見《史記·留侯世家》、《漢書》卷四〇《張良傳》。

[6]陳平：人名。陽武（今河南原陽縣）人。歷任惠帝、呂后、文帝時丞相。《漢書》卷四〇有傳。

[7]王、武：指王媼、武負。《漢書》卷一上《高帝紀上》："常從王媼、武負貰酒，時飲醉臥，武負、王媼見其上常有怪。高祖每酤留飲，酒讎數倍。及見怪，歲竟，此兩家常折券棄責。"

[8]秦皇東遊以厭其氣：《漢書·高帝紀上》："秦始皇帝嘗曰'東南有天子氣'，於是東游以猒當之。"

[9]淮陰、留侯：指淮陰侯韓信、留侯張良。

歷古今之得失，驗行事之成敗，稽帝王之世運，考五者之所謂，取舍不厭斯位，符應不同斯度，而欲昧於權利，[1]越次妄據，[2]外不量力，內不知命，則必喪保家之主，失天年之壽，[3]遇折足之凶，伏鈇鉞之誅。英雄誠知覺寤，畏若禍戒，超然遠覽，淵然深識，收陵、嬰之明分，[4]絶信、布之觀觬，距逐鹿之瞽説，審神器之有授，無貪不可幾，爲二母之所笑，[5]則福祚流于子孫，天禄其永終矣。

隗囂不納，果敗。

[1]而欲昧於權利：《文選》卷五二作"而苟昧權衡"。

[2]越次妄據："次"各本並作"久"，中華本據《漢書·序傳》及《文選》卷五二所載改。

[3]失天年之壽："天年"各本並作"大年"，中華本據《漢書·序傳》及《文選》卷五二所載改。

[4]陵、嬰：指王陵、陳嬰。王陵，《漢書》卷四〇有傳。陳嬰，事見《漢書》卷三一《項籍傳》。

［5］無貪不可幾，爲二母之所笑：《文選》卷五二作"貪不可冀，無爲二母之所笑"。應據《文選》改。

漢元、成世，[1]道士言："識者云：'赤厄三七。'[2]三七，二百一十年，有外戚之篡。祚極三六，當有龍飛之秀，興復祖宗。"及莽篡漢，漢二百一十年矣。莽十八年而敗，光武興焉。

［1］漢元、成世：漢元帝至漢成帝之世。

［2］赤厄三七：赤厄三七說最早出於西漢宣帝時的路溫舒。後成爲王莽代漢之符。赤，漢火德，其色赤，故以赤指漢。厄，困也。《漢書》卷五一《路溫舒傳》："溫舒從祖父受曆數天文，以爲漢厄三七之間，上封事以豫戒。成帝時，谷永亦言如此。及王莽篡位，欲章代漢之符，著其語焉。"《搜神記》卷六所記與此節文句略同。

明帝初生，[1]豐下兌上，赤色似堯，終登帝位。

［1］明帝：即漢明帝劉莊。《後漢書》卷二有紀。

和帝鄧皇后，[1]祖父禹，[2]佐命光武，常曰："我將百萬人，未嘗妄殺一人，子孫當大興。"后少時，相者蘇文見后，[3]驚曰："此成湯之骨法也，[4]貴不可言。"后嘗夢登梯，以手捫天，天體蕩蕩正青而滑，有若鍾乳者，后仰吮之，以訊之占夢。[5]占夢者曰："堯夢攀天而上，湯夢及天而舐之，此皆非常夢也。"[6]既而入宮，遂登尊位。

　　[1]鄧皇后：名綏，東漢和帝皇后。南陽新野（今河南新野縣）人。和帝死，先後迎立殤帝、安帝，臨朝執政。建光元年（121）死。同年，安帝與宦官李閏合謀，誅滅鄧氏。

　　[2]禹：人名。即鄧禹。字仲華，東漢初將領。曾率軍鎮壓河北銅馬部和河東緑林軍王匡、成丹等部。劉秀即位後，官至大司徒、封高密侯等。《後漢書》卷一六有傳。

　　[3]蘇文：人名。《後漢書》卷一〇上《皇后紀上》稱：“相者見后驚曰：‘此成湯之法也。’”不言相者何人。注引《續漢書》曰：“相者待詔相工蘇大曰：‘此成湯之骨法。’”此又言“蘇大”，“大”“文”形近，疑“大”訛爲“文”。

　　[4]骨法：又稱骨格，相術家稱人的骨骼及形象特徵。

　　[5]占夢：據夢境預測人事吉凶的方術。周代設有占夢之官。《漢書·藝文志》：“衆占非一，而夢爲大，故周有其官。”《周禮·春官·占夢》：“掌其歲時，觀天地之會，辨陰陽之氣，以日月星辰占六夢之吉凶。”

　　[6]堯夢攀天而上，湯夢及天而呧之：占夢者認爲夢攀天、舐天皆登上帝王之位的先兆。《東觀漢記》：“堯夢攀天而上，湯夢及天舐之，皆聖主之夢。”

　　安帝未即大位，[1]在邸，數有神光赤蛇嘉應，照曜室內，磐紆殿屋牀第之間，後遂入承大統。[2]

　　[1]安帝：即漢安帝劉祜。《後漢書》卷五有紀。
　　[2]大統：帝位。

　　初，桓帝之世，有黄星見於楚、宋之分，[1]遼東殷馗曰：[2]“後五十年，當有真人起於譙、沛之間，[3]其鋒不可當。”靈帝熹平五年，[4]黄龍見譙。光禄大夫橋玄問太史令單颺曰：[5]“此何祥也？”颺曰：“其國後當有王者興，不及五十年，亦當復見天事恒象，此其徵也。”内黄殷登默記之。[6]其後曹操起於譙，[7]是爲魏武帝。建安五年，[8]於黄星見之，歲五十年矣。而武帝破袁紹，天下莫敵。

[1]桓帝：即漢桓帝劉志。《後漢書》卷七有紀。　黄星：黄色的星。古人認爲是祥瑞之兆。《拾遺記·軒轅黄帝》：“以戊己之日生，故以土德稱王也。時有黄星之祥。”　楚、宋之分：即楚宋的分野。

[2]遼東：郡名。治所在今遼寧遼陽市。　殷馗：人名。本書僅一見，《後漢書》失載。

[3]當有真人起於譙、沛之間：《三國志》卷一《魏書·武帝紀》作“當有真人起于梁、沛之間”。按分野説，楚分鶉尾，州別爲荆州；宋分大火，州別爲豫州，梁（今河南商丘市）、譙（今安徽亳州市）、沛（今江蘇沛縣）古均屬豫州，故以其地當黄星之瑞。

[4]熹平：漢靈帝劉宏年號（172—178）。

[5]光禄大夫：官名。屬光禄勳，秩比二千石。　橋玄：人名。字公祖，漢桓帝時爲太尉。《後漢書》卷五一有傳。　太史令：官名。西漢隸太常，掌天文、曆法、撰史。東漢沿置，秩六百石，不再撰史，專掌天時、星曆、歲終奏新年曆，國祭、喪、娶奏良日，有瑞應、灾異則記之。　單颺：人名。字武宣，善天文、算術。《後漢書》卷八二下有傳。

[6]内黄：縣名。在今河南内黄縣西北。　殷登：人名。其事不詳。

[7]曹操：人名。字孟德，一名吉利，小字阿瞒，譙人。其子

曹丕稱帝後，追尊其爲武帝。《三國志》卷一有紀。

　　[8]建安：漢獻帝劉協年號（196—220）。

　　《春秋讖》曰：[1]“代漢者，當塗高也。”漢有周舒者，善内學。[2]人或問之，舒曰：“當塗高者，魏也。”舒既没，譙周又問術士杜瓊曰：[3]“周徵君以爲當塗高，魏也。其義何在？”瓊曰：“魏，闕名也。當塗而高，[4]聖人以類言耳。”又問周曰：“寧復有所怪邪？”周曰：“未達也。”瓊曰：“古者名官職不言曹，自漢以來，名官盡言曹，[5]吏言屬曹，卒言侍曹，此殆天意也。”周曰：“魏者，大也。曹者，衆也。衆而且大，天下之所歸乎。”建安十八年，武帝爲公，又進爵爲王。二十五年，武帝薨，太子丕嗣爲魏王，[6]是爲文帝。文帝始生，有雲青色，圓如車蓋，當其上終日。望氣者以爲至貴之祥，非人臣之氣。善相者高元吕曰：[7]“其貴不可言。”延康元年三月，[8]黄龍又見譙，殷登猶存，嘆曰：“黄龍見於熹平也，單颺云：‘不及五十年，亦當復見。’今四十五年矣，颺之言其驗兹乎。”四月，饒安言白虎見。[9]八月，石邑言鳳凰集，[10]又有麒麟見。十月，漢帝禪位於魏，魏王辭讓不受，博士蘇林、董巴上言：[11]“臣聞天之去就，固有常分，聖人當之，昭然不疑。故堯捐骨肉而禪有虞，終無吝色。[12]舜發畎畝而居天下，若固有之。其相授間，不稽漏刻，天下已傳矣。所以急天命，明天下不可一日無君。今漢期運已終，妖異絶之已審。陛下受天之命，符瑞告徵，丁寧詳悉，反覆備至，雖言語相諭，無以代此。今既發詔書，璽綬未御，固執謙讓，上稽天命，下違民情。臣謹按古之典籍，參以圖緯，魏之行運及天道所在，即尊之驗，在於今年此月，昭晢分明。謹條奏如左。唯陛下遷思易慮，以時即位，顯告上帝，布詔天下。然後改正朔，易服色，正大號，天下幸甚。」其所陳事曰：[13]

［1］《春秋讖》：漢代讖緯說者爲《春秋經》所作的讖言之書。作者不詳，已佚。下文周舒和杜瓊的讖言，皆出自《三國志》卷四二《蜀書・杜瓊傳》。

［2］周舒：人名。又名周徵君，字叔布。巴西閬中（今四川閬中市）人。精於術數，名亞董扶、任安。事見《三國志》卷四二《蜀書・周群傳》。 內學：讖緯之學。《後漢書》卷八二上《方術傳上》李賢注曰：「內學謂圖讖之書也。其事秘密，故稱內。」

［3］譙周：人名。字允南，三國蜀漢大臣。通經學，善書札，著有《古史考》等。《三國志》卷四二有傳。 杜瓊：人名。字伯瑜，蜀漢大臣。少受學於任安，精通術數。著《韓詩章句》。《三國志》卷四二有傳。

［4］魏：宮門外兩邊的樓觀。 闕：宮門。

［5］曹：分科辦事機構。戰國時秦國郡縣職事部門已泛稱曹，漢代自公卿至郡縣皆分曹而治。主管者稱掾，副曰史，其次曰屬。

［6］丕：人名。即曹丕。字子桓，曹操次子。漢獻帝建安二十五年（220），廢漢獻帝爲山陽公，代漢稱帝，國號魏，都洛陽，是爲魏文帝。《三國志》卷二有紀。

［7］高元呂：人名。史載不詳。僅《三國志・魏書・文帝紀》注引《魏略》云：「太祖不時立太子，太子自疑。是時有高元呂者，善相人，乃呼問之，對曰：『其貴乃不可言。』」

［8］延康元年：此年改建安二十五年爲延康元年，十一月，又改爲黄初元年。延康，漢獻帝劉協年號（220）。

[9]四月，饒安言白虎見：《三國志・魏書・文帝紀》作："夏四月丁巳，饒安縣言白雉見。"此處作"白虎"，應據改"白雉"。又中華本校勘記云："'四月'各本並作'十月'，下又出八月，今據《符瑞志》改。"再據上引，其改無誤。饒安，縣名。治所在今河北鹽山縣西南舊縣。

[10]石邑：地名。一名石城。在今河北鹿泉市。

[11]蘇林：人名。字孝友，陳留（今河南開封市祥符區陳留鎮）人。黃初中任博士，官至散騎常侍。《三國志》卷二一有傳。

董巴：人名。東漢末三國初著名學者，著有《輿服志》，對東漢一代灾異進行過研究。

[12]故堯捐骨肉而禪有虞，終無吝色：堯不傳位於子丹朱，而禪位於舜，故曰"捐骨肉"。

[13]其所陳事曰：下文所"陳事"的内容見於《三國志・魏書・文帝紀》裴松之注引蘇林、董巴上表。

　　天有十二次，以爲分野，王公之國，各有所屬。[1]周在鶉火，魏在大梁，[2]歲星行歷，凡十二次，所在國天子受命，諸侯以封。周文王始受命，歲星在鶉火，至武王伐紂，十三年，歲星復在鶉火。故《春秋傳》曰：[3]"武王伐紂，歲在鶉火。"又曰："歲之所在，則我有周之分野也。"昔光和七年，[4]歲在大梁，武王始受命爲將，討黃巾。是歲改年爲中平元年。建安元年，歲復在大梁，始拜大將軍。十三年，復在大梁，始拜丞相。今二十五年，歲復在大梁，陛下受命。[5]此魏得歲與周文、武受命相應。

[1]十二次：天區名。古人把黄道、赤道帶自西向東劃分爲十二個天區，稱爲十二次。歲星每年行經一次，十二年一周天。今測值爲11.86年一周天。　分野：天上天區的星辰稱"分星"，分星對應於地上的郡國、州别（甚至郡别）稱爲分野。如此則某一天區出現的天象所主吉凶即爲對應郡國的吉凶之兆。分野説説法甚多，較完整的載於《晋書·天文志上》，其十二次、十二辰、國、州對應關係如下：

十二次	壽星	大火	析木	星紀	玄枵	娵訾	降婁	大梁	實沈	鶉首	鶉火	鶉尾
十二辰	辰	卯	寅	丑	子	亥	戌	酉	申	未	午	巳
分野國	鄭	宋	燕	吴越	齊	衛	魯	趙	魏	秦	周	楚
分野州	兖州	豫州	幽州	揚州	青州	并州	徐州	冀州	益州	雍州	三河	荆州

[2]魏在大梁：魏國的分野在十二次的大梁。此是十二次分野的又一説法。

[3]《春秋傳》曰：《春秋》三傳均無此文，此文最早載於《國語·周語下》："昔武王伐殷，歲在鶉火……歲之所在，則我有周之分野也"。此處言"《春秋傳》曰"，不知所指何傳。

[4]光和七年：各本並作"光和十七年"。按光和祇有七年，該年十二月改元中平，故中華本删去"十"字。光和，漢靈帝劉宏年號（178—184）。

[5]今二十五年，歲復在大梁，陛下受命：光和七年（184）歲星在大梁，下距建安元年（196）、十三年、二十五年均爲十二年，故曰"歲復在大梁"。大梁乃曹魏分野，所以有封疆、受命的吉運。

　　今年青龍在庚子，[1]《詩推度災》曰：[2]"庚者，更也。子者，兹也。聖人制法天下治。"又曰："王者布德於子，治成於丑。"此言今年天更命聖人，制法天下，布德於民也。魏以改制天下，與

《詩》協矣。[3] 顓頊受命，歲在豕韋，[4] 衛居其地，[5] 亦在豕韋。故《春秋傳》曰："衛，顓頊之墟也。"[6] 今十月，斗之所建，則顓頊受命之分也。[7] 魏以十月受禪，此同符始祖受命之驗也。[8]

[1]今年：指曹丕黃初元年（220）。 青龍在庚子：青龍，太歲的別名。《論衡·難歲》："且太歲，天別神也，與青龍無異。"《淮南子·天文訓》："天神之貴者，莫貴於青龍，或曰天一，或曰太陰。"太歲是一個與歲星運行方向相反（自東向西，沿十二辰運動）的假想天神，也是十二年一周天。其運行中每年都有一個年名，用專有的名稱表示，如子名困頓，寅名攝提格，甲名閼逢，庚名上章等。所以年名上章困頓可稱作"庚子。"

[2]《詩推度災》：《詩緯》的一種。原書已佚，1991 年 7 月上海古籍出版社影印有民國年間《詩緯》輯本，《古微書》卷二四也有輯本。

[3]《詩》：指《詩推度災》。 協：同。

[4]豕韋：古國名。又稱韋國。商代方國，在今河南滑縣。

[5]衛：古國名。始封君是周武王弟康叔，始都朝歌（今河南淇縣），後屢遷。公元前 209 年爲秦所滅。此衛當指河南濮陽。

[6]衛，顓頊之墟也：《水經注·瓠子河》："河水舊東決，逕濮陽城東北，故衛也，帝顓頊之墟。昔顓頊自窮桑徙此，號曰商丘，或謂之帝丘。"

[7]斗之所建，則顓頊受命之分也：斗，北斗。斗之所建，隨斗柄所指而建的十二個月。斗柄指東爲春，指南爲夏，指西爲秋，指北爲冬。爲使斗柄所指的方向與月份配合，古人把斗柄指正北定爲子，此時冬至在夏曆十一月，故子爲北、十一月；丑爲十二月；寅爲正月；卯爲正東、二月……亥爲十月。亥的分野屬衛國，故說十月建亥，是"顓頊受命之分也"。

[8]始祖：指顓頊。曹魏以爲其始祖爲顓頊，詳下正文。

魏之氏族，出自顓頊，與舜同祖，見于《春秋》《世家》。[1]舜以土德承堯之火，今魏亦以土德承漢之火，[2]其於行運合於堯、舜授受之次。

[1]《春秋》《世家》：未知指何書。按：魏之氏族所出據《三國志》卷一裴松之注引王沈《魏書》曰："其先出於黄帝。當高陽氏，陸終之子曰安，是爲曹姓。周武王克殷，存先世之後，封曹俠於邾。春秋之世，與於盟會，逮至戰國，爲楚所滅。子孫分流，或家於沛。漢高祖之起，曹參以功封平陽侯，世襲爵土，絶而復紹，至今適嗣國於容城。"

[2]舜以土德承堯之火，今魏亦以土德承漢之火：按五行相生説，火生土，故土承火而生。

魏王猶未許。太史丞許芝又上天文祥瑞：[1]

自建安三年十二月戊辰，有新天子氣見於東南，到今積二十三年。建安十年，茀星出庫樓，歷犯氐、房宿，北入天市，犯北斗、紫微。[2]氐爲天子宿宮，路寢所止。[3]房爲天子明堂政教之首。[4]北斗七星，主尊輔象近臣。[5]紫微者，北極最尊。[6]此除掃漢家之大異也。[7]

[1]太史丞：官名。太史令的副手。　許芝：人名。漢末任太史丞，曹魏時任太史令。其事見《三國志》卷二《魏書・文帝紀》。

[2]"茀星出庫樓"至"犯北斗、紫微"：此處描寫了一次彗

星出没狀況，先出於赤道以南的庫樓，向東北進入赤道上的氐、房，再東北入天市，自天市則折往西北，進入北斗和紫微垣。莪星，彗星。在扁長軌道（極少數在近圓軌道）上繞太陽運行的一種質量較小的天體，呈雲霧狀的獨特外貌。《漢書》卷七五《李尋傳》："（水星）政絕不行則伏不見而爲彗莪。"其占爲："除舊布新，亡惡興聖之異也。"庫樓，星官名。共十星，北六大星爲庫，南四星爲樓，在室女座。氐，二十八宿中東方蒼龍七宿第三宿。在庫樓北，由天秤座四星組成。房，又名天駟。東方蒼龍七宿第四宿。由天蝎座四星組成，在氐宿東。天市，星官名。也爲古天區名。此處爲星官。共二十三星，在房宿東北。北斗，北方星空成斗形的七星，屬大熊座。在天市北。紫微，又名紫宮垣。十五星，在北斗北。

［3］氐爲天子宿宮，路寢所止：《史記·天官書》："氐爲天根。"《正義》引《星經》云："氐四星爲路寢，聽朝所居。"象天子行宮的朝堂。

［4］房爲天子明堂政教之首：《晉書·天文志上》曰："房四星，爲明堂，天子布政之宮也，亦四輔也。"

［5］北斗七星，主尊輔象近臣：《晉書·天文志上》曰："北斗七星在太微北，七政之樞機，陰陽之元本也。故運乎天中，而臨制四方，以建四時，而均五行也。"

［6］紫微者，北極最尊：《晉書·天文志上》曰："一曰紫微，大帝之坐也，天子之常居也，主命主度也。"

［7］除掃：彗星像掃帚，故曰除掃。　大異：指上文"新天子氣"。

　　建安十八年秋，歲星、鎮星、熒惑俱入太微，[1]逆行留守帝坐百有餘日。[2]歲星入太微，人主改姓。鎮星入太微，内有兵亂，人主以弱。三者，漢改姓易代之異也。

[1]歲星、鎮星、熒惑：即木星、土星、火星。 太微：天區名。在北斗之南，冀、軫、角、亢四宿之北。有二十個星官，跨室女座、獅子座。《晉書·天文志上》曰："太微，天子庭也，五帝之坐也（太微中部有五帝座），十二諸侯府也……又爲天廷，理法平辭，監升授德，列宿受符，諸神考節，舒情稽疑也。"其象爲朝廷。

[2]逆行留守：行星周年視運動的一種狀態。在周年視運動中，行星一年中大部分時間在天球上是自西向東（赤經增大）運動，稱爲順行；小部分時間自東向西運動（赤經減小），稱爲逆行。留守，當行星由順行轉爲逆行或由逆行轉爲順行時，行星在天球上的視運動位置短期內不動。稱爲留或留守。 帝坐：星官名。一星，在天市垣正中。其象爲天廷。但太微垣東距天市較遠（赤經差近九十度），且逆行赤經一般不超過二十度，而五帝坐就在太微垣內，故"帝坐"應爲"五帝坐"之誤。

建安十九年正月，白虹貫日。[1]《易傳》曰："后妃擅國，白虹貫日。"建安二十一年五月己亥朔，日蝕。[2]建安二十三年三月，孛星晨見東方二十餘日，夕出西方，[3]犯歷五車、東井、五諸侯、文昌、軒轅、太微，[4]鋒炎刺帝坐。孛者除舊布新，亡惡興聖之異也。建安二十四年二月晦壬子，日蝕。[5]日者陽精，月爲侯王，而以亥子日蝕，皆水滅火之異也。[6]

[1]白虹貫日：一種罕見的日暈現象。古人以爲出現這種天象

將有非常之事發生。白虹，日周圍的白色暈圈。《後漢書》卷三〇下《郎顗傳》："凡日傍氣色白而純者名爲虹。"貫日，白虹穿日而過。

[2]日蝕：亦稱日食。月球運行到太陽與地球之間，遮掩住太陽的一種天象。一般發生在朔望月的朔日（初一），若所用曆法不精，也可能發生在朔前後的一、二日。占星家認爲是臣掩君，有亡國的徵兆。此次日蝕載於《後漢書》卷九《孝獻帝紀》和《續漢書·五行志六》。發生於公元 216 年 6 月 3 日。

[3]茀星晨見東方二十餘日，夕出西方：此次彗星運動見於《後漢書·孝獻帝紀》《天文志上》。發生在公元 218 年 4 月 13 日到 5 月 12 日。其中"茀"字均作"孛"。孛星連續二十多天天亮前在東方天空出現，傍晚後出現在西方天空。見，出現。

[4]五車：星官名。共五星，在觜宿北，屬御夫座。　東井：二十八宿東方七宿的首宿。共八星，在五車東南。占星者以爲是天子亭侯，主水衡事。　五諸侯：星官名。共五星，在東井北。占星者以爲主刺舉，戒不虞，察得失。也曰主帝心。　文昌：星官名。共六星，在五諸侯東北，北斗魁星前。主營計天下事，若彗星入之，大將叛亂。或曰文昌宮。　軒轅：星官名。共十七星，在文昌南。占星者以爲是黃龍之體，主雷雨之神，後宮之象。《後漢書·孝獻帝紀》《天文志下》"軒轅"後有"后妃"星官，應據補。

[5]建安二十四年二月晦壬子，日蝕：晦，月相名。朔望月的第一天爲初一，稱爲朔，前月的最後一天稱爲晦，故晦總在二十九日或三十日。此日在洛陽所見食分爲 0.52，時間爲四時五十二分。此次日蝕載於《後漢書·孝獻帝紀》《五行志六》，"晦壬子"作"壬子晦"，"日蝕"作"日有食之"。發生於公元 219 年 4 月 2 日。（見張培瑜《三千五百年曆日天象》，河南教育出版社 1990 年版。）

[6]日者陽精，月爲侯王，而以亥子日蝕，皆水滅火之異也：數術者以十天干甲乙、丙丁、戊己、庚辛、壬癸分別配木、火、土、金、水，以十二地支的丑辰未戌配土，寅卯配木，巳午配火，

申酉配金，亥子配水。這樣，表示時間（年、月、日、時）和空間（方位、方向）的干支都被賦予了五行相生相克的性質，從而用五行生克制化的理論來推論在時空中發生的一切事物的禍福吉凶。亥子日蝕，亥、子同爲十二支，故不表示干支日順序，而是干支配五行的結果。此處可解釋爲：壬爲天干中的大水（癸爲小水），亥子又爲地支中的水，而日爲陽精屬火，故曰"皆水滅火之異也"。在人事上，月象爲水爲臣，日象爲君爲火，喻曹魏以臣代君。

延康元年九月十日黃昏時，[1]月蝕熒惑，[2]過人定時，[3]熒惑出營室，[4]宿羽林。[5]月爲大臣侯王之象；熒惑火精，漢氏之行。占曰："漢家以兵亡。"延康元年九月二十日，《剝》卦天子氣不見，[6]皆崩亡之異也。熒惑火精，行縮日一度有餘。故太史令王昱以爲漢家衰亡之極。[7]熒惑大而赤色；光不明，赤而小，與小星無別，皆漢家衰亡之異也。

[1]延康：漢獻帝劉協年號（220）。　黃昏：時稱名。古一晝夜分爲十二時，用十二地支表示，黃昏相當於戌時，合今十九至二十一時。

[2]月蝕熒惑：月掩星的天象，即火星入月被月亮掩蔽的一種天象。占星者以爲是亡國之兆。《漢書·天文志》："凡月食五星，其國〔皆〕亡：歲以飢，熒惑以亂，填以殺，太白彊國以戰，辰以女亂。"故下云："漢家以兵亡。"

[3]人定：時稱名。相當於亥時，合今二十一至二十三時。

[4]營室：星官名。亦稱室、室宿、定。二十八宿北宮玄武七宿的第六宿。共二星，南北向，中天時有定向作用，故曰定。占星者以爲是天子的玄宮，主土功和軍餉。

[5]羽林：星官名。又稱天軍、羽林天軍。共四十五星，三三

而聚，散在虛、危、室、壁宿之南。占星者以爲是護衛天子之軍，主軍騎。

[6]《剝》卦天子氣不見：《剝》卦是《易》六十四卦的第二十三卦，又爲十二月消息卦的第九卦，配建戌之月九月，故此處以九月言《剝》卦。《剝》卦上艮下坤，初到五爻均陰爻，上九雖爲陽爻，進入十月後，也要被陰爻取代，陽爲天，陰爲地，故曰九月天子氣不見，喻曹魏將在這時代漢。又上艮爲山，下坤爲地，山本高於地，但坤三陰爻與艮下二陰爻相連，爲山基侵蝕之象。故山被剝落，委附於地，也喻天子氣衰的情狀。

[7]王昱：人名。本書一見，《三國志》不見，其事不詳。

《易傳》曰：[1]"上下流通聖賢昌，厥應帝德鳳皇翔，萬民喜樂無咎殃。"《易傳》又曰："聖人受命，厥應鳳皇下，天子虜。"《易傳》又曰："黃龍見，天災將至，天子絀，聖人出。"[2]黃龍以戊己日見，五色文章皆具，聖人得天受命。黃龍以戊寅見，此帝王受命之符瑞最著明者也。[3]《易傳》又曰："聖人清靜行中正，賢人至，民從命，厥應麒麟來。"[4]《春秋玉版讖》曰：[5]"代赤者魏公子。"《春秋佐助期》曰：[6]"漢以許昌失天下。"故白馬令甘陵李雲上事，言許昌氣見，當塗高已萌，[7]欲使漢家防絕萌牙。今漢都許，日以微弱，當居許昌以失天下。當塗高者，魏也；魏者，象魏兩闕之名當道而高大者也。魏當代漢，如李雲之言也。《春秋佐助期》又曰："漢以蒙孫亡。"說者以蒙孫直漢二十四帝，[8]童蒙愚惑以弱亡。漢帝少時名爲董侯，[9]名不正，蒙亂荒惑，其子孫以弱亡也。《孝經中黃讖》曰：[10]　“日載東，紀火光。不横一，聖明聰。[11]四百之外，易姓而王。[12]天下歸功致太平。”此魏王之姓諱著見圖讖也。《易運期》曰：[13]　“言居東，西有午，兩日並光日居下。其爲主，反爲輔，五八四十，[14]黃氣受，真人出。”言午“許”字，兩日“昌”字，漢當以許亡，魏當以許昌。今際會之期在許，是其大效也。《易運期》又曰：“鬼在山，禾女運，王天下。”[15]

[1]《易傳》：下所言《易傳》内容均爲讖緯之説，故應爲《易緯》類書的文字。

[2]“聖人受命”至“聖人出”：鳳凰、黃龍對新出聖人爲祥瑞，原天子則被虜受絀。《晋書·五行志下》：“凡瑞興非時，則爲妖孽。”

[3]“黃龍以戊己日見”至“最著明者也”：《三國志》卷二《魏書·文帝紀》裴松之注曰：“辛亥，太史丞許芝條魏代漢見讖緯于魏王曰：‘《易傳》曰：“聖人受命而王，黃龍以戊己日見。”七月四日戊寅，黃龍見，此帝王受命之符瑞最著明者也。’”據此，“黃龍”至“得天受命”句應爲《易緯》文，“黃龍”前脱“《易傳》又曰”四字。“黃龍以戊己日見”，是讖緯者的理想時刻，因戊己的五行屬土，黃龍居中方，也爲土，故曰土日見黃龍是“聖人得天受命”之瑞。“七月四日戊寅，黃龍見”，當爲許芝據報發揮之説，戊爲土，黃中爲土，寅則爲龍，故被認爲是“受命之符瑞最著明者也”。

[4]賢人至，民從命，厥應麒麟來：《三國志·魏書·文帝紀》裴松之注引作：“賢人福至民從命。”福，應作“輻”，輻聚之義。故“至”前脱一“福”字，且不需斷句。

[5]《春秋玉版讖》：讖緯書，已佚。

[6]《春秋佐助期》：讖緯書，已佚。黃奭輯《春秋緯》卷一〇、《古微書·春秋緯》卷一二有輯本。

[7]故白馬令甘陵李雲上事，言許昌氣見，當塗高已萌：《三國志·魏書·文帝紀》裴松之注引作："故白馬令李雲上事曰：'許昌氣見于當塗高，當塗高者當昌於許。'"無"甘陵"二字。白馬，即白馬縣。治所在今河南滑縣。甘陵，即甘陵縣。治所在今山東臨清市。李雲，人名。字行祖，甘陵人，善陰陽。《後漢書》卷五七有傳。

[8]蒙孫：幼弱的子孫。宣揚曹魏代漢圖讖的人解釋爲漢代第二十四帝獻帝劉協，其九歲即帝位，故曰蒙孫。蒙，童蒙。

[9]董侯：漢獻帝庶出，其母王美人生獻帝而遭何太后妒忌，被鴆殺。獻帝養於董太后，故號曰董侯。事見《後漢書》卷一〇下《靈思何皇后》。

[10]《孝經中黃讖》：讖緯書，已佚。

[11]日載東，紀火光。不橫一，聖明聰：中華本校勘記引殿本《考證》云："日載東者，曹也。曹，古文作曺。不橫一者，丕也。然則'紀火光'，自應作'絕火光'，言炎漢亡也。"《三國志·魏書·文帝紀》裴松之注引作"絕火光"，殿本《考證》推測無誤，應據改。

[12]四百之外，易姓而王：指"邾王天下"的讖緯附會，詳見下段。

[13]《易運期》：讖緯書，已佚。

[14]反爲輔：中華本校勘記云："'反'各本並作'及'，據《三國志·魏志·文帝紀》裴注改。" 五八四十：實指四百，與下句所言的"際會之期"均指"邾王天下"的附會。

[15]鬼在山，禾女運，王天下：禾、女爲委，加鬼、山爲魏，指曹魏。丁福林《校議》云："'禾女運'，《三國志·魏志·文帝紀》裴注作'禾女連'。"

　　於是魏王受漢禪，柴於繁陽，[1]有黃鳥銜丹書，集于尚書臺，[2]於是改元爲黃初。漢中平二年，洛陽民訛言虎賁寺有黃人，觀者日數萬，道路斷絶。[3]中平元年，黃巾賊起，云：“蒼天已死，黃天當立。”此魏氏依劉向自云土德之符也。[4]先是周敬王之四十七年，[5]宋景公問大夫邢史子臣：[6]“天道何祥？”對曰：“後五年五月丁亥，臣將死。[7]死後五年五月丁卯，吳將亡。亡後五年，君將終。[8]終後四百年，邾王天下。”[9]皆如其言。邾王天下，蓋謂魏國之後。言四百年則錯。疑年代久遠，傳記者謬誤。

　　高貴鄉公初生，[10]有光氣照耀室屋，其後即大位。

　　[1]柴：古祭名。燒柴祭天。一作“燎”。《三國志》卷一〇《魏書·賈詡傳》裴松之注引《九州春秋》云：“功業已就，天下已順，乃燎于上帝，告以天命。”《三國志》卷二《魏書·文帝紀》作：“乃爲壇於繁陽……視燎成禮而反。”　繁陽：縣名。治所在今河南臨潁縣繁城鎮。

　　[2]尚書臺：官署名。職掌納奏出令、參與決策、總領全國政務的宮廷政治機構。設令、僕射爲長、貳。

　　[3]“漢中平二年”至“道路斷絶”：《續漢書·五行志五》：“熹平二年六月，雒陽民訛言虎賁寺東壁中有黃人，形容鬚眉良是，觀者數萬，省內悉出，道路斷絶。”《搜神記》卷六所記同。故“中平二年”似應作“熹平二年六月”。應劭曾實地察訪壁中黃人事，《續漢書·五行志五》劉昭補注云：“《風俗通》曰劭故往視之，何在其有人也！走漏汙處，膩赭流滹，壁有他剝數寸曲折耳。劭又通之曰：‘季夏土黃，中行用事，又在壁中，壁亦土也。以見

於虎賁寺者，虎賁國之秘兵，扞難禦侮。必（是）〔示〕於東，東者動也，言當出師行將，天下搖動也。天之以類告人，甚於影響也。'"中平，漢靈帝劉宏年號（184—189）。

〔4〕劉向：人名。本名更生，字子政，沛人。任西漢諫議大夫，用陰陽災異推論時政得失。著《別録》等三十三篇，現傳的有《洪範五行傳》《列女傳》《列仙傳》《説苑》等。　土德之符：按五行相生説，火生土，漢是火德，火德之後，當爲土德，故曹魏代漢而以土德自居。

〔5〕周敬王之四十七年：周敬王公元前519至前476年在位，共四十四年。此處言四十七年，誤。此事見《三國志·魏書·文帝紀》裴松之注引干寶《搜神記》和《搜神記》卷八，均爲"周敬王之三十七年"，應據改。

〔6〕宋景公：《史記》卷三八《宋世家》名"頭曼"，《左傳》昭公二十五年名"欒"。在位四十八年。　邢史子臣：春秋宋大夫。《搜神記》稱其"明於天道"。

〔7〕後五年五月丁亥，臣將死：《三國志·魏書·文帝紀》裴松之注引《搜神記》和《搜神記》卷八均作"後五十年五月丁亥"。宋景公在位四十八年，在位時的對話至邢史子臣死，不可能有五十年。本志所記正確。

〔8〕死後五年五月丁卯，吳將亡。亡後五年，君將終：吳亡在吳王夫差二十三年（前473），吳亡後五年（前469）宋景公死。邢史子臣死年無考，據上文推論當在公元前477年。

〔9〕終後四百年，邾王天下：《搜神記》卷八曰："所云'邾王天下'者，謂魏之興也。邾，曹姓，魏亦曹姓，皆邾之後。"

〔10〕高貴鄉公：即曹髦。字彦士，三國魏皇帝，公元254年至260年在位。公元260年，率宿衛數百攻司馬昭，爲昭所殺，死後無謚號，以其即位前的封爵爲號，故稱高貴鄉公。《三國志》卷四有紀。

劉備身長七尺七寸，垂手過膝，顧自見耳。[1]《洛書甄燿度》曰：“赤三日，德昌九世會備，合爲帝際。”[2]《洛書寶予命》曰：[3]“天度帝道備稱皇，以統握契，百成不敗。”《洛書錄運期》曰：“九侯七傑争民命，炊骸道路，誰使主者玄且來。”[4]備字玄德，故云“玄且來”也。《孝經鉤命決》曰：[5]“帝三建，九會備。”先是，術士周群言，西南數有黄氣，直立數丈，如此積年，每有景雲祥風，從璿璣下來應之。[6]建安二十二年中，屢有氣如旗，從西竟東，中天而行。圖書曰：[7]“必有天子出其方。”太白、熒惑、鎮星從歲星，[8]又黄龍見犍爲武陽之赤水，九日乃去。關羽在襄陽，男子張嘉、王休獻玉璽，[9]備後稱帝於蜀。

[1]劉備：人名。字玄德，涿郡涿縣（今河北涿州市）人。三國蜀漢建立者。謚昭烈帝。《三國志》卷三二有傳。　身長七尺七寸，垂手過膝，顧自見耳：《三國志·蜀書·先主傳》曰：“身長七尺五寸，垂手下膝，顧自見其耳。”與本志稍異。

[2]《洛書甄燿度》：讖緯書，已佚。《古微書》卷三六有輯本。　赤三日，德昌九世會備，合爲帝際：中華本《三國志·蜀書·先主傳》斷句作“赤三日德昌，九世會備，合爲帝際。”是。中華本校勘記云：“各本並脱‘日’字，‘爲’字，據《三國志·蜀志·先主傳》補。”

[3]《洛書寶予命》：《三國志·蜀書·先主傳》引作“《洛書寶號命》”。讖緯書，已佚。

[4]九侯七傑争民命，炊骸道路，誰使主者玄且來：《三國志·蜀書·先主傳》引《洛書錄運期》作：“九侯七傑争命民炊骸，道路籍籍履人頭，誰使主者玄且來。”按：“民命”作“命

民"，多出"籍籍履人頭"五字，應據補。

[5]《孝經鉤命决》：《三國志·蜀書·先主傳》引作"《孝經鉤命决録》"。讖緯書，已佚。黄奭輯《孝經緯》卷四、《古微書》卷三〇有輯本。

[6]"術士周群言"至"從璇璣下來應之"：此句《三國志·蜀書·先主傳》作："臣父群未亡時，言西南數有黄氣，直立數丈，見來積年，時時有景雲祥風，從璇璣下來應之，此爲異瑞。"此節引自《三國志·蜀書·先主傳》蜀漢陽泉侯劉豹等十二人上表的奏言，未有一人姓周者，本志把"臣父群"説成"術士周群"，乃據《華陽國志》，確否，《三國志集解》尚且存疑。周群，人名。字仲直，巴西閬中人。官至儒林校尉。善望氣，通數術。《三國志》卷四二有傳。璇璣，指北斗七星。中華本校勘記云："各本並脱'來'字，據《三國志·蜀志·先主傳》補。"

[7]圖書：應作"《圖》《書》"。此節引自《三國志·蜀書·先主傳》劉豹等十二人上言，上言開始就説"臣聞《河圖》、《洛書》，五經讖、緯，孔子所甄，驗應自遠"。故"《圖》《書》"爲"《河圖》《洛書》"的略語。中華本失校並斷句有誤。

[8]太白、熒惑、鎮星從歲星：即金星、火星、土星跟隨木星在天空一側的天象。《三國志·蜀書·先主傳》此句作："加是年太白、熒惑、填星，常從歲星相追。近漢初興，五星從歲星謀（指漢高祖入關時'五星聚於東井''從歲星'）；歲星主義，漢位在西，義之上方，故漢法常以歲星候人主。當有聖主起於此州，以致中興。"是年指劉豹等上言的建安二十五年，這一年三星從歲星，按漢法爲劉備得蜀州、中興漢室的瑞應。

[9]"黄龍見犍爲武陽之赤水"至"獻玉璽"：見《三國志·蜀書·先主傳》載諸葛亮等五人所上奏言，中有删節。犍爲，郡名。治所在今四川彭山縣。武陽，縣名。治所在今四川彭山縣東。關羽，人名。字雲長。《三國志》卷三六有傳。襄陽，郡名。治所在今湖北襄陽市襄城區。男子張嘉、王休獻玉璽，《三國志·蜀

書·先主傳》作：“襄陽男子張嘉、王休獻玉璽，璽潛漢水，伏於淵泉，暉景燭耀，靈光徹天。”張嘉、王休，均人名。《三國志》均一見，其事不詳。

　　孫堅之祖名鍾，[1]家在吳郡富春，[2]獨與母居。性至孝。遭歲荒，以種瓜爲業。忽有三少年詣鍾乞瓜，鍾厚待之。三人謂鍾曰：“此山下善，可作冢，葬之，當出天子。君可下山百步許，顧見我去，即可葬也。”鍾去三十步，便反顧，見三人並乘白鶴飛去。[3]鍾死，即葬其地。地在縣城東，冢上數有光怪，雲氣五色上屬天，衍數里。父老相謂此非凡氣，孫氏其興矣。[4]堅母任堅，[5]夢腸出繞吳昌門。以告鄰母，鄰母曰：“安知非吉祥也。”昌門，吳郭門也。堅生而容貌奇異。[6]堅妻吳氏初任子策，[7]夢月入其懷；後孕子權，[8]又夢日入懷。告堅曰：“昔任策，夢月入懷，今又夢日入懷，何也？”堅曰：“日月陰陽之精，極貴之象，吾子孫其興乎。”權方頤大口紫髯，長上短下。漢世有劉琬者，[9]能相人，見權兄弟，曰：“孫氏兄弟，雖各才智明達，然禄祚不終。唯中弟孝廉，形貌奇偉，骨體不恒，有大貴之表，年又最壽。爾其識之。”權時爲孝廉。初，秦始皇東巡，濟江。望氣者云：“五百年後，江東有天子氣出於吳，而金陵之地，有王者之勢。”於是秦始皇乃改金陵曰秣陵，[10]鑿北山以絕其勢。至吳，又令囚徒十餘萬人掘汙其地，表以惡名，故曰囚卷縣，今嘉興縣也。[11]漢世術士言：“黃旗紫蓋，見於斗、牛之間，[12]江東有天子氣。”獻帝興平中，[13]吳中謠言：“黃金車，斑闌耳。開

昌門，出天子。"魏文帝黃初三年，[14]夏口、武昌並言
黃龍、鳳皇見。[15]其年，權稱尊號。年至七十一而薨。
權子休初封琅邪王，[16]夢乘龍上天，顧不見尾。後得大
位，其子被廢。

[1]孫堅：人名。字文臺，漢末割據者。《三國志》卷四六有
傳。以下至"安知非吉祥也"之事見《三國志・吳書・孫堅傳》
裴松之注引《吳書》，但無三少年乞瓜指示葬地事。又見《建康實
錄》卷一案引《祥瑞志》。

[2]吳郡：地名。治所在今江蘇蘇州市。　富春：地名。治所
在今浙江富陽市。

[3]見三人並乘白鶴飛去：《建康實錄》卷一案引《祥瑞志》
"乘"作"成"。

[4]孫氏其興矣：《建康實錄》卷一案引《祥瑞志》無此句。
《三國志・吳書・孫堅傳》裴松之注引《吳書》則有。

[5]任：通"妊"。懷孕。

[6]堅生而容貌奇異：《三國志・吳書・孫堅傳》裴松之注引
《吳書》作："堅生，容貌不凡，性闊達，好奇節。"

[7]策：人名。即孫策。字伯符。孫堅長子。父死後，在江東
建立孫氏政權，封吳侯。《三國志》卷四六有傳。

[8]權：人名。即孫權。字仲謀。繼父兄之業，黃龍元年
（229）稱帝，國號吳，都建業（今江蘇南京市）。《三國志》卷四
七有傳。

[9]劉琬：人名。《三國志・吳書・孫堅傳》僅一見，作："漢
以策遠脩職貢，遣使者劉琬加錫命。琬語人曰：'吾觀孫氏兄
弟……爾試識之。'"所言略同。

[10]秦始皇乃改金陵曰秣陵：《三國志》卷五三《吳書・張紘
傳》裴松之注引《江表傳》曰："楚武王所置，名爲金陵。地勢岡

阜連石頭，訪問故老，云昔秦始皇東巡會稽經此縣，望氣者云金陵地形有王者都邑之氣，故掘斷連岡，改名秣陵。"

[11]嘉興：地名。治所在今浙江嘉興市。

[12]見於斗、牛之間：斗、牛之分野，國爲吳越，州爲揚州，故云江東有天子氣。

[13]興平：漢獻帝劉協年號（194—195）。

[14]魏文帝黃初三年：丁福林《校議》據《三國志》卷四七《吳書·吳主傳》考證，"魏文帝黃初三年"乃"魏明帝太和三年"之訛。

[15]夏口：地名。三國吳黃武二年（223）所築城，在今湖北武漢市黃鵠山上。中華本校勘記云："'夏口'三朝本作'舉口'，北監本、毛本、殿本作'舉兵'。今據《三國志·吳志·吳主權傳》改正。" 武昌：地名。三國吳改鄂縣置，治所在今湖北鄂州市。

[16]休：人名。即孫休。字子烈，孫權第六子。諡曰吳景帝。《三國志》卷四八有傳。

漢元、成之世，先識之士有言曰："魏年有和，當有開石於西三千餘里，繫五馬，文曰討曹。"[1]及魏之初興也，張掖刪丹縣金山柳谷有石生焉，[2]周圍七尋，中高一仞，[3]蒼質素章，[4]有五馬、麟、鹿、鳳皇、仙人之象。[5]始見於建安，形成於黃初，文備於太和。[6]至青龍三年，[7]柳谷之玄川溢涌，石形改易，狀似雲龜，[8]廣一丈六尺，長一丈七尺一寸，圍五丈八寸，立于川西。有石馬十二，[9]其一仙人騎之，其一羈靽，其五有形而不善成，其五成形。又有一牛八卦列宿彗星之象。有玉匣開蓋於前，有玉玦二，玉璜一。又有麒麟、鳳皇、白虎、馬、牛於中布列。[10]有文字曰："上上三天王述大會討大曹金但取之金立中大金馬一疋中正大吉關壽此馬甲寅述水"凡三十五字。[11]石色蒼，而物形及字，並白石書之，皆隆起。魏明帝惡其文有"討曹"，[12]鑿去爲"計"，以蒼石塞之，宿昔而白石滿焉。當時稱爲祥瑞，班下天下。[13]處士張𧮃曰：[14]"夫神兆未然，不追往事，此蓋將來之休徵，當今之怪異也。"[15]既而晋以司馬氏受禪。太尉屬程猗説曰：[16]"夫大者，盛之極也。金者，晋之行也。[17]中者，物之會也。吉者，福之始也。此言司馬氏之王天下，感德而生，應正吉而王之符也。"猗又爲贊曰："皇德遐通，實降嘉靈。乾生其象，坤育其形。玄石既表，[18]素文以成。瑞虎合仁，白麟燿精。神馬自圖，金言其形。體正而王，中允克明。關壽無疆，於萬斯齡。"

[1]文曰討曹：《搜神記》卷七作"文曰大討曹"，《三國志·魏書·明帝紀》裴松之注引同。應據改。石瑞事見《三國志》卷三《魏書·明帝紀》裴松之注引《魏氏春秋》《搜神記》，又見《晋書·五行志上》、《搜神記》卷七及《三國志》卷一一《魏書·張𧮃傳》青龍四年辛亥詔書。

[2]張掖删丹縣金山柳谷有石生焉：《三國志·魏書·明帝紀》裴松之注引《魏氏春秋》無"柳谷"，《搜神記》本文祇作"張掖之柳谷"。本志顯然是綜合二者所記言之。張掖，郡名。治所在今甘肅張掖市甘州區西北。删丹縣，治所在今甘肅山丹縣。

[3]周圍七尋，中高一仞：尋、仞，古代長度單位。説法不一。尋，一般爲八尺，也有認爲七尺、六尺者。仞，一説八尺，一説七尺。清朱駿聲《説文通訓定聲》引程瑶田曰："度廣曰尋，度深曰

仞，皆伸兩臂爲度。度廣則身平側臂直，而適得八尺；度深則身臂曲，而僅得七尺。”此説近是。中華本校勘記云：“各本並脱‘七’字，據《三國志·魏志·明帝紀》裴注引《搜神記》補。”

[4]蒼質：青色石質。　素章：素面的紋飾。

[5]五馬：《搜神記》卷八作“龍馬”。

[6]黄初：三國魏文帝曹丕年號（220—226）。　太和：三國魏明帝曹叡年號（227—233）。

[7]青龍：三國魏明帝曹叡年號（233—237）。

[8]石形改易，狀似雲龜：《三國志·魏書·明帝紀》裴松之注引《魏氏春秋》作：“是歲張掖郡删丹縣金山玄川溢涌，寶石負圖，狀象靈龜。”

[9]“廣一丈六尺”至“有石馬十二”：中華本校勘記云：“各本脱‘一丈六尺長’五字，據《三國志·魏志·明帝紀》裴注引《魏氏春秋》補。”《三國志·魏書·明帝紀》裴松之注引《魏氏春秋》作“有石馬七”。裴松之注引《漢晋春秋》作：“氐池縣大柳谷口夜激波涌溢，其聲如雷，曉而有蒼石立水中，長一丈六尺，高八尺，白石畫之，爲十三馬，一牛，一鳥，八卦玉玦之象，皆隆起，其文曰‘大討曹，適水中，甲寅’。”

[10]“有玉匣開蓋於前”至“牛於中布列”：《三國志·魏書·明帝紀》裴松之注引《魏氏春秋》作：“有玉匣關蓋於前，上有玉字，玉玦二，璜一。麒麟在東，鳳鳥在南，白虎在西，犧牛在北，馬自中布列四面，色皆蒼白。”與此異。

[11]“上上三天王述”至“凡三十五字”：中華本校勘記云：“按此白石文三十五字，亦見《三國志·魏志·明帝紀》裴注引《魏氏春秋》。‘會’《魏氏春秋》作‘金’。‘討大曹’《魏氏春秋》作‘大討曹’。‘中正’《魏氏春秋》作‘在中’。‘關’《魏氏春秋》作‘開’。”《三國志·魏書·明帝紀》裴松之注引《魏氏春秋》作：“其南有五字，曰‘上上三天王’，又曰‘述大金，大討曹，金但取之，金立中，大金馬一匹在中，大（告）〔吉〕開壽，

此馬甲寅述水。'凡'中'字六,'金'字十;又有若八卦及列宿孛彗之象焉。"按:此文當時已搞不清,《搜神記》云:"至晋泰始三年,張掖太守焦勝上言,以留郡本國圖校今石文,文字多少不同,謹具圖上。按其文有五馬象,其一有人平上幘,執戟而乘之,其一有若馬形而不成,其字有'金',有'中',有'大司馬',有'王',有'大吉',有'正',有'開壽',其一成行,曰'金當取之'。"

[12]魏明帝:即曹叡。字元仲,文帝太子。《三國志》卷三有紀。

[13]班下天下:《三國志·魏書·張臶傳》青龍四年辛亥詔書作"頒行天下"。"班"同"頒"。

[14]處士:有才德而隱居不仕的人。 張臶:人名。字子明,鉅鹿人。袁紹、曹操等多次徵召而不仕。《三國志》卷一一有傳。

[15]"夫神兆未然"至"當今之怪異也":《三國志·魏書·張臶傳》作:"夫神以知來,不追已往,禎祥先見而後廢興從之。漢已久亡,魏已得之,何所追興徵祥乎!此石,當今之變異而將來之禎瑞也。"

[16]太尉屬:官名。太尉府屬吏。府中各曹主管曰掾,副曰屬。 程猗:人名。本書一見,其事不詳。

[17]金者,晋之行也:按五行五德終始説,漢火德,火生土,曹魏承火德而爲土德;土生金,晋承土德而爲金德。行,指晋的五行五德屬性。

[18]玄石:黑色石。指張掖開石。

宣帝有狼顧之相,[1]能使面正向後,而身形不異。魏武帝嘗夢有三匹馬在一槽中共食,其後宣帝及景、文相係爲宰相,[2]遂傾曹氏。文帝未立世子,有意於齊獻王攸。[3]武帝時爲中撫軍,[4]懼不立,以相貌示裴秀,[5]

秀言於文帝曰：“中撫軍振髮籍地，垂手過膝，天表如此，非人臣之相也。”由是得立。[6]及嗣晉位，其月，襄武縣言有大人相，[7]長三丈餘，足跡三尺一寸，白髮，黃單衣，黃巾，柱杖呼民王始語云：“今當太平。”[8]頃之，受魏禪。

[1]宣帝：即司馬懿。字仲達。晉武帝司馬炎受魏禪後，追謚爲宣帝。《晉書》卷一有紀，並記其狼顧事。 狼顧：謂面四顧而身不轉。相者認爲，有此相者性狼而難名。

[2]景：晉景帝司馬師。 文：晉文帝司馬昭。魏時皆爲宰相，晉司馬炎稱帝後追謚爲帝號。

[3]攸：人名。即司馬攸。字大猷，文帝弟。《晉書》卷三八有傳。

[4]武帝：即晉武帝司馬炎。字安世，文帝長子。《晉書》卷三有紀。

[5]裴秀：人名。字秀彥，晉武帝時官至司空。地圖學家。著《禹貢地域圖》《地形方丈圖》等，提出“製圖六體”的製圖原則，是後世地圖繪製的理論基礎。《三國志》卷二三裴松之注引《文章叙錄》、《晉書》卷三五均有傳。

[6]由是得立：《晉書·裴秀傳》中裴秀並未說其奇相。《晉書·武帝紀》中何曾等人固爭曰：“中撫軍聰明神武，有超世之才。髮委地，手過膝，此非人臣之相也。”

[7]襄武：縣名。治所在今甘肅隴西縣東南。

[8]“長三丈餘”至“今當太平”：《晉書·武帝紀》作：“長三丈，告縣人王始曰：‘今當太平。’”與此略異。

武帝咸寧元年，[1]大風吹帝社樹折，有青氣出社中。占者以爲東莞有天子氣。時琅邪武王伷封東莞，[2]伷，元帝祖也。元帝以咸寧二年夜生，[3]有光照室，室内盡明，有白毛生於日角之左，眼有精光燿。[4]隨惠帝幸鄴。[5]成都王穎殺東安王繇，[6]繇，元帝叔父也，帝懼，欲出奔，而月明，邀候急，四衢斷絶，不得去。有頃，天陰，風雨大至，候者皆休，乃得去。[7]初，武帝伐吳，琅邪武王伷率衆出涂中，[8]而王渾逼歷陽，[9]王濬已次近路。[10]孫晧欲降，[11]送天子璽綬，近越二將，而遠送詣伷，識者咸怪之。[12]吳之未亡也，吳郡臨平湖一旦自開，[13]湖邊得石函，中有小青石，刻作皇帝字。舊言臨平湖塞天下亂，開則天下太平。吳人以爲美祥。俄而吳滅。後元帝興於江左。吳亡後，蔣山上常有紫雲，[14]數術者亦云，江東猶有帝王氣。又謠言曰："五馬游度江，一馬化爲龍。"[15]元帝與西陽、汝南、南頓、彭城五王過江，而元帝升天位。[16]讖書曰："銅馬入海建業期。"[17]元帝小字銅環。[18]

[1]咸寧：晋武帝司馬炎年號（275—280）。

[2]琅邪武王：王爵名。王國在今山東臨沂市。　伷：人名。即司馬伷。字子將。《晋書》卷三八有傳。長子覲生晋元帝司馬睿。太社中樹折出青氣，青主東方，故占者以爲應在東莞。事見《晋書》卷六《元帝紀》。　東莞：縣名。治所在今山東沂水縣。

[3]元帝：即司馬睿。字景文。長安被匈奴攻陷後，他在建康（今江蘇南京市）建立政權，史稱東晋。事見《晋書·元帝紀》和《建康實録》卷五。

[4]日角：左眉骨隆起，伸入左邊髮際，狀如日。相術家認爲是王天下之相。

[5]鄴：縣名。戰國魏置。治所在今河北臨漳縣鄴鎮。

〔6〕穎：人名。即司馬穎。字章度，武帝第十六子。　殺東安王繇：永興初，惠帝親征穎，司馬繇勸穎罷甲請罪，結果穎勝殺繇。

〔7〕有頃，天陰，風雨大至，候者皆休，乃得去：《晋書·元帝紀》作：“有頃，雲霧晦冥，雷雨暴至，微者皆弛，因得潛出。”與此稍異。説明元帝得天之佑。

〔8〕涂中：指今安徽、江蘇境内的滁水流域。中華本校勘記云：“涂中”各本並作“塗中”，據《晋書·琅邪武王伷傳》改。

〔9〕王渾：人名。字玄沖，太原晋陽（今山西太原市）人。《晋書》卷四二有傳。　歷陽：縣名。治所在今安徽和縣。

〔10〕王濬：人名。字士治，弘農（今河南靈寶市）人。《晋書》卷四二有傳。

〔11〕孫晧：人名。字元宗，一名彭祖，字晧宗。三國吴末帝。《三國志》卷四八有傳。

〔12〕遠送詣伷，識者咸怪之：《晋書·元帝紀》稱“天意人事，又符中興之兆”。

〔13〕臨平湖：湖名。在今浙江杭州市餘杭區，原周圍十里，今多淤廢，僅存小河。

〔14〕蔣山：山名。即今江蘇南京市中山門外的鍾山。

〔15〕又謡言曰：“五馬游度江，一馬化爲龍。”：《晋書·元帝紀》作“太安之際，童謡云：‘五馬浮渡江，一馬化爲龍。’”與此略異。太安，晋惠帝司馬衷年號（302—304）。

〔16〕天位：天子之位，帝位。《易·需卦》：“位乎天位，以正中也。”孔穎達疏：“以九五居乎天子之位。”

〔17〕建業：東漢建安十七年（212）孫權以秣陵縣改，西晋太康元年（280）復名秣陵，三年，又分淮水（秦淮河）以北爲建業縣，並改名建鄴。治所均在今江蘇南京市。

〔18〕元帝小字銅環：張森楷《校勘記》云“《晋書·后妃傳》言元帝母夏侯氏小字銅環，此直以爲元帝。”

　　永嘉初，[1]元帝以安東將軍鎮建業，時歲、鎮星、辰、太白四星聚於牛、女之間，[2]常裴回進退。愍帝建興四年，[3]晉陵武進人陳龍在田中得銅鐸五枚，[4]柄口皆有龍虎形；又有將雛雞雀集其前，皆驅去復還，至于再三；又有鵝三四頭，高飛且鳴，周回東西，晝夜不下，如此者六七日。會稽剡縣陳清又於井中得棧鐘，[5]長七寸二分，口徑四寸，其器雖小，形制甚精，上有古文書十八字，其四字可識，云：「會稽徽命。」豫章有大樟樹，[6]大三十五圍，枯死積久，永嘉中，忽更榮茂。景純並言是元帝中興之應。[7]初，武帝太康三年，建鄴有寇，餘姚人伍振筮之，[8]曰：「寇已滅矣。三十八年，揚州有天子。」至元帝即天位，果三十八年。先是，宣帝有寵將牛金，屢有功，宣帝作兩口榼，[9]一口盛毒酒，一口盛善酒，自飲善酒，毒酒與金，金飲之即斃。景帝曰：「金名將，可大用，云何害之？」宣帝曰：「汝忘石瑞，馬後有牛乎？」[10]元帝母夏侯妃與琅邪國小史姓牛私通，[11]而生元帝。愍帝之立也，[12]改毗陵爲晉陵，時元帝始霸江、揚，而戎翟稱制，西都微弱。[13]干寶以爲晉將滅於西而興於東之符也。[14]

　　[1]永嘉：晉懷帝司馬熾年號（307—313）。
　　[2]歲、鎮星、辰、太白四星聚於牛、女之間：歲星（木星）、鎮星（土星）、辰（水星）、太白（金星）聚於牛、女之間，對吳越、揚州之地有佑護。牛、女之間，牛宿和女宿之間，屬星紀次，吳越、揚州之分野。

［3］建興：晋愍帝司馬鄴年號（313—317）。

［4］晋陵：郡名。晋永嘉五年（311）以毗陵縣改。治所在今江蘇鎮江市丹徒區。　武進：縣名。治所在今江蘇常州市武進區。陳龍：人名。本書一見。　銅鐸：古代樂器。大鈴的一種，形似鉦而有銅舌。宣布政教法令或遇戰事時使用。《晋書》卷七二《郭璞傳》：“時元帝初鎮建鄴，（王）導令璞筮之，遇《咸》之《井》，璞曰：‘東北郡縣有“武”名者，當出鐸，以著受命之符。’”

［5］會稽：郡名。治所在今浙江紹興市。　剡縣：治所在今浙江嵊州市。　陳清：人名。本書一見。　棧鐘：古代樂器。小鐘。

［6］豫章：郡名。治所在今江西南昌市。

［7］景純：指郭璞。字景純，河東聞喜（今山西聞喜縣）人。精天文、卜筮之術。文學家、訓詁學家、數術家，著作頗豐。《晋書》卷七二有傳。

［8］餘姚：縣名。治所在今浙江餘姚市。　伍振：人名。《晋書》一見，言其善《易》，爲韓友師。

［9］牛金：人名。宣帝寵將。本書一見，《三國志》《晋書》均三見，其事不詳。　兩口榼：盛貯酒的器皿，一器兩口。《晋書》卷六《元帝紀》：“初，《玄石圖》有‘牛繼馬後’，故宣帝深忌牛氏，遂爲二榼，共一口，以貯酒焉，帝先飲佳者，而以毒酒鴆其將牛金。”此爲兩榼合體，裝兩種酒，而留一口，可控制出哪種酒。本志作“兩口榼”，疑有誤。

［10］石瑞：指前述張掖石瑞。《建康實録》卷五曰：“有馬行列，而犧牛在後……占者或云‘牛繼馬後’。”故晋宣帝要鴆殺牛金。

［11］小史姓牛：《晋書·元帝紀》作“小吏牛氏”。此言“牛繼馬後”的符讖被證實。

［12］愍帝：即晋愍帝司馬鄴。《晋書》卷五有紀。

［13］西都：指洛陽。

［14］干寶：人名。字令升，新蔡（今河南新蔡縣）人。東晋

文學家，好陰陽數術，著《搜神記》，所著《晋紀》佚。《晋書》卷八二有傳。

宋武帝居在丹徒，[1]始生之夜，有神光照室，其夕，甘露降于墓樹。皇考以高祖生有奇異，名爲奇奴。皇妣既殂，養於舅氏，改爲寄奴焉。少時誕節嗜酒，[2]自京都還，息於逆旅。逆旅嫗曰：“室內有酒，自入取之。”帝入室，飲於盎側，醉卧地。時司徒王謐有門生居在丹徒，[3]還家，亦至此逆旅。逆旅嫗曰：“劉郎在室內，可入共飲酒。”此門生入室，驚出謂嫗曰：“室內那得此異物？”嫗遽入之，見帝已覺矣。嫗密問：“向何所見？”門生曰：“見有一物，五采如蛟龍，[4]非劉郎。”門生還以白謐，謐戒使勿言，而與結厚。帝嘗行至下邳，遇一沙門，[5]沙門曰：“江表尋當喪亂，拯之必君也。”[6]帝患手創積年，沙門出懷中黄散一裹與帝曰：“此創難治，非此藥不能瘳也。”倏忽不見沙門所在。以散傅創即愈。餘散帝寶録之。後征伐屢被傷，通中者數矣，以散傅之，無不立愈。自少至長，目中常見二龍在前，始尚小，及貴轉大。[7]晋陵人車藪善相人，[8]相帝曰：“君貴不可言，願無相忘。”

[1]宋武帝：即劉裕。字德輿，小字寄奴。彭城縣（今江蘇徐州市）綏輿里人。本書卷一、二、三有紀。

[2]誕節：放縱不拘。《漢書》卷一〇〇下《叙傳下》：“陳湯誕節。”顏師古注：“誕節，言其放縱不拘也。”

[3]王謐：人名。字稚遠，官至司徒。《晋書》卷六五有附傳。

其傳稱："初，劉裕爲布衣，衆未之識也，惟諶獨奇貴之，嘗謂裕曰：'卿當爲一代英雄。'"

[4]蛟龍：傳説中的一種龍，常居深淵，能發洪水。

[5]沙門：印度佛教僧侶的通稱。

[6]江表尋當喪亂，拯之必君也：《建康實録》卷一一作："江表方亂，能安之者，其在君乎。"與此稍異。江表，泛指長江以南地區。

[7]自少至長，目中常見二龍在前，始尚小，及貴轉大：《建康實録》卷一一曰："行止時見兩小龍附翼之，樵漁山澤，同侶亦或覿焉。"與此異。

[8]晋陵：郡名。晋永嘉五年（311）以毗陵縣改。治所在今江蘇鎮江市丹徒區。 車藪：中華本校勘記云："'車藪'《藝文類聚》一三引徐爰《宋書》作'韋藪'。《御覽》一二八引徐爰《宋書》、《御覽》七三〇引《宋書・高祖紀》作'韋叟'。"按：《晋書》卷八五《檀憑之傳》作："裕將義舉也……會善相者晋陵韋叟見憑之。""車""韋"形近而訛，"藪""叟"同音相通，故"韋叟"確也。

晋安帝義熙初，[1]帝始康晋亂，而興霸業焉。盧江霍山常有鐘聲十二。[2]帝將征關、洛，霍山崩，有六鐘出，制度精奇，上有古文書一百六十字。冀州有沙門法稱將死，語其弟子普嚴曰：[3]"嵩皇神告我云，[4]江東有劉將軍，是漢家苗裔，[5]當受天命。吾以三十二璧，鎮金一餅，與將軍爲信。三十二璧者，劉氏卜世之數也。"[6]普嚴以告同學法義。法義以十三年七月，於嵩高廟石壇下得玉璧三十二枚，黄金一餅。[7]漢中城固縣水際，忽有雷聲，俄而岸崩，得銅鐘十二枚。[8]又鞏縣民宋燿得嘉禾九穗。[9]後二年而受晉禪。孔子《河雒讖》曰：[10]"二口建戈不能方，兩金相刻發神鋒，空穴無主奇入中，女子獨立又爲雙。"二口建戈，"劉"字也。晉氏金行，劉姓又有金，故曰兩金相刻。空穴無主奇入中，爲"寄"字。女子獨立又爲雙，"奴"字。

[1]義熙：晉安帝司馬德宗年號（405—418）。

[2]廬江：郡名。治所在今安徽舒城縣。　霍山：一名衡山，今安徽霍山縣南天柱山。

[3]冀州：漢武帝所置"十三刺史部"之一，三國、晉時治所在信都縣，即今河北冀州市。　沙門法稱：本卷二見，此處作"沙門"，另處作"冀州道人"。《建康實錄》卷一一作"冀州道人釋法稱"。　普嚴：人名。本書一見。

[4]嵩皇神：《建康實錄》卷一一作"嵩神"，即嵩山之神。

[5]漢家苗裔：本書卷一《武帝紀上》："高祖武皇帝諱裕……漢高帝弟楚元王交之後也。"

[6]劉氏卜世之數：本卷"史臣謹按，冀州道人法稱所云玉璧三十二枚，宋氏卜世之數者，蓋卜年之數也。謂卜世者，謬其言耳。三十二者，二三十，則六十矣。宋氏受命至於禪齊，凡六十年云。"

[7]"法義以十三年七月"至"黃金一餅"：《建康實錄》卷一一作："（義熙十四）二月，嵩山獲玉璧三十二、黃金一餅。"法義，人名。本書一見。

[8]漢中：郡名。治所在今陝西漢中市。　城固縣：治所在今陝西城固縣。

[9]鞏縣：治所在今河南鞏義市。本書《州郡志二》："武帝北平關、洛，河南底定，置司州刺史，治虎牢，領河南……少帝景平初，司州復沒北虜。"知鞏縣一度屬宋。　宋燿：《建康實錄》卷

一一作“宗曜”，未知孰是。

[10]《河雒讖》：讖緯書，已佚。

晋即禪宋，太史令駱達奏陳天文符讖曰：[1]

“去義熙元年，至元熙元年十月，[2]太白星晝見經天凡七。占曰：[3]‘天下革民更王，異姓興。’義熙元年至元熙元年十一月朔，日有蝕之凡四，皆蝕從上始，[4]臣民失君之象也。義熙十一年五月三日，[5]彗星出天市，[6]其芒掃帝坐，[7]天市在房、心之北，宋之分野。得彗柄者興，[8]此除舊布新之徵。義熙七年七月二十五日，五虹見于東方。占曰：‘五虹見，天子黜，聖人出。’義熙七年八月十一日，新天子氣見東南。[9]十二年，北定中原，崇進宋公。歲星裴回房、心之間，[10]大火，宋之分野，[11]與武王克殷同，得歲星之分者應王也。十一年以來至元熙元年，月行失道，恒北入太微中。[12]占：‘月入太微廷，王入爲主。’

[1]駱達：人名。本書二見，《南史》一見，其事不詳。

[2]元熙：晋恭帝司馬德文年號（419—420）。

[3]太白星晝見經天凡七：《晋書·天文志下》：“自義熙元年至是（晋恭帝元熙元年七月），太白經天者九。”與此處“經天凡七”異。太白星晝見經天，金星白天見於天空並過南中天。出現此天象，占者以爲天下易主，人民流亡。《開元占經》卷四六引《荆州占》曰：“太白晝見於午，名曰經天，是謂亂紀。天下亂，改政易王，人民流亡。”按“天下革民更王”應斷開作“天下革，民更王”。

［4］上始：蝕從太陽上部始，象徵君權被蝕。

［5］義熙十一年五月三日：《晋書·天文志下》作"義熙十一年五月甲申"。據《二十史朔閏表》，五月癸未朔，甲申當二日。

［6］彗星：在扁長軌道上繞太陽運行的一種質量較小呈雲霧狀的天體，中心較亮部分爲彗核，外圍雲霧包層爲彗髮，當它接近太陽時，太陽風和輻射壓力把彗髮的氣體和微塵推開生成彗尾。星占家以爲妖星之屬，又稱掃帚星。主掃除，除舊布新，是大水、兵起的徵兆。　天市：天區名。在房、心、尾、箕四宿之北，共有十九個星座，大體相當於今武仙、巨蛇、蛇夫星座的一部分。

［7］其芒掃帝坐：象徵爲灾於帝王。《晋書·天文志中》："（彗星）頓挫其芒，或長或短，光芒所及則爲災。"芒，指彗尾。帝坐，星名。又作"帝座"，在天市垣中央，主帝王。

［8］宋之分野：《晋書·天文志上》："自氐五度至尾九度爲大火，於辰在卯，宋之分野。屬豫州。"房、心在氐後尾前，故爲宋之分野；天市近房心尾，故屬之。　彗柄：指彗核部。《晋書·天文志下》："義熙十一年五月甲申，彗星二出天市，掃帝坐，在房心北。房心，宋之分野。案占：'得彗柄者興，除舊布新，宋興之象。'"

［9］天子氣：《晋書·天文志中》："天子氣，内赤外黄，四方所發之處當有王者。"

［10］裴回：徘徊不進。指木星視運動在房、心二宿間發生的逆行、留的現象。

［11］大火，宋之分野：房、心屬十二次的大火次，爲宋分野。

［12］月行失道，恒北入太微中：《晋書·天文志下》記義熙十三年五月、十月，十四年五月、九月、十月，元熙元年五月、七月皆入太微，占曰"人君憂"或"大人憂"。

　　十三年十月，鎮星入太微，[1]積留七十餘日，到十四年八月十日，又入太微不去，到元熙元年，積二百餘日。占：‘鎮星守太微，亡君之戒。有立王，有徙王。’十四年五月十七日，[2]莩星出北斗魁中。[3]占曰：‘星莩北斗中，聖人受命。’十四年七月二十九日，[4]彗星出太微中，彗柄起上相星下，[5]芒尾漸長至十餘丈，進掃北斗及紫微中。[6]占曰：‘彗星出太微，社稷亡，天下易政。入北斗，帝宮空。’[7]一占：‘天下得召人。’召人，聖主也。一曰：‘彗孛紫微，天下易主。’十四年十月一日，熒惑從入太微鉤己，[8]至元年四月二十七日，從端門出積屍，[9]留二百六日，[10]繞鎮星。熒惑與鎮星鉤己天廷，天下更紀。[11]十四年十二月，歲、太白、辰裴回居斗、牛之間經旬。斗、牛，曆數之起。[12]占曰：‘三星合，是謂改立。’

[1]鎮星入太微：事見《晉書·天文志下》，“鎮星”均作“填星”。《建康實錄》卷一一作：“十三年，鎮星入太微，有立王徙主之兆。”

[2]十四年五月十七日：《晉書·天文志下》：“十四年五月庚子，有星孛于北斗魁中。”據《二十史朔閏表》，此年五月丙申朔，庚子當五月初五日，與“五月十七日”有矛盾。據下此年七月二十九日爲癸亥，庚子必爲五月五日。

[3]莩星：即孛星。彗星的一種。《史記·天官書》：“星莩于河戍。”《索隱》：“音佩，即孛星也。”《晉書·天文志中》：“二曰孛星，彗之屬也。偏指曰彗，芒氣四出曰孛……災甚於彗。” 北斗魁：北斗七星的第一至第四星爲魁。占星者以爲北斗爲“人君之象，號令之主”，星孛於北斗，天下易主，聖人受命。

[4]十四年七月二十九日：《晋書・天文志下》作"（十四年）七月癸亥"，據《二十史朔閏表》，七月乙未朔，二十九日爲癸亥。

[5]太微中：本書《天文志三》"太微中"作"太微中台"。上相：太微垣有兩個上相星，一爲右垣第五星，一爲左垣第二星。

[6]紫微：天區名。又名紫微垣、紫宮垣。在太微垣和天市垣的中間，共有三十七個星座，爲黄河流域常見不没的天區。

[7]彗星出太微，社稷亡，天下易政。入北斗，帝宮空：《晋書・天文志下》作："彗出太微，社稷亡，天下易王；入北斗、紫微，帝宮空。"

[8]鉤己：指行星去而復來，環行如鉤，成"己"字狀。《晋書・天文志中》："時填星在太微，熒惑繞填星成鉤己。"

[9]端門：太微垣南左垣第一星左執法和右垣第一星右執法叫作"南藩二星"，其中間稱作"端門"。　　積屍：星名。屬胃宿，一星。

[10]留二百六日：指熒惑入、出太微垣的時間。《晋書・天文志中》："十四年十月癸巳，熒惑入太微……其年（恭帝元熙元年）四月丙戌，從端門出。"十月癸亥朔，無癸巳。據本志言，十月一日爲朔日，故"癸巳"當爲"癸亥"之誤。元熙元年（419）四月庚申朔，丙戌爲二十七日。所以，從十月癸亥至來年四月丙戌（四月二十七日）爲二百零四天。"二百六日"誤。

[11]熒惑與鎮星鉤己天廷，天下更紀：占星者以爲是内亂、亡國、天子失位的象徵。《開元占經》卷二一郗萌曰："熒惑與填星環繞之，不出三年，天子失位。"熒惑留逆太微，占同上。《開元占經》卷三六引《荆州占》："熒惑逆行入太微天庭中，爲諸侯將有殺上者。"

[12]斗、牛，曆數之起：古代陰陽合曆以冬至點爲計算一個回歸年的起點，戰國、秦漢間冬至點在牛、斗宿，故云"斗、牛，曆數之起"。

　　元熙元年十二月二十四日，四黑龍登天。[1]《易傳》曰：‘冬龍見，天子亡社稷，大人應天命之符。’[2]《金雌詩》云：‘大火有心水抱之，悠悠百年是其時。’火，宋之分野。水，宋之德也。[3]《金雌詩》又曰：‘云出而兩漸欲舉，短如之何乃相岨，[4]交哉亂也當何所，唯有隱巖殖禾黍，[5]西南之朋困桓父。’[6]兩云，‘玄’字也。短者，云胙短也。巖隱不見，唯應見谷，殖禾谷邊，則聖諱炳明也。《易》曰：‘西南得朋。’故能困桓父也。劉向讖曰：[7]‘上五盡寄致太平，[8]草付合成集群英。’[9]前句則陛下小諱，後句則太子諱也。十一年五月，西明門地陷，水涌出，毀門扉闑。[10]西者，金鄉之門，爲水所毀，此金德將衰，水德方興之象也。[11]太興中，民於井中得棧鐘，上有古文十八字，晋自宣帝至今，數滿十八傳。[12]義熙八年，太社生桑，[13]尤著明者也。夫六，亢位也，[14]漢建安二十五年，一百九十六年而禪魏。[15]魏自黄初至咸熙二年，四十六年而禪晋。晋自泰始至今元熙二年，一百五十六年。三代數窮，咸以六年。”

　　[1]元熙元年十二月二十四日，四黑龍登天：《晋書》卷一〇《恭帝紀》作：“（元熙元年十二月）己卯，太史奏，黑龍四見于東方。”十二月丁巳朔，己卯當爲二十三日，“二十四日”誤。黑龍“登天”與“見于東方”有別，乃傳訛之誤。

　　[2]冬龍見，天子亡社稷，大人應天命之符：《建康實錄》卷一一引駱達奏曰：“元熙元年冬，有黑龍四登于天，《易傳》曰：

'冬，龍見，天子亡社稷，大人受命。'"《南史》卷一《宋武帝紀》與此同。兩史記載與本志小異。今本《易傳》無此文。

[3]水，宋之德也：按五德終始説，晋爲金德，金生水，故宋承晋金德而爲水德。

[4]云出而兩：即兩"云"字，兩云相叠，成"玄"字，指桓玄。桓玄，字敬道，譙國龍亢（今安徽懷遠縣）人。公元402年，舉兵攻入建康，掌握朝政，次年底，代晋自立，國號楚。楚旋爲劉裕所滅，故下云"短祚也"。　岨：岨峿，山體交錯不平，引申爲抵觸。

[5]唯有隱巖殖禾黍：指宋武帝劉裕。隱巖，喻見谷。殖禾黍，即"殖禾谷邊"，以"禾"訛"示"，成"裕"字。故下云："聖諱炳明也。"

[6]西南之朋：語出《易·坤卦》卦辭。意爲在西方或南方獲得同類。喻元興三年二月，劉裕、何無忌等舉義兵於京口，晋帝在西南得到劉裕的勤王之師，因殺桓玄。

[7]劉向讖：當爲托名西漢劉向的一種讖緯之書，故應加書名號，作"《劉向讖》"。標點失誤。

[8]上五盡寄致太平：此句"寄"字喻指宋武帝的小名寄奴。

[9]草付合成集群英：此句隱喻太子諱。指宋少帝的名諱義符。"草""付"二字合成爲"符"字，集群英滅桓玄乃義舉，隱喻"義"字。

[10]"十一年五月"至"毀門扉閾"：《晋書·五行志下》作："（義熙）十年五月戊寅，西明門地穿，涌水出，毀門扇及限。"本書《五行志五》同。十年五月己未朔，戊寅爲二十日。據此，"十一年"當爲"十年"之誤。毀門扉閾，應斷作"毀門扉、閾"。閾，門檻、門限。

[11]金德將衰，水德方興之象也：古以五行配五方，即東方配木、南方配火、西方配金、北方配水、中方配土。西門被毀，喻金德將衰，依次應北方水德興，宋水德，故將興也。

[12]"太興中"至"數滿十八傳":《晋書》卷七二《郭璞傳》:"太興初,會稽剡縣人果於井中得一鍾,長七寸二分,口徑四寸半,上有古文奇書十八字,云'會稽嶽命',餘字時人莫識之。"此以"十八字"附會晋年當爲十八世。

[13]太社:古代天子爲祈福、報功而設立的祭祀土神、穀神的場所,是國家政權的象徵。　生桑:"桑""喪"同音相假,喻有國喪。

[14]夫六,亢位也:亢位,即高位、上位。按《周易》卦爻位説,卦的六爻自下向上數,爲初、二、三、四、五、上。體現了事物由低向高的發展趨勢,第六爻爲上位,象徵事物發展終盡,主窮極必反。故下云"三代(漢、魏、晋)數窮,咸以六年",喻數至六時,窮極必反,朝代更迭。

[15]漢建安二十五年,一百九十六年而禪魏:從東漢光武帝建武元年(25)至建安二十五年(220)爲一百九十六年。

　　少帝即位,[1]景平三年四月,[2]有五色雲見西方。[3]時文帝爲荆州刺史,鎮江陵,[4]尋即大位。文帝元嘉中,[5]謠言錢唐當出天子,[6]乃於錢唐置戍軍以防之。其後孝武帝即大位於新亭寺之禪堂。[7]"禪"之與"錢",音相近也。太宗爲徐州刺史,[8]出鎮彭城,[9]昭太后賜以大珠鹿盧劍,[10]此劍是御服,占者以爲嘉祥。前廢帝永光初,[11]又訛言湘州出天子,[12]幼主欲南幸湘川以厭之,既而湘東王即尊位,[13]是爲明帝。

[1]少帝:即劉義符。小字車兵,劉裕長子。本書卷四有紀。
[2]景平三年四月:本書卷四《少帝紀》:"(景平)二年春二月癸巳朔……乙巳,大風,天有五色雲,占者以爲有兵。"按宋少

帝於景平二年（424）六月癸丑被殺，八月文帝即位，改景平二年爲元嘉元年，故景平無三年。《建康實錄》卷一一作：“（二年二月）丁未，大風，天有五色雲，占曰：‘天錦有兵。’”據此，“景平三年二月”當作“景平二年二月”。景平，宋少帝劉義符年號（423—424）。

　　[3]五色雲見西方：宋文帝當天子的符瑞。五色雲即五色雲氣，占氣者以爲天子氣。《開元占經》卷九四：“天子氣五色如山鎮……氣如龜如鳳，五色隨王時發者，天子氣也。”也有以兵爲占者。

　　[4]荆州：東晉時定治江陵縣。　江陵：縣名。治所在今湖北荆州市荆州區。

　　[5]元嘉：宋文帝劉義隆年號（424—453）。

　　[6]錢唐：縣名。治所在今浙江杭州市。

　　[7]孝武帝：即劉駿。字休龍，小字道民，文帝第三子。本書卷六有紀。　新亭寺之禪堂：《建康實錄》卷一三：“（元嘉三十年四月）戊辰，帝遷營于新城。己巳……即帝位于營所，改新亭爲中興亭。”本書卷六所記略同。明新亭當時無“新亭寺”，更無禪堂，“禪”與“錢”音近云云，蓋後附會。新亭，城名。在今江蘇南京市南，地近江濱，依山築城，是當時軍事、交通重地。

　　[8]太宗：宋明帝劉彧廟號。　徐州：在今江蘇徐州市。

　　[9]彭城：郡名。治所在今江蘇徐州市。

　　[10]鹿盧劍：古劍名。以劍首用玉做成的井鹿盧而得名。《漢書》卷七一《雋不疑傳》注引晉灼曰：“古長劍首以玉作井鹿盧形，上刻木作山形，如蓮花初生未敷時。今大劍木首，其狀似此。”鹿盧劍首在《考古圖》卷八有圖，又引《李氏録》云：“古衣服令有鹿盧玉具劍。《古樂府》曰：‘腰間鹿盧劍’此器以塊然之璞既解爲環，中復爲轉關，而上下之隙僅通絲髮作宛轉其間。今之名玉工皆嘆其所未覩。”

　　[11]前廢帝：即劉子業。小字法師，孝武帝長子。本書卷七有

紀。　永光：宋前廢帝劉子業年號（465）。

[12]湘州：治所在今湖南長沙市。

[13]湘東王：即宋明帝劉彧。字休炳，小字榮期，文帝第十一子。元嘉二十九年（452）封湘東王。本書卷八有紀。

　　史臣謹按，冀州道人法稱所云玉璧三十二枚，宋氏卜世之數者，蓋卜年之數也。謂卜世者，謬其言耳。三十二者，二三十，則六十矣。宋氏受命至於禪齊，凡六十年云。[1]

[1]宋氏受命至於禪齊，凡六十年云：宋劉裕永初元年（420）建宋，至宋順帝劉準昇明三年（479）宋亡，共歷六十年。

宋書　卷二八

志第十八

符瑞中

　　麒麟者，[1]仁獸也。牡曰麒，牝曰麟。不刳胎剖卵則至。麕身而牛尾，狼項而一角，黃色而馬足。含仁而戴義，音中鍾呂，步中規矩，不踐生蟲，不折生草，不食不義，不飲洿池，不入坑穽，不行羅網。明王動靜有儀則見。牡鳴曰逝聖，牝鳴曰歸和，春鳴曰扶幼，夏鳴曰養綏。

　　[1]麒麟：傳説中的一種動物，形狀像鹿，頭上有獨角，全身披鱗甲，牛尾巴。古人以爲仁獸、瑞獸，吉祥的象徵。

　　漢武帝元狩元年十月，[1]行幸雍，[2]祠五畤，[3]獲白麟。
　　漢武帝太始二年三月，[4]獲白麟。
　　漢章帝元和二年以來，[5]至章和元年，[6]凡三年，麒麟五十一見郡國。

漢安帝延光三年七月,[7]麒麟見潁川陽翟。[8]

延光三年八月戊子,麒麟見潁川陽翟。

延光四年正月壬午,麒麟見東郡濮陽。[9]

漢獻帝延康元年,[10]麒麟十見郡國。

吳孫權赤烏元年八月,[11]武昌言麒麟見。[12]又白麟見建業。

晉武帝泰始元年十二月,[13]麒麟見南郡枝江。[14]

[1]元狩:漢武帝劉徹年號(前122—前117)。

[2]雍:地名。在今陝西鳳翔縣。

[3]五畤:秦漢時祭祀五色天帝的處所。《史記·孝武本紀》:"上初至雍,郊見五畤。"《正義》:"先是文公作鄜畤,祭白帝;秦宣公作密畤,祭青帝;秦靈公作吳陽上畤、下畤,祭赤帝、黃帝;漢高祖作北畤,祭黑帝:是五畤也。"

[4]太始:漢武帝劉徹年號(前96—前93)。

[5]元和:漢章帝劉炟年號(84—87)。

[6]章和:漢章帝劉炟年號(87—88)。

[7]延光:漢安帝劉祜年號(122—125)。

[8]潁川:郡名。秦置。治所在陽翟。 陽翟:縣名。治所在今河南禹州市。《後漢書》卷五《孝安帝紀》:"潁川上言木連理。白鹿、麒麟見陽翟。"

[9]東郡:治所在濮陽,即今河南濮陽市。

[10]延康:漢獻帝劉協年號(220)。

[11]赤烏:三國吳孫權年號(238—251)。

[12]武昌:地名。治所在今湖北鄂州市。

[13]泰始:晉武帝司馬炎年號(265—274)。

[14]南郡：西晋時治所在今湖北荆州市荆州區。　枝江：縣名。治所在今湖北枝江市。

晋武帝咸寧五年二月甲午，[1]白麟見平原鬲縣。[2]
咸寧五年九月甲午，麒麟見河南陽城。[3]
晋武帝太康元年四月，[4]白麟見頓丘。[5]
晋愍帝建興二年九月丙戌，[6]麒麟見襄平，[7]州刺史崔毖以聞。[8]
晋元帝太興元年正月戊子，[9]麒麟見豫章。[10]
晋成帝咸和八年五月己巳，[11]麒麟見遼東。[12]

[1]咸寧：晋武帝司馬炎年號（275—280）。

[2]平原：郡名。治所在今山東平原縣。　鬲縣：治所在今山東平原縣北。《晋書》卷三《武帝紀》：“二月甲午，白麟見于平原。”不言鬲縣。

[3]河南：郡名。治所在今河南洛陽市。　陽城：縣名。治所在今河南登封市告成鎮。《晋書·武帝紀》：“九月甲午，麟見于河南。”不言陽城。

[4]太康：晋武帝司馬炎年號（280—289）。

[5]頓丘：縣名。治所在今河南浚縣。

[6]建興：晋愍帝司馬鄴年號（313—317）。

[7]襄平：縣名。治所在今遼寧遼陽市。

[8]崔毖：人名。永嘉之亂，西晋滅亡，幽州刺史王浚任命妻舅崔毖爲平州刺史、東夷校尉。時前燕慕容廆興起，向外擴張勢力。崔毖於太興元年（318）聯合高句麗、鮮卑宇文部、段部共攻慕容廆，結果中了慕容廆的離間計，大敗，崔毖逃奔高句麗，不知所終。

[9]太興：晋元帝司馬睿年號（318—321）。　正月戊子：《晋

書》卷六《元帝紀》：“太興元年正月戊申朔。”正月無戊子，戊子當在二月。

[10]豫章：西漢分九江郡治，治所在今江西南昌市。

[11]咸和：晉成帝司馬衍年號（326—334）。

[12]遼東：郡名。治所在今遼寧遼陽市老城區。

鳳凰者，[1]仁鳥也。不刳胎剖卵則至。或翔或集。雄曰鳳，雌曰凰。蛇頭燕頷，龜背鼈腹，鶴頸雞喙，鴻前魚尾，青首駢翼，鷺立而鴛鴦思。[2]首戴德而背負仁，項荷義而膺抱信，足履正而尾繫武。[3]小音中鍾，大音中鼓。延頸奮翼，五光備舉。興八風，[4]降時雨，食有節，飲有儀，往有文，來有嘉，遊必擇地，飲不妄下。其鳴，雄曰“節節”，雌曰“足足”。晨鳴曰發明，晝鳴曰上朔，夕鳴曰歸昌，昏鳴曰固常，夜鳴曰保長。其樂也，徘徊徊徊，雍雍喈喈。唯鳳皇爲能究萬物，通天祉，象百狀，達王道，率五音，[5]成九德，[6]備文武，正下國。故得鳳之象，一則過之，二則翔之，三則集之，四則春秋居之，五則終身居之。

[1]鳳凰：傳說中的神鳥。常用來象徵瑞應。以下對鳳凰的描述，見《韓詩外傳》卷八。

[2]“蛇頭燕頷”至“鷺立而鴛鴦思”：《説文解字》：“鳳之像也，麐前鹿後，蛇頸魚尾，龍文龜背，燕頷雞喙，五色備舉。”與此稍異。

[3]“首戴德而背負仁”至“足履正而尾繫武”：《山海經·南山經》，“丹穴之山……有鳥焉，其狀如雞，五采而文，名曰鳳皇。首文曰德，翼文曰義，背文曰禮，膺文曰仁，腹文曰信。是鳥也，

飲食自然，自歌自舞，見則天下安寧。”

[4]八風：八種季節候風。《易緯通卦驗》：“八節之風謂之八風。立春條風至，春分明庶風至，立夏清明風至，夏至景風至，立秋涼風至，秋分閶闔風至，立冬不周風至，冬至廣莫風至。”

[5]率五音：《史記·樂書》：“聲音之道，與正通矣。宮爲君，商爲臣，角爲民，徵爲事，羽爲物。五者不亂，則無怗滯之音矣。”

[6]九德：《尚書·皋陶謨》、《左傳》昭公二十八年、《逸周書·常訓》各有不同説法，《逸周書》：“九德，忠、信、敬、剛、柔、和、固、貞、順。”

漢昭帝始元三年十月，[1]鳳皇集東海，[2]遣使祠其處。

漢宣帝本始元年五月，[3]鳳皇集膠東。[4]

本始四年五月，鳳皇集北海。[5]

漢宣帝地節二年四月，[6]鳳皇集魯，[7]群鳥從之。

漢宣帝元康元年三月，[8]鳳皇集泰山、陳留。[9]

元康四年，南郡獲威鳳。[10]

漢宣帝神雀二年二月，[11]鳳皇集京師，[12]群鳥從之以萬數。

神雀四年春，鳳皇集京師。

神雀四年十月，鳳皇十一集杜陵。[13]

神雀四年十二月，鳳皇集上林。[14]

[1]始元：漢昭帝劉弗陵年號（前86—前80）。

[2]東海：郡名。治所在今山東郯城縣。

[3]本始：漢宣帝劉詢年號（前73—前70）。

[4]膠東：郡名。治所在今山東平度市。

　　［5］北海：郡名。治所在今山東昌樂縣。

　　［6］地節：漢宣帝劉詢年號（前69—前66）。

　　［7］魯：縣名。治所在今山東曲阜市東古城。

　　［8］元康：漢宣帝劉詢年號（前65—前62）。

　　［9］泰山：郡名。治所在今山東泰安市東南。　陳留：郡名。治所在今河南開封市祥符區陳留鎮。

　　［10］南郡：治所在今湖北荆州市荆州區。

　　［11］神雀：即神爵。“雀”“爵”古通用，下同。漢宣帝劉詢年號（前61—前58）。《漢書》卷八《宣帝紀》：“其以五年（元康五年）爲神爵元年。”　二月：當爲正月乙丑。《漢書·宣帝紀》：“二年春二月，詔曰：‘乃者正月乙丑，鳳皇甘露降集京師，群鳥從以萬數。’”本志誤把二月詔當作鳳皇降集之時。

　　［12］京師：長安。西漢高帝七年（前200）建都於此，在今陝西西安市西北渭水南岸。

　　［13］杜陵：漢宣帝元康元年（前65）以杜縣改置，以宣帝陵在此得名，治所在今陝西西安市長安區東北。

　　［14］上林：苑名。秦漢時帝王射獵、游樂之所。在今陝西西安市西及周至、户縣界，周三百餘里。

　　漢宣帝甘露三年二月，[1]鳳皇集新蔡，[2]群鳥四面行列，皆向鳳皇立，以萬數。

　　漢光武建武十七年十月，[3]鳳皇五，高八九尺，毛羽五采，集潁川郡，群鳥並從行列，蓋地數頃，留十七日乃去。

　　［1］甘露：漢宣帝劉詢年號（前53—前50）。

　　［2］新蔡：縣名。治所在今河南新蔡縣。

　　［3］建武：漢光武帝劉秀年號（25—56）。《後漢書》卷一下

《光武帝紀下》作："有五鳳皇見於潁川之郏縣。十二月，至自章陵。"與本志稍異。

漢章帝元和二年以來，至章和元年，凡三年，鳳皇百三十九見郡國。

漢安帝延光三年二月，車駕東巡。其月戊子，鳳皇集濟南臺縣丞霍收舍樹上，[1]賜臺長巖帛十五匹，收二十匹，尉半之，吏卒人三匹；鳳皇所過亭部，無出今年田租；賜男子爵人二級。[2]

延光三年十月壬午，鳳皇集京兆新豐西界槐樹。[3]

漢桓帝建和元年十一月，[4]鳳皇見濟陰己氏。[5]

漢靈帝光和四年秋，[6]五色大鳥見新城，[7]群鳥隨之。民皆謂之鳳皇。

漢獻帝延康元年八月，石邑縣言鳳皇集。[8]又郡國十三言鳳皇見。

吳孫權黃武五年七月，[9]蒼梧言鳳皇見。[10]

孫權黃龍元年四月，[11]夏口、武昌並言鳳皇見。[12]

[1]濟南：國、郡名。治所在今山東濟南市。　臺縣：治所在今山東濟南市歷城區。　霍收：人名。《後漢書》卷五《孝安帝紀》一見，其事不詳。

[2]賜臺長巖帛十五匹：《後漢書·孝安帝紀》作"賜臺長帛五十匹"。　爵：指軍功爵。爵位爲二十級，秦漢沿用。

[3]京兆：官名。即京兆尹。西漢京畿地方行政長官之一。秩二千石，列九卿。西漢太初元年（前104）改右內史置。治所在今陝西西安市西北。三國魏改爲郡。　新豐：縣名。西漢高帝十年（197）以驪邑縣改名。治所在今陝西西安市臨潼區東北陰盤城。

　　[4]建和：漢桓帝劉志年號（147—149）。中華本校勘記云："'建和元年'各本並作'元嘉元年'，據《後漢書·桓帝紀》改。"

　　[5]鳳皇：《後漢書》卷七《孝桓帝紀》"鳳皇"作"五色大鳥"。　濟陰：郡名。治所在今山東定陶縣。　己氏：縣名。治所在今山東曹縣東南。

　　[6]光和：漢靈帝劉宏年號（178—184）。

　　[7]新城：縣名。漢代新城有二：一爲漢元年（前206）以咸陽縣改名，治所在今陝西咸陽市東北二十二里聶家溝；一爲漢惠帝四年置，治所在今河南伊川縣西南。據《後漢書》卷八《孝靈帝紀》："河南言鳳皇見新城"。此新城當爲後者。

　　[8]石邑：縣名。治所在今河北鹿泉市。

　　[9]黃武：三國吳孫權年號（222—229）。

　　[10]蒼梧：郡名。治所在今廣西梧州市。

　　[11]黃龍：三國吳孫權年號（229—231）。

　　[12]夏口：城名。在今湖北武漢市黃鵠山上。中華本校勘記云："'夏口'，三朝本作'舉口'，北監本、毛本、殿本、局本作'樊口'。今據《三國志·吳志·吳主權傳》、《元龜》二〇一改。"

　　吳孫亮建興二年十一月，[1]大鳥五見于春申。[2]

　　吳孫晧建衡四年正月，[3]西苑言鳳皇集。

　　晉武帝泰始元年十二月，鳳皇見上黨高都。[4]

　　泰始元年十二月，鳳皇二見河南山陽。[5]

　　泰始元年十二月，鳳皇三見馮翊下邽。[6]

　　晉穆帝升平四年二月辛亥，[7]鳳皇將九子見鄹鄉之豐城。[8]十二月甲子，又見豐城，眾鳥隨從。

　　升平五年四月己未，鳳皇集沔北，[9]至于辛酉。百姓聚觀之。

宋武帝永初元年七月戊戌，[10]鳳皇見會稽山陰。[11]

文帝元嘉十四年三月丙申，[12]大鳥二集秣陵民王顗園中李樹上，[13]大如孔雀，頭足小高，毛羽鮮明，文采五色，聲音諧從，衆鳥如山雞者隨之，如行三十步頃，東南飛去。揚州刺史彭城王義康以聞。[14]改鳥所集永昌里曰鳳皇里。

孝武帝孝建元年正月庚申，鳳皇見丹徒愒賢亭，[15]雙鵠爲引，衆鳥陪從。征虜將軍武昌王渾以聞。[16]

[1]孫亮：人名。孫權少子，繼權爲吳皇帝。因孫綝政變，被貶爲會稽王。後自殺（一說爲孫休鴆殺）。《三國志》卷四八有傳。
建興：三國吳會稽王孫亮年號（252—253）。

[2]春申：史無確考，或泛指春申江（也稱申江，今上海黃埔江）一帶。

[3]孫晧：人名。三國吳末帝。《三國志》卷四八有傳。　建衡四年正月：中華本校勘記云：“‘建衡’各本並作‘寶鼎’，據《三國志·吳志·孫晧傳》改。晧傳，晧改寶鼎四年爲建衡元年。建衡之三年，西苑言鳳皇見，又改明年爲鳳皇元年。”據此，建衡無四年，則“四年正月”應據本志引徵體例改作“三年春正月”。建衡，三國吳末帝孫晧年號（269—271）。

[4]上黨：郡名。治所在今山西黎城縣南古城。　高都：縣名。治所在今山西晉城市。

[5]山陽：縣名。治所在今河南焦作市。

[6]馮翊：郡名。治所在今陝西大荔縣。　下邽：縣名。治所在今陝西渭南市北下邽鎮東南渭河北岸。

[7]升平：晉穆帝司馬聃年號（357—361）。

[8]鄖鄉：縣名。治所在今湖北隕縣。　豐城：縣名。治所在

今江西豐城市南。此處鄡鄉縣不可能轄豐城縣,《晋書》卷八《穆帝紀》作:"二月,鳳皇將九雛見于豐城……十一月……鳳皇復見豐城,衆鳥隨之",未言鄡鄉和十二月甲子,應據改。

[9]沔:即沔水,今漢江和自武漢市以下的長江的通稱。

[10]永初:宋武帝劉裕年號(420—422)。

[11]會稽:郡名。治所在今浙江紹興市。　山陰:縣名。治所在今浙江紹興市。

[12]元嘉:宋文帝劉義隆年號(424—453)。　十四年三月丙申:《建康實錄》卷一二作:"十四年正月辛卯……戊戌,鳳凰二見於京師,有鳥隨之,改其地爲鳳凰里"。未知孰是。

[13]秣陵:縣名。治所在今南京市中華門外故報恩寺附近。王顗:人名。本書僅一見,其事不詳。

[14]揚州:治所在今江蘇南京市。　義康:人名。即劉義康。字車子,宋武帝子。本書卷六八有傳。

[15]孝建:宋孝武帝劉駿年號(454—456)。　丹徒:縣名。治所在今江蘇鎮江市丹徒區。

[16]征虜將軍:官名。也作高級文職官員的加官。三品。渾:人名。即劉渾。字休淵,文帝第十子。本書卷七九有傳。

　　神鳥者,赤神之精也,[1]知音聲清濁和調者也。雖赤色而備五采,雞身,鳴中五音,肅肅雍雍。喜則鳴舞,樂處幽隱。風俗從則至。[2]

　　漢宣帝五鳳三年三月辛丑,[3]神鳥集長樂宮東闕樹上,[4]又飛下地,五采炳發,留十餘刻。[5]

　　漢章帝元和中,神鳥見郡國。

　　[1]神鳥:本作"鸞鳥"。爲避齊明帝蕭鸞之諱而改作"神鳥"。　赤神:南方之神,神鳥乃四象中的南方之象,故曰赤神

之精。

[2]“赤色而備五采”至“風俗從則至”：《後漢書》卷三《孝章帝紀》李賢注引孫柔之《瑞應圖》曰：“鸞鳥者，赤神之精，鳳皇之佐。雞身赤尾，色亦披五彩，鳴中五音。人君進退有度，親疏有序，則至也。”

[3]五鳳：漢宣帝劉詢年號（前57—前54）。

[4]長樂宮：西漢高帝時在長安就秦興樂宮改建而成的朝宮，漢惠帝後爲太后居地。

[5]刻：刻漏所指示的時間單位。《説文解字》：“漏，以銅受水，刻節，晝夜百刻。”漢代絕大部分時間實行百刻制，與十二時辰配合計時，每時合25/3刻。因未能整除，建平二年（前5）、居攝三年（8）改爲一百二十刻制，但通行未久即廢。

　黃龍者，四龍之長也。[1]不漉池而漁，德至淵泉，則黃龍游於池。能高能下，能細能大，能幽能冥，能短能長，乍存乍亡。

　赤龍、《河圖》者，地之符也。王者德至淵泉，則河出《龍圖》。[2]

[1]四龍：指四方之龍，即東方青龍、南方赤龍、西方白龍、北方黑龍。黃龍居中方，故曰四龍之長。

[2]河出《龍圖》：語出《易·繫辭上》。指黃河出現龍圖。是關於《周易》卦形來源的傳説。河，黃河。歷代對河圖有不同解釋。或視作書名，如《春秋緯》云：“河龍圖發，洛龜書成，河圖有九篇，洛書有六篇也。”李鼎祚《周易集解》卷一四引《尚書·顧命》：“大玉、夷玉、天球、河圖，在東序。”孔安國傳：“伏犧王天下，龍馬出河，遂則其文，以畫八卦，謂之‘河圖’。”此説認爲伏義取法龍馬身上如星點的旋毛花紋而畫八卦。自宋初陳摶創

"龍圖易"後，多認爲是圖式。北宋劉牧將九宮圖稱爲河圖，將五行生成圖稱爲洛書。南宋蔡元定反之，將五行生成圖稱爲河圖，將九宮圖稱爲洛書。朱熹《周易本義》沿其説，後世所稱一般依此爲準。南宋薛季宣認爲河圖洛書是周王朝的地圖和地理志圖籍，清黄宗羲、胡渭等認爲是古代四方向中央所上的圖經一類。今人高亨認爲河圖洛書可能是古代的地理書，韓永賢認爲是上古游牧時代的氣象圖和方位圖（參見韓永賢《對河圖洛書的探究》，《内蒙古社會科學》1988 年第 3 期）。

漢惠帝二年正月癸酉，兩龍見蘭陵人家井中。[1]

漢文帝十五年春，黄龍見成紀。[2]

漢宣帝甘露元年四月，黄龍見新豐。

漢成帝鴻嘉元年冬，黄龍見真定。[3]

漢成帝永始二年二月癸未，黄龍見東萊。[4]

漢光武建武十二年六月，黄龍見東阿。[5]

漢章帝元和二年以來，至章和元年，凡三年，黄龍四十四見郡國。

元和中，青龍見郡國。

元和中，白龍見郡國。

漢安帝延光元年八月辛卯，黄龍見九真。[6]

延光三年九月辛亥，黄龍見濟南歷城。[7]

延光三年十二月乙未，黄龍見琅邪諸縣。[8]

延光四年正月壬午，黄龍二見東郡濮陽。

漢桓帝建和元年二月，黄龍見沛國譙。[9]

漢桓帝元嘉二年八月，黄龍見濟陰句陽，又見金城允街。[10]

漢桓帝永康元年八月，黃龍見巴郡。[11]

漢獻帝延康元年三月，黃龍見譙。又郡國十三言黃龍見。

[1]漢惠帝：即劉盈。無年號。《漢書》卷二有紀。　蘭陵：縣名。治所在今山東蒼山縣蘭陵鎮。

[2]成紀：縣名。治所在今甘肅静寧縣西南。

[3]鴻嘉：漢成帝劉驁年號（前20—前17）。　真定：縣名。治所在今河北正定縣。

[4]永始：漢成帝劉驁年號（前16—前13）。　黃龍見東萊：此次龍見，不是符瑞。《漢書》卷一〇《成帝紀》：“二月癸未夜，星隕如雨。乙酉晦，日有蝕之。詔曰：‘乃者，龍見于東萊，日有蝕之。天著變異，以顯朕郵。’”顏師古曰：“郵與尤同，謂過也。”龍，本志錯爲“黃龍”。龍見與日蝕並提，都爲灾異之徵。東萊，郡名。治所在今山東萊州市。

[5]東阿：縣名。治所在今山東陽穀縣阿城鎮。

[6]九真：郡名。治所在今越南清化省。《後漢書》卷五《孝安帝紀》：“辛卯，九真言黃龍見，無功。”

[7]濟南：國名。　歷城：縣名。秦置，此時屬濟南國。治所在今山東濟南市歷城區。

[8]琅邪：郡國名。治所在今山東諸城市。　諸縣：治所在今山東諸城市西南。

[9]沛國：國名。治所在今安徽濉溪縣。　譙：縣名。治所在今安徽亳州市。

[10]句陽：縣名。治所在今山東菏澤市北。　金城：郡名。治所在今甘肅永靖縣西北湟水南岸。　允街：縣名。治所在今甘肅永登縣南莊浪河西岸。

[11]永康：漢桓帝劉志年號（167）。　黃龍見巴郡：此次黃

龍見，也被認爲是妖孽。《後漢書》卷七《孝桓帝紀》李賢注引《續漢志》曰：“桓帝政化衰缺，而多言瑞應，皆此類也。先儒言瑞興非時，則爲妖孽，而人言生龍，皆龍孽也”。巴郡，治所在今重慶市。

　　魏明帝青龍元年正月甲申，青龍見郟之摩陂井。[1]帝親與羣臣共觀之，既而詔畫工圖寫，龍潛而不見。

　　魏明帝景初元年二月壬辰，山茌縣言黃龍見。[2]

　　魏少帝正元元年十月戊戌，黃龍見鄴井中。[3]

　　魏少帝甘露元年正月辛丑，青龍見軹縣井中凡二。[4]

　　甘露元年六月，青龍見元城縣界井中。[5]

　　甘露二年二月，青龍見溫縣井中。[6]

　　甘露三年八月甲戌，黃龍、青龍仍見頓丘、冠軍、陽夏縣井中。[7]

　　甘露四年正月，黃龍二見寧陵縣井中。[8]

　　魏元帝景元元年十二月甲申，黃龍見莘縣井中。[9]

　　[1]青龍：三國魏明帝曹叡年號（233—237）。　郟：縣名。治所在今河南郟縣。　摩陂：地名。在今河南郟縣東南。中華本以“摩陂井”爲名詞，誤。《三國志》卷三《魏書·明帝紀》作：“青龍見郟之摩陂井中。二月丁酉，幸摩陂觀龍。”

　　[2]景初：三國魏明帝曹叡年號（237—239）。　山茌：縣名。治所在今山東濟南市長清區。中華本校勘記云：“按此條舊在‘魏明帝青龍元年正月甲申’條之上。查青龍元年爲公元233年，當在前；景初元年爲公元237年，當在後。今訂正。”

　　[3]魏少帝：即曹髦。曹丕孫，公元260年爲司馬昭所殺，死

後無謚號，史稱高貴鄉公。　正元：三國魏高貴鄉公曹髦年號（254—256）。　鄴：縣名。治所在今河北臨漳縣鄴鎮。

[4]甘露：三國魏高貴鄉公曹髦年號（256—260）。　軹縣：治所在今河南濟源市南。

[5]元城：縣名。治所在今河北大名縣。

[6]溫縣：治所在今河南溫縣。

[7]冠軍：縣名。治所在今河南鄧州市。　陽夏：縣名。治所在今河南太康縣。

[8]寧陵：縣名。治所在今河南寧陵縣。此條見《三國志》卷四《魏書·高貴鄉公髦紀》裴松之注引《漢晉春秋》曰：“是時龍仍見，咸以爲吉祥。帝曰：‘龍者，君德也。上不在天，下不在田，而數屈於井，非嘉兆也。’仍作《潛龍》之詩以自諷，司馬文王見而惡之。”此條龍瑞，連曹髦也不以爲吉兆。

[9]景元：三國魏元帝曹奐年號（260—264）。　莘縣：治所在今山東莘縣。中華本校勘記云：“‘莘縣’《三國志·魏志·陳留王紀》作‘華陰縣’。”華陰縣治所在今陝西華陰市。三國時尚無莘縣之置，當據《三國志》改。

　　景元三年二月，青龍見軹縣井中。

　　劉備未即位前，黃龍見武陽赤水，[1]九日乃去。

　　吳孫權黃武元年三月，鄱陽言黃龍見。[2]

　　吳孫權黃龍元年四月，夏口、武昌並言黃龍見。[3]權因此改元。作黃龍牙，[4]常在軍中，進退視其所向，命胡綜爲賦。[5]

　　吳孫權赤烏五年三月，海鹽縣言黃龍見縣井中二。[6]

　　赤烏十一年，雲陽言黃龍見。黃龍二又見武陵吳壽，[7]光色炫燿。

　　吳孫休永安四年九月，布山言白龍見。[8]

　　永安五年七月，始新言黃龍見。[9]

　　永安六年四月，泉陵言黃龍見。[10]

　　[1]劉備未即位前：據《三國志》卷三二《蜀書・先主傳》建安二十五年（220）太傅許靖等上言：“聞黃龍見武陽赤水，九日乃去。”爲此所本。“未即位前”當爲其取漢中後至許靖上書前的一段時間，即公元219年至220年。　武陽：縣名。治所在今四川彭山縣東。　赤水：在今四川彭山縣東北。《水經注》卷三三云：“武陽縣有赤水，下注江，建安二十九年，有黃龍見此水，九日方去。”“建安二十九年”誤，當爲建安二十五年以前。

　　[2]鄱陽：郡名。治所在今江西鄱陽縣東北。

　　[3]夏口：中華本校勘記云：“‘夏口’三朝本作‘舉口’。毛本作‘舉兵’。北監本、殿本、局本、《藝文類聚》九九作‘樊口’。今從《三國志・吳志・吳主權傳》、《元龜》二〇一改。”

　　[4]黃龍牙：即用象牙雕飾作黃龍的大牙旗。《三國志》卷六二《吳書・胡綜傳》作“黃龍大牙”。牙，旗也。《文選》張衡《東京賦》：“戈矛若林，牙旗繽紛。”薛綜注：“兵書曰，牙旗者，將軍之旌。謂古者天子出，建大牙旗，竿上以象牙飾之，故云牙旗。”

　　[5]胡綜：人名。字偉則，汝南固始（今河南固始縣）人。拜右中郎將，封亭侯。《三國志》卷六二有傳。

　　[6]海鹽：縣名。治所在今浙江平湖市乍浦鎮。

　　[7]雲陽：縣名。治所在今江蘇丹陽市。　武陵：郡名。治所在今湖南常德市。　吳壽：縣名。治所在今湖南常德市。

　　[8]永安：三國吳景帝孫休年號（258—264）。　布山：縣名。治所在今廣西桂平市古城。中華本校勘記云：“‘布山’各本並作

‘市山’，據《三國志・吳志・孫休傳》改。按布山，前漢縣，晋尚未廢。即今廣西貴縣縣治。時無縣名‘市山’者。”

　[9]始新：縣名。治所在今浙江淳安縣西北新安江北岸。

　[10]泉陵：縣名。治所在今湖南永州市零陵區。

　　晋武帝泰始元年十二月，青龍二見濟陰定陶。[1]

　　泰始元年十二月，青龍見魏郡湯陰。[2]

　　泰始元年十二月，黃龍見河南洛陽洛濱。[3]

　　泰始元年十二月，白龍二見太原祁。[4]

　　泰始二年七月壬午，黃龍見巴西閬中。[5]

　　泰始三年四月戊午，有司奏：“張掖太守焦勝言，[6]氏池縣大柳谷口青龍見。”[7]

　　晋武帝咸寧二年六月丙申，白龍二見于新興九原居民井中。[8]

　　咸寧二年十月庚午，黃龍二見于漢嘉靈關。[9]

　　咸寧二年十一月癸巳，白龍二見須度支部。[10]

　　[1]定陶：縣名。治所在今山東定陶縣。

　　[2]魏郡：治所在今河北臨漳縣鄴鎮。　湯陰：縣名。西晋尚無湯陰縣之置，疑“湯陰”應作“蕩陰”，治所在今河南湯陰縣。

　　[3]洛陽：縣名。時屬河南郡。治所在今河南洛陽市。　洛濱：洛陽段洛河之濱。

　　[4]太原：郡名。治所在今山西太原市。　祁：縣名。治所在今山西祁縣祁城。

　　[5]巴西：郡名。治所在今四川閬中市。　閬中：縣名。治所在今四川閬中市。

　　[6]有司：官吏和官署的泛稱。古設官分職，各有專司，故稱

有司。　焦勝：人名。《晉書》僅一見，其事不詳。

[7]氐池：縣名。治所在今甘肅民樂縣。按《晉書》卷三《武帝紀》："夏四月戊午，張掖太守焦勝上言，氐池縣大柳谷口有玄石一所，白畫成文，實大晉之休祥，圖之以獻。"不言青龍見事。又中華本校勘記云："'氐池縣'各本並作'玄池縣'，據《晉書·武帝紀》改。"

[8]新興：郡名。治所在九原縣。　九原：縣名。治所在今山西忻州市。

[9]漢嘉：郡名。治所在今四川名山縣。　靈關：在今四川蘆山縣。

[10]須度支部：中華本校勘記云："'須度支部'四字《晉書·武帝紀》作'于梁國'。"

　　咸寧五年十一月甲寅，青龍見京兆霸城。[1]
　　晉武帝太康元年八月，白龍三見于永昌。[2]
　　太康三年閏四月己丑，[3]白龍二見濟南歷城。
　　太康五年正月癸卯，青龍二見武庫井中。帝親往觀之。
　　太康六年九月，白龍見京兆陰槃。[4]
　　太康九年十二月戊申，青龍一見魯國公丘居民井中。[5]
　　晉惠帝元康七年三月己酉朔，成皋縣獄有龍昇天。[6]

　[1]霸城：縣名。治所在今陝西西安市。

　[2]永昌：縣名。治所在今湖南祁東縣。中華本校勘記云："各本並脫"于永昌"三字，據《晉書·武帝紀》補。"

[3]太康三年閏四月己丑："己丑"《晋書》卷三《武帝紀》作"癸丑"。此年閏四月丙子朔，十四日己丑，《晋書》誤。中華本校勘記云："各本並脫'四'字，據《晋書·武帝紀》補。"

[4]太康六年九月：《晋書·武帝紀》作"八月丙戌朔"。未知孰是。　陰槃：縣名。治所在今陝西西安市臨潼區。

[5]青龍一見魯國公丘居民井中：《晋書·武帝紀》作"戊申，青龍、黄龍各一見于魯國"。多"黄龍"二字，無"公丘居民井中"六字。公丘，縣名。東漢改公丘侯國爲縣。治所在今山東滕州市。

[6]元康：晋惠帝司馬衷年號（291—299）。　成皋：縣名。治所在今河南滎陽市西北氾水鎮。

宋武帝永初元年七月，青龍見義興陽羨。[1]

永初元年八月，青龍二見南郡江陵。[2]

文帝元嘉十三年九月己酉，會稽郡西南向曉，忽大光明，有青龍騰躍凌雲，久而後滅。吳興諸處並以其日同見光景。[3]揚州刺史彭城王義康以聞。

元嘉二十一年十月己丑，永嘉永寧見黄龍自雲而下，[4]太守臧藝以聞。[5]

元嘉二十五年五月丁丑，黑龍見玄武湖北，[6]苑丞王世宗以聞。[7]

元嘉二十五年五月戊戌，黑龍見玄武湖東北隄，揚州野吏張立之以聞。[8]

元嘉二十五年八月辛亥，黄龍見會稽，太守孟顗以聞。[9]

元嘉二十五年，廣陵有龍自湖水中升天，[10]百姓皆見。

　　孝武帝孝建二年七月癸丑，黄龍見石頭城外水濱，[11]中護軍湘東王彧以聞。[12]

　　孝建三年五月己未，龍見臨川郡，[13]江州刺史東海王禕以聞。[14]

　　孝武大明元年五月癸亥，[15]黑龍見晉陵占石邨，[16]改邨爲津里。

　　[1]義興：郡名。治陽羨縣。　陽羨：縣名。治所在今江蘇宜興市南荆溪南岸。

　　[2]江陵：縣名。治所在今湖北荆州市荆州區。

　　[3]吴興：郡名。治所在今浙江湖州市吴興區。

　　[4]永嘉：郡名。治所在今浙江溫州市。

　　[5]臧藝：人名。本志二見，其事不詳。

　　[6]黑龍見玄武湖北：《建康實録》卷一二作“丁丑，青龍見於玄武湖南”。玄武湖，今江蘇南京市玄武湖。

　　[7]苑丞：官名。掌御苑之官，當時設樂游苑、上林苑、南苑等御苑，各設苑丞。　王世宗：人名。本志三見，其事不詳。

　　[8]張立之：人名。本志一見，其事不詳。

　　[9]孟顗：人名。字彦重，先後任東陽、會稽等郡太守。事見本書卷六六《何尚之傳》。

　　[10]廣陵：縣名。治所在今江蘇揚州市西北蜀崗上。

　　[11]石頭城：古城名。在今江蘇南京市西清涼山。本楚威王所置金陵邑，孫權重築改名石首城，簡稱石城。

　　[12]中護軍：官名。掌督護京師以外地方諸軍。三品。　彧：人名。即宋明帝劉彧。文帝第十一子，元嘉二十九年由淮陽王改封湘東王。本書卷八有紀。

　　[13]臨川郡：治所在今江西撫州市臨川區。

　　[14]江州：治所在今湖北黄梅縣。　禕：人名。即劉禕。宋文

帝第八子，元嘉二十二年封東海王。本書卷七九有傳。

［15］大明：宋孝武帝劉駿年號（457—464）。

［16］晋陵：郡名。治所在今江蘇常州市。　　占石邨：地名。在今江蘇常州市武進區。

靈龜者，神龜也。[1]王者德澤湛清，漁獵山川從時則出。五色鮮明，三百歲游於蓮葉之上，三千歲常游於卷耳之上。[2]知存亡，明於吉凶。禹卑宫室，靈龜見。

玄龜書者，天符也。王者德至淵泉，則雒出龜書。[3]

［1］靈龜者，神龜也：《御覽》卷九三一引《洛書》曰：“靈龜者，玄文五色，神靈之精也，上隆法天，下平法地，能見存亡，明於吉凶，王者不偏黨，尊耆老則出。”

［2］三百歲游於蓮葉之上，三千歲常游於卷耳之上：《御覽》卷九三一引《逸禮》曰：“龜者，陰蟲之老也。龜三千歲上游於卷耳之上。”引《抱朴子》曰：“人言浮於蓮葉之上，或在叢蓍之下。”引《論衡》曰：“龜三百歲，大如錢，游華葉上，三千歲則青邊有距。”可見龜游有多種傳説。卷耳，又名蒼耳，菊科植物。葉如鼠耳，叢生如盤。

［3］雒出龜書：指洛水出現龜書。是古代關於《尚書·洪範》“九疇”創作過程的傳説。雒，洛水。《尚書·洪範》：“天乃錫禹洪範九疇，彝倫攸叙。”孔安國傳：“天與禹，洛出書。神龜負文而出，列於背，有數至于九，禹遂因而第之以成九類常道。”故曰龜書爲天降瑞符。北宋時始以九宫圖式爲洛書。1977年出土的西漢初期的太一九宫占盤上有一對九、二對八、三對七、四對六的圖式，與洛書圖式布局完全相符（參見安徽省文物工作隊等《阜陽雙古堆西漢汝陰侯墓發掘簡報》，《文物》1978年第8期）。説明西漢初期

已有被後世認爲是洛書的九宮圖式。

　　魏文帝初，神龜出於靈池。[1]

　　吳孫權時，靈龜出會稽章安。[2]

　　魏元帝咸熙二年二月甲辰，[3]朐䐉縣獲靈龜以獻。[4]

　　晋長沙王乂坐同産兄楚王瑋事，[5]徙封常山，[6]後還復國。在常山穿井，入地四丈，得白玉方三四尺。玉下有大石，其中有龜長二尺餘，時人以爲復國之祥。

　　宋文帝元嘉十九年四月戊申，白龜見吳興餘杭，[7]太守文道恩以獻。[8]

　　元嘉二十年四月辛卯，白龜見吳興餘杭，揚州刺史始興王濬以聞。[9]

　　元嘉二十四年十月甲午，揚州刺史始興王濬獲白龜以獻。

　　孝武帝大明三年三月戊子，毛龜見宣城廣德，[10]太守張辯以獻。[11]

　　大明四年六月壬寅，車駕幸籍田，白龜見于千畝，尚書右僕射劉秀之以獻。[12]

　　大明七年八月乙未，毛龜見新安王子鸞第，獲以獻。[13]

　　明帝泰始二年八月丙辰朔，四眼龜見會稽，會稽太守巴陵王休若以獻。[14]

　　泰始二年八月丙寅，六眼龜見東陽長山，[15]文如爻卦，太守劉勰以獻。[16]

　　泰始六年九月己巳，八眼龜見吳興故鄣，[17]太守褚淵以獻。[18]

明帝泰豫元年十月壬戌，義興陽羨縣獲毛龜，太守王蘊以獻。[19]

[1]魏文帝初，神龜出於靈池：《御覽》卷九三一引《魏略》曰："文帝時，神龜出於靈芝池。"本書似漏"芝"字。

[2]章安：縣名。治所在今浙江台州市椒江區北章安鎮。時屬會稽郡。

[3]咸熙：三國魏元帝曹奐年號（264—265）。

[4]朐䏰縣：晉以朐忍縣改名。治所在今重慶雲陽縣。

[5]乂：人名。即司馬乂。字士度，晉武帝第六子。《晉書》卷五九有傳。　瑋：人名。即司馬瑋。字彥度，晉武帝第五子。永平元年（291），受賈后授意，率兵入洛陽殺外戚楊駿和汝南王亮，不久，被晉惠帝以"謀圖不軌"斬之。乂與瑋同母受牽連。

[6]常山：郡名。治所在今河北正定縣。

[7]餘杭：縣名。治所在今浙江杭州市餘杭區。

[8]文道恩：人名。本志三見，其事不詳。

[9]濬：人名。即劉濬。字休明。元嘉十三年（436）封始興王，十七年為揚州刺史。本書卷九九有傳。

[10]毛龜：《述異記》卷上："龜，千年生毛。龜，壽五千年，謂之神龜，萬年曰靈龜。"　宣城：郡名。治所在今安徽宣城市宣州區。　廣德：縣名。治所在今安徽廣德縣西南。

[11]張辯：人名。吳郡吳人。曾任豫章、宣城太守及廣州刺史。事見本書卷五三《張茂度傳》。

[12]尚書右僕射：官名。尚書省次官。掌尚書省日常政務。位在左僕射下，領祠部。三品。

[13]鸞：人名。即劉鸞。孝武帝第八子。本書卷八〇有傳。

[14]休若：人名。即劉休若。文帝第十九子。本書卷七二有傳。

[15]東陽：郡名。治所在今浙江金華市。

[16]劉勰：人名。宋宗室，曾任吳興、東陽太守。事見本書卷五一《長沙景王道憐傳》。

[17]故鄣：縣名。治所在今浙江安吉縣北安城鎮。

[18]褚淵：人名。字彥回。宋文帝婿，任中書令，南齊建立，封南康郡公。《南齊書》卷二三有傳。

[19]泰豫：宋明帝劉彧年號（472）。　王蘊：人名。字彥深。爵封吉陽男。

　　龍馬者，[1]仁馬也，河水之精。高八尺五寸，長頸有翼，傍有垂毛，鳴聲九哀。[2]一作音。

　　騰黃者，[3]神馬也。其色黃。王者德御四方則出。白馬朱鬣，王者任賢良則見。澤馬者，王者勞來百姓則至。夏馬驪，黑身白鬣尾，殷馬駱，白身黑鬣尾，周馬騟，赤身黑鬣尾。

　　漢章帝元和中，神馬見郡國。

　　晉懷帝永嘉六年二月壬子，[4]神馬鳴南城門。

　　晉孝武帝太元十四年六月甲申朔，寧州刺史費統上言：[5]“所統晉寧之滇池縣，[6]舊有河水，周回二百餘里。六月二十八日辛亥，神馬二匹，一白一黑，忽出於河中，去岸百步。縣民董聰見之。

[1]龍馬：《周禮·夏官·廋人》：“馬八尺以上為龍。”

[2]“仁馬也”至“鳴聲九哀”：《御覽》卷八九六引孫氏《瑞應圖》曰：“龍馬者，仁馬，河水之精也。高八尺五寸，長頸，骼上有翼，旁乘毛，鳴聲九音，有明王則見。”為本志所本。

[3]騰黃：神馬名。《御覽》卷八九六引《符瑞圖》曰：“又云

車馬有節，則見騰黃。騰黃者，神馬也，其色黃。一名乘黃，亦曰飛黃，或曰吉黃，或曰翠黃，一名紫黃。其狀如狐，背上有兩角，出白民之國，乘之壽三千歲。"

［4］永嘉：晋懷帝司馬熾年號（307—313）。

［5］太元：晋孝武帝司馬曜年號（376—396）。　寧州：治所在今雲南曲靖市西。　費統：人名。《晋書》無此人，本志三見，其事不詳。

［6］晋寧：郡名。治所在今雲南晋寧縣昆陽鎮。　滇池：縣名。治所在今雲南晋寧縣東北晋城鎮。

　　白象者，人君自養有節則至。

　　宋文帝元嘉元年十二月丙辰，白象見零陵洮陽。^[1]

　　元嘉六年三月丁亥，白象見安成安復，^[2]江州刺史南譙王義宣以聞。^[3]

　　漢武帝元狩二年三月，^[4]南越獻馴象。^[5]

［1］零陵：郡名。治所西漢時在今廣西全州縣西南，東漢時徙至今湖南永州市零陵區。　洮陽：縣名。治所在今廣西全州縣北湘江西。

［2］安成：郡名。治所在今江西安福縣東南。　安復：縣名。治所在今江西安福縣西。

［3］義宣：人名。即劉義宣。元嘉九年（432）封南譙王，十三年任江州刺史。本書卷六八有傳。丁福林《校議》據本書《南郡王義宣傳》考證，"元嘉六年"乃"元嘉十六年"之誤，時義宣正任江州刺史，元嘉六年任江州刺史者爲檀道濟。

［4］漢武帝元狩二年三月：據《漢書》卷六《武帝紀》，南越獻馴象事繫在元狩二年夏。

［5］南越：國名。都南海（今廣東廣州市番禺區）。秦末趙佗

建立，漢武帝元鼎六年（前111）滅亡。

白狐，[1]王者仁智則至。

晉成帝咸康八年七月，[2]燕王慕容皝上言白狢見國內。[3]

[1]白狐：白色狐狸。《御覽》卷九〇九引《春秋潛潭巴》曰："白狐至，國民利；不至，下驕恣。"

[2]咸康：晉成帝司馬衍年號（335—342）。

[3]慕容皝：人名。字元真，鮮卑族人。西晉末年割據遼東，咸康三年自稱燕王，晉封其爲大將軍、幽州牧、大單于、燕王。建立燕國，史稱前燕。死後追謚爲文明皇帝。　白狢：一種白色的毛皮獸，可能即指白狐。

赤熊，[1]佞人遠，姦猾息，則入國。

宋文帝元嘉二十年十二月，白熊見新安歙縣，[2]太守到元度以獻。[3]

[1]赤熊：傳說中的瑞獸。《御覽》卷九〇八引《孝經援神契》曰："赤熊見，則姦宄自遠。"爲此所本。

[2]新安：郡名。治所在今浙江淳安縣。　歙縣：治所在今安徽歙縣。

[3]到元度：人名。彭城武原（今江蘇邳州市）人，到彥之長子，官至益州刺史。事見《南史》卷二五《到彥之傳》。

九尾狐，[1]文王得之，東夷歸焉。

漢章帝元和中，九尾狐見郡國。

魏文帝黄初元年十一月甲午，[2]九尾狐見鄄城。[3]又見譙。

[1]九尾狐：傳說中的奇獸。《山海經·南山經》：“（青丘之山）有獸焉，其狀如狐而九尾，其音如嬰兒，能食人，食者不蠱。”其又爲祥瑞，漢王褒《四子講德論》：“昔文王應九尾狐，而東夷歸周。”似爲此所本。

[2]黄初：三國魏文帝曹丕年號（220—226）。

[3]鄄城：縣名。治所在今山東鄄城縣北。

白鹿，[1]王者明惠及下則至。

漢章帝建初七年十月，[2]車駕西巡，得白鹿於臨平觀。

漢章帝元和中，白鹿見郡國。

漢安帝延光三年六月辛未，白鹿見右扶風雍。[3]

延光三年七月，白鹿見左馮翊。[4]

漢桓帝永興元年二月，[5]白鹿見張掖。[6]

魏文帝黄初元年，郡國十九言白鹿及白麇見。

晉武帝泰始八年十月，白鹿見扶風雍，[7]州刺史嚴詢獲以獻。[8]

晉武帝太康元年三月，白鹿見零陵泉陵。[9]

太康元年五月甲辰，白鹿見天水西縣，[10]太守劉辛獲以獻。[11]

[1]白鹿：瑞獸。《抱朴子·對俗》曰：“虎及鹿兔，皆壽千歲，壽滿五百歲者，其毛色白。”《御覽》卷九〇六引《瑞應圖》曰：“王者承先聖法度，無所遺失。則白鹿來。”又曰：“鹿者，能

壽之獸，五色光暉，王者孝道則至。"

　　[2]建初：漢章帝劉炟年號（76—84）。

　　[3]右扶風：《後漢書》卷五《孝安帝紀》作"扶風"。治內史右地，治所在今陝西興平市東南。

　　[4]白鹿見左馮翊：《後漢書·孝安帝紀》作："馮翊言甘露降頻陽、衙。穎川上言木連理。白鹿、麒麟見陽翟。"馮翊未見白鹿，本志誤。左馮翊，西漢太初元年（104）改左內史置。治所在今陝西高陵縣西南。中華本校勘記云："'左馮翊'《後漢書·安帝紀》作'陽翟'。"

　　[5]永興：漢桓帝劉志年號（153—154）。

　　[6]張掖：郡名。治所在今甘肅張掖市。

　　[7]扶風：郡國名。三國魏以右扶風改置爲郡，西晉改爲扶風國，移治今陝西涇陽縣西北。

　　[8]嚴詢：人名。晉初任安北將軍、司隸校尉等職。

　　[9]零陵：郡名。治所在今湖南永州市零陵區。　泉陵：縣名。治所在今湖南永州市。

　　[10]天水：郡名。治所在今甘肅通渭縣。　西縣：治所在今甘肅天水市。

　　[11]劉辛：人名。《晉書》無載，本書一見，其事不詳。

　　太康三年七月壬子，白鹿見零陵，零陵令蔣微獲以獻。[1]

　　晉惠帝元康元年九月乙酉，白鹿見交趾武寧。[2]

　　晉愍帝建武元年五月戊子，白鹿見高山縣。[3]

　　晉元帝太興三年正月，白鹿二見豫章。

　　太興三年四月，白鹿見晉陵延陵。[4]

　　晉元帝永昌元年九月，[5]白鹿見江乘縣。[6]

　　晉成帝咸和四年五月甲子，白鹿見零陵洮陽。獲以獻。

咸和四年七月壬寅，長沙郡邏吏黃光於南郡道遇白鹿，驅之不去，直來就光，追尋光三百餘步。[7]光遂抱取，遣吏李堅奉獻。[8]

咸和九年八月己未，白鹿見長沙臨湘。[9]

晋成帝咸康二年七月，白鹿見豫章望蔡，[10]太守桓景獲以獻。[11]

晋孝武太元十六年三月癸酉，白鹿見豫章望蔡，獲以獻。

太元十八年五月辛酉，白鹿見江乘，江乘令田熙之獲以獻。[12]

太元二十年九月丁丑，白鹿見巴陵清水山，[13]荆州刺史殷仲堪以獻。[14]

晋安帝隆安五年十一月，[15]白鹿見長沙，荆州刺史桓玄以聞。[16]

[1]蔣微：人名。《晋書》無載，本書一見，其事不詳。

[2]交趾：郡名。治所在今越南河内市西北。 武寧：西晋在交趾郡無武寧縣置，而有武定縣置。武定三國吴建衡三年（271）置。治所在今越南永福省東南平川縣，晋時屬交趾郡。故疑“寧”爲“定”之誤，形近而訛。

[3]建武：晋元帝司馬睿爲晋王時年號（317—318），非晋愍帝年號。按建興四年十一月劉聰攻陷長安，愍帝降，西晋亡。明年三月司馬睿稱晋王，改元爲建武。事見《晋書》卷六《元帝紀》。故“晋愍帝建武”當爲“晋王睿建武”之誤。下仿此改。 高山：縣名。治所在今江蘇盱眙縣南。

[4]晋陵：郡名。治所在今江蘇常州市。 延陵：縣名。治所

在今江蘇丹陽市延陵鎮。

[5]永昌：晋元帝司馬睿年號（322—323）。

[6]江乘：縣名。治所在今江蘇句容市。

[7]長沙：郡名。治所在今湖南長沙市。　黄光：人名。《晋書》無載，本書一見，其事不詳。

[8]李堅：人名。《晋書》無載，本書一見，其事不詳。

[9]臨湘：縣名。治所在今湖南長沙市。

[10]望蔡：縣名。治所在今江西上高縣。

[11]桓景：人名。東晋人，任丹陽尹、豫章太守。爵長社侯。

[12]田熙之：人名。《晋書》無載，本書一見，其事不詳。

[13]巴陵：縣名。治所在今湖南岳陽市。

[14]殷仲堪：人名。東晋著名將領，都督荆、益、寧三州軍事，荆州刺史。後爲桓玄俘虜，自殺。《晋書》卷八四有傳。

[15]隆安：晋安帝司馬德宗年號（397—401）。

[16]桓玄：人名。一名靈寶，字敬道。公元403年，代晋自立，國號楚，後爲劉裕所滅。《晋書》卷九九有傳。

　　宋文帝元嘉五年七月丙戌，白鹿見東莞莒縣峋峨山，[1]太守劉玄以聞。[2]

　　元嘉九年正月，白鹿見南譙譙縣，[3]豫州刺史長沙王義欣以獻。[4]

　　元嘉十四年，白鹿見文鄉。[5]

　　元嘉十七年五月甲午，白鹿見南汝陰宋縣，[6]太守文道恩以獻。

　　元嘉二十年八月，白鹿見譙郡蘄縣，[7]太守鄧琬以獻。[8]

　　元嘉二十二年二月，白鹿見建康縣，[9]揚州刺史始興王濬以聞。

[1]東莞：郡名。治所在今山東莒縣。

[2]劉玄：人名。本志三見，其事不詳。

[3]南譙：郡名。僑置。治所在今安徽巢湖市居巢區東南。

[4]豫州：僑置。治所不定，義熙間（405—418）徙治壽春縣，即今安徽壽縣。宋仍之。　義欣：人名。即劉義欣。劉道憐長子，嗣爲長沙王。本書卷五一有附傳。

[5]文鄉：城名。在今山東高唐縣。

[6]南汝陰：郡名。治所在今安徽合肥市。　宋縣：治所在今安徽太和縣北。

[7]譙郡：治所在今安徽亳州市。　蘄縣：治所在今安徽宿州市南。

[8]鄧琬：人名。字元琬，豫章南昌人。本書卷八四有傳。

[9]建康：縣名。治所在今江蘇南京市。

元嘉二十二年二月辛未，白鹿見南康灨縣，[1]南康相劉興祖以獻。[2]

元嘉二十三年二月戊戌，白鹿見交州，[3]交州刺史檀和之以獻。[4]

元嘉二十三年六月丙辰，白鹿見彭城彭城縣，[5]征北將軍衡陽王義季獲以獻。[6]

元嘉二十七年二月壬辰朔，白鹿見濟陰，徐州刺史武陵王駿以聞。[7]

元嘉二十九年八月癸酉，白鹿見鄱陽，南中郎將武陵王駿以獻。

元嘉三十年十一月壬午，[8]白鹿見南琅邪，[9]南琅邪太守王僧虔以獻。[10]

　元嘉三十年十一月癸亥，白鹿見武建郡，[11]雍州刺史朱脩之以獻。[12]

　[1]南康：國名。治所在今江西贛州市。　灨縣：治所在今江西贛州市。

　[2]南康相：官名。南康國最高行政長官。　劉興祖：人名。任少府、青州刺史等職。

　[3]交州：治所在今越南北寧省仙遊縣東。

　[4]檀和之：人名。宋時大將，曾平定交州，封建威將軍、交州刺史。事見本書卷九七《夷蠻傳》。

　[5]彭城：郡名。治所在今江蘇徐州市。

　[6]義季：人名。即劉義季。宋武帝子，任征北大將軍，封衡陽王。本書卷六一有傳。

　[7]徐州：治所在今江蘇徐州市。　駿：人名。即宋孝武帝劉駿。元嘉三十年（453），其兄太子劉劭殺文帝自立，劉駿起兵討殺劉劭，即帝位。本書卷六有紀。

　[8]元嘉三十年十一月壬午：“壬午”與下條“癸亥”不當同在三十年十一月。本書《孝武帝紀》云：“（三十年）十一月丙午……丙辰……丙寅。”《二十史朔閏表》十一月己亥朔，無壬午，癸亥當二十五日，丙寅當二十八日。疑此條“壬午”爲“丙午”之誤。

　[9]南琅邪：郡名。宋以琅邪郡改名。治所在今江蘇句容市。

　[10]王僧虔：人名。王羲之四世孫，宋順帝年間任尚書令。其書法豐厚淳樸而有氣骨，爲當時所推崇，並影響唐宋書家。《南齊書》卷三三有傳。

　[11]武建：郡名。今址不詳。

　[12]雍州：僑置。治所在今湖北襄陽市襄城區。　朱脩之：人

名。字恭祖。孝建初，爲雍州刺史，封南昌縣侯。本書卷七六、《南史》卷一六有傳。

　　孝武帝孝建三年三月庚子，白鹿見臨川西豐縣。[1]

　　孝武帝大明元年四月甲申，白鹿見南平。[2]

　　大明二年四月己丑，白鹿見桂陽郴縣，[3]湘州刺史山陽王休祐以獻。[4]

　　大明三年正月癸巳，白鹿見南琅邪江乘，南徐州刺史劉延孫以獻。[5]

　　大明三年三月辛卯，白鹿見廣陵新市，[6]太守柳光宗以聞。[7]

　　大明五年五月丙寅，白鹿見南東海丹徒，[8]南徐州刺史劉延孫以獻。

　　大明八年六月甲子，[9]白鹿見衡陽郡，[10]湘州刺史江夏王世子伯禽以獻。[11]

　　明帝泰始二年二月乙亥，白鹿見宣城，宣城太守劉韞以聞。[12]

　　泰始五年二月己亥，白鹿見長沙，湘州刺史劉韞以獻。[13]

　　泰始六年十二月乙未，白鹿見梁州，[14]梁州刺史杜幼文以聞。[15]

　　後廢帝元徽三年二月甲子，白鹿見鬱洲，[16]青冀二州刺史、西海太守劉善明以獻。[17]

　　[1]西豐：縣名。治所在今江西撫州市臨川區。

　　[2]南平：縣名。治所在今湖南藍山縣。

　　[3]桂陽：郡名。治所在今湖南郴州市。

　　[4]湘州：治所在今湖南長沙市。　休祐：人名。即劉休祐。宋文帝第十三子，封山陽王。本書卷七二有傳。

　　[5]南徐州：僑置。治所在京口，即今江蘇鎮江市。　劉延孫：人名。封東昌縣侯，南徐州刺史。本書卷七八有傳。

　　[6]廣陵：郡名。治所在今江蘇揚州市西北蜀崗上。宋元嘉八年（431）改置爲南兗州。　新市：縣名。僑置。東晉末遼西僑郡省併廣陵，新市因入廣陵。見本書《州郡志一》。

　　[7]柳光宗：人名。竟陵王誕作亂時被殺。本書卷七七有附傳。

　　[8]南東海：郡名。治所在今江蘇鎮江市。

　　[9]大明八年六月甲子：據《二十史朔閏表》八年六月戊辰朔，無甲子日。此條時間有誤。

　　[10]衡陽：郡名。治所在湘南縣，即今湖南湘潭市。

　　[11]世子：一般以嫡長子繼承王位的儲君。　伯禽：人名。即劉伯禽。江夏王劉義恭第四子，其諸子遇害後，宋孝武帝名之伯禽，官至輔國將軍、湘州刺史。後爲前廢帝所殺，追贈爲江夏王。本書卷六一有附傳。

　　[12]劉韞：人名。字彥文，官至撫軍將軍、雍州刺史等，後謀反伏誅。本書卷五一有附傳。

　　[13]“泰始五年”至“湘州刺史劉韞以獻”：丁福林《校議》據本書卷八《明帝紀》、卷七二《巴陵哀王休若傳》考證，泰始四年五月至泰始五年閏十一月，休若任湘州刺史，此云泰始五年二月劉韞爲湘州刺史，有誤。

　　[14]梁州：治所在今陝西漢中市。

　　[15]杜幼文：人名。封邵陽縣男，官至輔國將軍。爲後廢帝所誅。本書卷六五有附傳。

　　[16]元徽：宋後廢帝劉昱年號（473—477）。　鬱洲：又名田橫島，在今江蘇連雲港市東雲臺山一帶。古時在海中，周圍數百里。清時始和大陸相連。

　　[17]青冀二州：僑置。治所在今江蘇連雲港市東雲臺山一帶。
　　劉善明：人名。後廢帝時官至輔國將軍、西海太守、行青冀二州
刺史。《南齊書》卷二八有傳，《南史》卷四九有附傳。此云其爲
"青冀二州刺史"，據本書《後廢帝紀》、《南齊書》本傳，此時其
應爲"行青冀二州刺史"，"青冀"前佚"行"字。

　　　三角獸，[1]先王法度修則至。闕[2]

　　　一角獸，[3]天下平一則至。闕

　　　六足獸，王者謀及衆庶則至。闕

　　　比肩獸，[4]王者德及矜寡則至。闕

　　　獬豸知曲直，[5]獄訟平則至。闕

　　[1]三角獸：傳說中的瑞獸。後世帝王儀衛繪其形於旗幟，以
爲祥瑞。
　　[2]闕：本書流傳至宋代，已"多殘脱駢舛"。(《嵩山集》卷
一二《讀宋書》)因此，自宋元明三朝本以下，於闕頁脱字處均注
"闕"。
　　[3]一角獸：傳說中的瑞獸。或即麒麟。《史記》卷一二《孝
武本紀》："郊雍，獲一角獸。"《索隱》引郭璞云："漢武獲一角獸
若麃，謂之麟是也。"或爲天鹿、天禄。《漢書》卷九六上《西域
傳上》："烏弋地……而有桃拔、師子、犀牛。"孟康注："桃拔一
名符拔，似鹿，長尾，一角者或爲天鹿，(者)兩角〔者〕或爲
辟邪。"
　　[4]比肩獸：《爾雅·釋地》："西方有比肩獸焉，與邛邛岠虛
比，爲邛邛岠虛齧甘草，即有難，邛邛岠虛負而走，其名謂之蟨。"
郝懿行《爾雅義疏》引孫炎云："邛邛岠虛，狀如馬，前足鹿，後
足兔，前高不得食而善走；蟨，前足鼠，後足兔，善求食，走則
倒，故齧甘草則仰食邛邛岠虛，邛邛岠虛負以走。"

[5]獬豸：一角的神羊。《述異記》卷上："獬豸者，一角之羊也，性知人有罪，皋陶治獄，其罪疑者，令羊觸之。"《御覽》卷九〇二引《白澤圖》曰："羊有一角當頂上，龍也，殺之震死。"或説爲似牛的一角獸。《御覽》卷八九〇引《説文》："獬豸，似牛一角，古者決訟，命觸不直。"

白虎，[1]王者不暴虐，則白虎仁，不害物。[2]

漢宣帝元康四年，南郡獲白虎。

漢章帝元和二年以來，至章和元年，凡三年，白虎二十九見郡國。

漢安帝延光三年八月戊子，白虎二見潁川陽翟。

漢獻帝延康元年四月丁巳，饒安縣言白虎見。[3]又郡國二十七言白虎見。

吳孫權赤烏六年正月，新都言白虎見。[4]

赤烏十一年五月，鄱陽言白虎仁。

晋武帝泰始元年十二月，白虎見河南陽翟。

泰始元年十二月，白虎見弘農陸渾。[5]

泰始二年正月己亥，白虎見遼東樂浪。[6]

泰始二年正月辛丑，白虎見天水西。

晋武帝咸寧三年二月乙丑，白虎見沛國。

晋武帝太康元年八月，白虎見永昌南罕。[7]

太康四年七月丙辰，白虎見建平北井。[8]

太康十年十月丁酉，白虎見犍爲。[9]

[1]白虎：《御覽》卷八九一引《抱朴子》曰："虎及鹿、兔，皆壽千歲，滿五百歲者，其色皆白。"又引《春秋演孔圖》曰：

"天命湯，白虎戲朝，其終，白虎在野。"

[2]王者不暴虐，則白虎仁，不害物：《三國志》卷四七《吳書·吳主傳》裴松之注引《瑞應圖》曰："白虎仁者，王者不暴虐，則仁虎不害也。"爲本志所本。

[3]饒安：縣名。治所在今河北鹽山縣西南。

[4]新都：郡名。治所在今浙江淳安縣。

[5]弘農：郡名。治所在今河南靈寶市故函谷關城。　陸渾：縣名。治所在今河南嵩縣。

[6]樂浪：郡名。治所在今朝鮮平壤市南大同江南岸土城洞，一説即今平壤市。

[7]白虎見永昌南罕：《晉書》卷三《武帝紀》作"白龍三見于永昌"。永昌，郡名。治所在今雲南保山市隆陽區東北金雞村。南罕，中華本校勘記云："'南罕'疑'南涪'之誤。《晉書·地理志》益州永昌郡有南涪，無'南罕'。"南涪，縣名。治所在今雲南景洪市境。

[8]建平：郡名。治所在今重慶巫山縣。　北井：縣名。治所在今重慶巫山縣北大昌鎮。

[9]犍爲：郡名。治所在今四川彭山縣。

晋成帝咸和八年五月己巳，白虎見新昌縣。[1]

晋簡文帝咸安二年三月，[2]白虎見豫章南昌縣西鄉石馬山前。[3]

晋孝武太元十四年十一月辛亥，白虎見豫章郡。

太元十九年二月，行鄲令劉啓期言白虎頻見。[4]

太元十九年二月，行温令趙邳言白虎頻見。[5]

晋安帝隆安五年十一月，襄陽言騶虞見於新野。[6]

宋武帝永初元年八月癸巳，白虎見枝江。

少帝景平元年十月，白虎見桂陽耒陽。[7]

文帝元嘉十九年十月，白虎見弋陽、期思二縣，[8]南豫州刺史武陵王駿以聞。[9]

元嘉二十五年二月己亥，白虎見武昌，武昌太守蔡興宗以聞。[10]

元嘉二十五年十一月丁丑，白虎見蜀郡二，[11]赤虎導前，益州刺史陸徽以聞。[12]

元嘉二十六年四月戊戌，白虎見南琅邪半陽山，二虎隨從，太守王僧達以聞。[13]

孝武孝建三年三月壬子，白虎見臨川西豐。

[1]晋成帝咸和八年五月己巳，白虎見新昌縣：《晋書》卷七《成帝紀》作：“五月，有星隕于肥鄉。麒麟、騶虞見于遼東。”本卷前文作：“晋成帝咸和八年五月己巳，麒麟見遼東。”證明此處“白虎”當作“騶虞”。　　新昌：縣名。晋時屬遼東。治所在今遼寧海城市。

[2]咸安：晋簡文帝司馬昱年號（371—372）。

[3]白虎見豫章南昌縣西鄉石馬山前：《晋書》卷九《簡文帝紀》作：“騶虞見豫章。”當改。　　南昌：縣名。治所在今江西南昌市。

[4]劉啓期：人名。《晋書》不見，本書一見，其事不詳。

[5]趙邘：人名。《晋書》不見，本書一見，其事不詳。

[6]襄陽：郡名。治所在今湖北襄陽市襄城區。　　騶虞：傳説中的義獸，或爲黑紋的白虎。《詩・召南・騶虞》：“彼茁者葭，壹發五豝，于嗟乎騶虞。”毛傳：“騶虞，義獸也。白虎，黑文，不食生物，有至信之德則應之。”　　新野：縣名。治所在今河南新野縣。

[7]景平：宋少帝劉義符年號（423—424）。　　耒陽：縣名。

治所在今湖南耒陽市。

　　[8]弋陽：縣名。治所在今河南潢川縣。　期思：縣名。治所在今河南淮濱縣東南。

　　[9]南豫州：僑置。治所在今安徽和縣。

　　[10]蔡興宗：人名。濟陽考城（今河南民權縣）人。本書卷五七有附傳。

　　[11]蜀郡：治所在今四川成都市。

　　[12]益州：治所在今四川成都市。　陸徽：人名。官至寧朔將軍、益州刺史，謚簡子。本書卷九二有傳。

　　[13]王僧達：人名。琅邪臨沂人。本書卷七五有傳。

　　白狼，[1]宣王得之而犬戎服。[2]闕

　　[1]白狼：傳說中的瑞獸。《御覽》卷九〇九引《帝王世紀》曰：“有神牽白狼，銜鉤入殷。”又引《圖讚》曰：“矯矯白狼，有道則遊。應符變質，乃銜靈鉤。”

　　[2]宣王：指周宣王。　犬戎：族名。古代戎族的一支，活動於西北地區。

　　白麞，[1]王者刑罰理則至。

　　晉武帝咸寧元年四月丙戌、乙卯，白麞見琅邪，趙王倫以獻。[2]

　　咸寧三年七月壬辰，白麞見魏郡。

　　晉武帝太康三年八月，白麞見梁國蒙，[3]梁相解隆獲以獻。[4]

　　太康五年九月己酉，白麞見義陽。[5]

　　太康七年五月戊辰，白麞見汲郡。[6]

晋成帝咸和九年五月癸酉，白麏見吳國吳縣，[7]內史虞潭獲以獻。[8]

晋穆帝永和元年八月，[9]白麏見吳國吳縣西界包山，獲以獻。

永和八年十二月，白麏見丹陽永世，[10]永世令徐該獲以獻。[11]

永和十二年十一月庚午，白麏見梁郡，[12]梁郡太守劉遂獲以獻。[13]

晋安帝隆安五年十一月，白麏見荆州，荆州刺史桓玄以聞。

[1]白麏：瑞獸。《御覽》卷九〇七引《伏侯古今注》曰："麏有牙而不能噬，鹿有角而不能觸。"

[2]倫：人名。即司馬倫。字子彝，東晋宣帝第九子，參與"八王之亂"被殺。《晋書》卷五九有傳。丁福林《校議》據《晋書·武帝紀》《趙王倫傳》考證，時司馬倫爲琅邪王，尚未封趙王。

[3]梁國：國名。治所在今河南商丘市。

[4]解隆：人名。《晋書》無載，本書一見，其事不詳。

[5]義陽：縣名。治所在今河南信陽市。

[6]汲郡：治所在今河南衛輝市。

[7]吳國：國名。治所在今江蘇蘇州市。　吳縣：治所在今江蘇蘇州市。

[8]內史：官名。爲王國最高行政長官。五品。　虞潭：人名。字思奧。官至侍中、衛將軍，爵武昌縣侯。《晋書》卷七六有傳。

[9]永和：晋穆帝司馬聃年號（345—356）。

[10]丹陽：郡名。治所在今江蘇南京市。　永世：縣名。治所

在今江蘇溧陽市南古縣橋。

    ［11］徐詃：人名。《晋書》無載，本書一見。

    ［12］梁郡：治所在今河南商丘市。

    ［13］劉遂：人名。《晋書》無載，本書一見。

    宋少帝景平元年五月癸未，白麞見義興陽羨，太守王準之獲以獻。[1]

    景平二年六月，白麞見南郡江陽，太守王華獻之太祖。[2]太祖時入奉大統，[3]以爲休祥。

    文帝元嘉五年四月乙巳，白麞見汝陽武津，[4]太守鄭據獲以獻。[5]

    元嘉十二年正月，白麞見東萊黄縣，[6]青、冀州刺史王方回以獻。[7]

    元嘉十九年五月，山陽張休宗獲白麞，[8]南兗州刺史臨川王義慶以獻。[9]

    元嘉二十年八月，白麞見江夏安陸，[10]内史劉思考以獻。[11]

    元嘉二十五年二月己丑，白麞見淮南，[12]太守王休獲以獻。[13]

    元嘉二十五年四月戊午，白麞見南琅邪，太守王遠獲以獻。[14]

    元嘉二十五年五月辛未朔，華林園白麞生二子皆白，園丞梅道念以聞。[15]

    元嘉二十六年五月丙戌，白麞見馬頭，[16]豫州刺史南平王鑠以獻。

    元嘉二十七年正月己丑，白麞見濟陰，徐州刺史武陵王駿以聞。

元嘉二十七年四月癸丑，華林園白麞生一白子，園丞梅道念以聞。

元嘉二十九年六月壬戌，白麞見晉陵暨陽，[17] 南徐州刺史始興王濬以獻。

[1]王準之：人名。此王準之並非本書卷六〇之王准之，《南朝五史人名索引》雖將兩人合爲一人，但列舉卷和頁數時，則没舉本志之王準之，再王准之未任過義興太守。

[2]江陽：縣名。治所在今四川彭山縣。　王華：人名。字子陵，琅邪臨沂人。本書卷六三有傳。

[3]太祖：宋文帝劉義隆廟號。

[4]汝陽：郡名。治所在今河南商水縣。　武津：縣名。治所在今河南上蔡縣。

[5]鄭據：人名。本書一見，其事不詳。

[6]黄縣：治所在今山東龍口市東黄城集。

[7]王方回：人名。太原祁（今山西祁縣）人。王仲德侄、王元德子，襲父爵爲安復縣侯，歷官冀州刺史、驍騎將軍，隨王玄謨北伐，大敗而歸，不知所終。

[8]山陽：郡名。治所在今江蘇淮安市。　張休宗：人名。本書一見，其事不詳。

[9]南兗州：治所在今江蘇揚州市西北蜀崗上。　義慶：人名。即劉義慶。官至荆州、南兗州刺史，侍中等。本書卷五一有附傳。

[10]江夏：郡名。治所在今湖北武漢市武昌區。　安陸：縣名。治所在今湖北安陸市。

[11]劉思考：人名。官至散騎常侍，益州、徐州刺史。本書卷五一有附傳。

[12]淮南：郡名。治所在今安徽壽縣。

[13]王休：人名。琅邪臨沂人，曾任永嘉太守。本書二見。

[14]王遠：人名。字景舒。事見《南齊書》卷四六《王秀之傳》。

[15]梅道念：人名。其事不詳。

[16]馬頭：郡名。治所在今安徽懷遠縣南淮河南岸馬頭城。

[17]暨陽：縣名。治所在今江蘇江陰市。

孝武帝孝建三年六月癸巳，白麞見廣陵，南兗州以獻。

孝武帝大明元年七月丁丑，白麞見東萊曲城縣，[1]獲以獻。

大明二年正月壬戌，白麞見山陽，山陽內史程天祚以獻。[2]

大明二年二月辛丑，白麞見濟北，[3]濟北太守殷孝祖以獻。[4]

大明五年九月己巳，白麞見南陽，[5]雍州刺史永嘉王子仁以獻。[6]

大明六年四月戊辰，白麞見營陽，[7]湘州刺史建安王休仁以獻。[8]

大明七年正月庚寅，白麞見南陽，荊州刺史臨海王子頊以獻。

大明七年六月己巳，白麞見武陵臨沅，太守劉衍以獻。[9]

大明七年九月癸未，白麞見南陽，雍州刺史劉秀之以獻。[10]

　　[1]曲城：縣名。治所在今山東萊州市。

　　[2]程天祚：人名。廣平（今河北永年縣）人，有武力，文帝時爲殿中將軍，助戍彭城，於汝陽爲魏軍所俘，後逃歸任山陽太守。助孝武帝劉駿推翻元凶劉劭，甚得劉駿信任。

　　[3]濟北：郡名。治所在今山東肥城市。

　　[4]殷孝祖：人名。官至兗州刺史、撫軍將軍，封秭歸縣侯。本書卷八六有傳。

　　[5]南陽：郡名。治所在今河南南陽市。

　　[6]子仁：人名。即劉子仁。字孝和，孝武帝第九子。本書卷八〇有傳。

　　[7]營陽：郡名。治所在今湖南道縣。

　　[8]休仁：人名。即劉休仁。宋文帝第十二子，封建安王，任湘州、雍州、江州刺史。後爲宋明帝賜死。本書卷七二有傳。

　　[9]臨沅：縣名。治所在今湖南常德市。　劉衍：人名。官至黄門郎、豫章内史，參加晉安王劉子勛謀反而伏誅。事見本書卷四二《劉穆之傳》。

　　[10]劉秀之：人名。字道寶，封康樂縣侯，官至安北將軍，益州、寧州、雍州刺史。本書卷八一有傳。

　　明帝泰始三年五月癸酉，白麞見南東海丹徒，南徐州刺史桂陽王休範以獻。[1]

　　泰始三年五月乙卯，白麞見北海都昌，[2]青州刺史沈文秀以獻。[3]

　　泰始五年正月癸卯，白麞見汝陰樓煩，[4]豫州刺史劉勔以獻。[5]

　　明帝泰豫元年十月壬戌，白麞見義興國山，[6]太守王藴以獻。

後廢帝元徽元年正月甲午，白麕見海陵寧海，[7]海陵太守孫嗣之以獻。[8]

文帝元嘉二十三年五月甲寅，東宮隊白從陳超獲黑麕於肥如縣，[9]皇太子以獻。[10]

元嘉二十三年十月辛巳，東宮將魏榮獲青麕於秣陵。[11]

元嘉十年十二月，營城縣民成公會之於廣陵高郵界獲白麕麂以獻。[12]

孝武帝大明元年二月己亥，白麂見會稽諸暨縣，[13]獲以獻。

[1]南東海：郡名。治所在今江蘇鎮江市。　休範：人名。即劉休範。宋文帝第十八子，官至侍中、司空、征北大將軍等。因謀反被殺。本書卷七九有傳。

[2]都昌：縣名。治所在今山東青州市。

[3]青州：治所在今山東青州市。　沈文秀：人名。字仲遠，封新城縣侯，官至青州刺史，後堅守青州三年，爲慕容白曜所破，被俘。本書卷八八有傳。

[4]汝陰：郡名。治所在今安徽阜陽市。　樓煩：本書《州郡志二》豫州刺史汝陰太守下有：“樓煩令，漢舊縣，屬雁門。流寓配屬。”當屬寓於汝陰郡的僑置縣。

[5]劉勔：人名。封大亭侯，官至益州、豫州刺史。本書卷八六有傳。

[6]國山：縣名。治所在今江蘇宜興市國山西、章溪東岸。

[7]海陵：郡名。治所在今江蘇新沂市南沭河西岸。　寧海：縣名。治所在今江蘇如皋市西南。

[8]孫嗣之：人名。本書一見，其事不詳。

[9]東宮隊白從：指太子執役小吏。　陳超：人名。本書一見，其事不詳。　肥如縣：治所在今河北盧龍縣北。但宋時，國界北不至此。本書《州郡志一》：“《永初郡國》又有興、肥如、潞、真定、新市五縣。”錢大昕《考異》：“肥如本遼西縣名，因晋末僑立遼西郡於廣陵界，後經省併，故廣陵得有肥如縣。”

[10]皇太子：指宋文帝長子劉劭。元嘉三十年（453）殺文帝自立，爲劉駿所殺。

[11]魏榮：人名。本書一見，其事不詳。

[12]高郵：縣名。治所在今江蘇高郵市。

[13]諸暨：縣名。治所在今浙江諸暨市。

銀麃，刑罰得共，[1]民不爲非則至。闕

赤兔，[2]王者德盛則至。闕

比翼鳥，[3]王者德及高遠則至。闕

[1]銀麃：《御覽》卷九〇六引孫氏《瑞應圖》曰：“《晋中興書》：元帝時有二白麃見於南昌郡。”　刑罰得共：中華本校勘記云：“殿本《考證》云：‘共疑作中。’”

[2]赤兔：《御覽》卷九〇七引孫氏《瑞應圖》曰：“赤兔者，瑞獸。王者盛德則至。”

[3]比翼鳥：《山海經·西山經》：“崇吾之山……有鳥焉，其狀如鳧，而一翼一目，相得乃飛，名曰蠻蠻，見則天下大水。”張華《博物志·異鳥》則曰：“蠻，見則吉良，乘之壽千歲。”

赤雀，周文王時銜丹書來至。[1]

晋愍帝建興三年四月癸酉，赤雀見平州府舍。[2]

宋文帝元嘉二十年五月，赤雀集南平郡府，[3]內史

臧綽以聞。^[4]

孝武帝孝建元年五月己亥，臨沂縣魯尚斯軍人於城上獲赤雀，^[5]太傅假黄鉞江夏王義恭以獻。^[6]

[1]赤雀：《御覽》卷九二二引《尚書中候》曰："赤雀銜丹書，入豐，止於昌前。"爲此所本。又引孫氏《瑞應圖》曰："赤雀者，王者動作應天時，則銜書來。"

[2]平州：治所在今遼寧義縣。

[3]南平郡：治所在今湖北公安縣。

[4]臧綽：人名。官至新安太守、太子中舍人。事見本書卷五五《臧燾傳》。

[5]臨沂縣：治所在今山東費縣。　魯尚斯：人名。本書一見。本書《符瑞志下》有同條作："孝武帝孝建元年五月己亥，臨沂縣魯尚期於城上得白雀，太傅假黄鉞江夏王義恭以獻。"他處又四見，均作"期"，故"斯"當爲"期"之誤。　赤雀：本書《符瑞志下》作"白雀"，不知孰是。

[6]太傅：官名。在太師下、太保上，並號三師，地位尊隆。一品。　黄鉞：即飾以黄金的鉞。本爲皇帝儀仗，賜給出征的重臣，具有專殺的權力。晉、南朝所加往往爲大司馬、大將軍、都督中外諸軍事等最高軍事長官。　義恭：人名。即劉義恭。宋武帝子，官至太尉、司徒、司空等，後被前廢帝所殺。本書卷六一有傳。

福草者，宗廟肅，則生宗廟之中。^[1]闕

蒼鳥者，賢君修行孝慈於萬姓，不好殺生則來。^[2]

宋孝武帝大明元年五月丁丑，蒼鳥見襄陽縣。^[3]

大明二年四月甲申，蒼鳥見襄陽，雍州刺史王玄謨

以獻。[4]

　　[1]福草：《御覽》卷八七三引《禮斗威儀》曰："君乘木而王，其政升平，則福草生廟中。"宋均曰："廟中生草，蓋福草也。即朱草之別名。可以染祭服，故應仁孝而生廟中。"
　　[2]蒼烏：《古微書》卷一九引《瑞應圖》："文王時見蒼烏，王孝悌則至。一曰，帝王修行孝慈，被於萬姓，不好殺生，則來。"據此"慈"後應脫"被"字。被，披也。
　　[3]襄陽：縣名。治所在今湖北襄陽市襄城區。
　　[4]王玄謨：人名。字彥德，太原祁人，封曲江縣侯，官至左光禄大夫，領護軍，加都督。本書卷七六有傳。

　　甘露，[1]王者德至大，和氣盛，則降。
　　栢受甘露，王者耆老見敬，則栢受甘露。竹受甘露，王者尊賢愛老，不失細微，則竹葦受甘露。[2]
　　漢宣帝元康元年三月，甘露降未央宮。[3]
　　漢宣帝神雀二年二月，甘露降京師。[4]
　　神雀四年春，甘露降京師。
　　漢宣帝五鳳二年正月，甘露降京師。
　　漢成帝元延四年三月，[5]甘露降京師。
　　漢光武建武中元元年五月，郡國上甘露降。
　　漢明帝永平十七年正月戊子夜，[6]帝夢見光武帝、光烈皇后，夢中喜覺，悲不能寐。明旦上陵，[7]百官、胡客悉會。太常丞上言，[8]其日陵樹葉有甘露，帝令百官采甘露。帝自伏御牀，視太后莊罨盦中物，[9]流涕，敕易盦中脂澤之具。
　　永平十七年春，甘露仍降京師。

漢章帝元和中，甘露降郡國。

漢安帝延光三年四月丙戌，甘露下沛國豐。[10]

延光三年七月，甘露下左馮翊頻陽。[11]

漢桓帝延熹三年四月，甘露降上郡。[12]

漢桓帝永康元年八月，甘露降巴郡。[13]

　　[1]甘露：《御覽》卷八七二引孫氏《瑞應圖》曰：“甘露者，味清而甘，降則草木暢茂，食之令人壽。”又曰：“王者德至於天，和氣感，則甘露降於松栢。”引《論衡》曰：“甘露，味如飴，王者太平之應。”

　　[2]“栢受甘露”至“則竹葦受甘露”：乃襲孫氏《瑞應圖》文。《御覽》卷八七二引孫氏《瑞應圖》作：“耆老得敬，則松栢受甘露；尊賢老，不失細微，則竹葦受甘露。”

　　[3]未央宮：漢高帝七年（前199），蕭何在長安修建。《史記》卷八《高祖本紀》：“蕭丞相營作未央宮，立東闕、北闕、前殿、武庫、太倉。”

　　[4]漢宣帝神雀二年二月，甘露降京師：丁福林《校議》云：“《漢書·宣帝紀》載是年‘春二月，詔曰：乃者正月乙丑，鳳皇、甘露降集京師……’則甘露之降，實在二年正月，此‘二月’，乃‘正月’之訛。”

　　[5]元延：漢成帝劉驁年號（前12—前9）。

　　[6]漢明帝永平十七年正月戊子夜：中華本校勘記云：“‘正月’各本並作‘五月’，據《後漢書·光烈陰皇后傳》改。”

　　[7]陵：指甘陵。《後漢書》卷二《孝明帝紀》作：“甘露降於甘陵。”

　　[8]太常丞：官名。漢時太常副貳，協掌宗廟祭祀禮儀等，秩比千石。

　　[9]莊：同“妝”。

［10］豐：縣名。治所在今江蘇豐縣。

［11］頻陽：縣名。治所在今陝西富平縣。

［12］延熹：漢桓帝劉志年號（158—167）。 上郡：治所在今陝西榆林市東南。

［13］甘露降巴郡：丁福林《校議》云：“《後漢書·孝桓帝紀》載是年秋八月，‘魏郡言嘉禾生，甘露降。巴郡言黃龍見’。則降甘露者，乃魏郡也……則此‘巴郡’，恐爲‘魏郡’之訛。”

魏文帝初，郡國三十七言甘露降。

魏少帝甘露元年五月，鄴及上洛並言甘露降。[1]

魏元帝咸熙二年四月，南深澤縣言甘露降。[2]

吳孫權黃武前，建業言甘露降。

黃武二年五月，曲阿言甘露降。[3]

吳孫權嘉禾五年三月，[4]武昌言甘露降於禮賓殿。

吳孫權赤烏二年三月，零陵言甘露降。

赤烏九年四月，武昌言甘露降。

吳孫晧甘露元年四月，[5]蔣陵言甘露降。[6]

晉武帝泰始十年四月乙亥，甘露降西河離石。[7]

晉武帝咸寧元年四月丙戌，甘露降張掖。

咸寧元年五月戊午，甘露降清河繹幕。[8]

咸寧元年九月，甘露降太原晉陽。[9]

咸寧二年五月戊子，甘露降玄菟郡治。[10]

咸寧五年六月戊甲，甘露降巴郡南充國。[11]

晉武帝太康五年三月乙卯，甘露降東宮。

太康七年四月，甘露降京兆杜陵。

太康七年五月，甘露降魏郡鄴。

晋惠帝元康四年五月，甘露降樂陵郡。[12]

晋愍帝建興元年六月，甘露降西平縣。[13]

建興三年八月己未，甘露降新昌縣。

晋愍帝建武元年六月丁丑，[14]甘露降壽春。[15]

[1]上洛：縣名。治所在今陝西商洛市商州區。

[2]南深澤縣：治所在今河北深澤縣。

[3]曲阿：縣名。治所在今江蘇丹陽市。

[4]吳孫權嘉禾五年三月：中華本校勘記云："按此條舊在'吳孫權赤烏二年''赤烏九年'二條之後。考嘉禾五年爲公元二三六年，當在前；赤烏二年爲公元二三九年，赤烏九年爲公元二四六年，當在後。今訂正。"嘉禾，三國吳孫權年號（232—238）。

[5]甘露：三國吳末帝孫晧年號（265—266）。

[6]蔣陵：孫權陵墓名。《建康實錄》卷二曰："（神鳳元年）秋七月，葬蔣陵，今縣東北十五里鍾山之陽。"今縣指上元縣。唐上元二年（761）以江寧縣改名。治所在今江蘇南京市。

[7]西河：郡國名。治所在今山西呂梁市離石區。

[8]清河：郡國名。治所在今山東臨清市東北。　繹幕：縣名。治所在今山東平原縣西北。

[9]晋陽：縣名。治所在今山西太原市。

[10]玄菟：郡名。治所在今遼寧瀋陽市東（一説遼寧撫順市東）。

[11]南充國：縣名。治所在今四川南充市。據《晋書·地理志上》，巴西郡轄九縣，其一爲南充國。

[12]樂陵：郡名。治所在今山東惠民縣。據《晋書·地理志上》，冀州有樂陵國，無樂陵郡。

[13]西平：縣名。治所在今廣西西林縣。

[14]晋愍帝建武元年："晋愍帝"當爲"晋元帝"之誤，説見

前注。

　[15]壽春：縣名。治所在今安徽壽縣。

　晉元帝太興三年四月，甘露降琅邪費。[1]

　晉明帝太寧二年正月，[2]巴郡言甘露降。

　晉成帝咸和四年四月，甘露降武昌郡閣前柳樹，太守詡以聞。

　咸和六年三月，甘露降寧州城內北園榛桃樹，刺史以聞。

　咸和七年四月癸巳，甘露降京邑，[3]揚州刺史王導以聞。[4]

　咸和八年四月癸卯，甘露降廬江襄安縣蔣冑家。[5]

　咸和八年四月癸卯，甘露降宣城宛陵縣之須里。[6]

　咸和九年四月甲寅，甘露降吳國錢唐縣右鄉康巷之柳樹。[7]

　咸和九年十二月丙辰，甘露降建平陵。[8]

　咸和九年十二月丁巳，甘露降武平陵。

　晉成帝咸康元年四月癸卯，甘露降西堂桃樹。[9]

　咸康二年三月甲戌，甘露降鬱林城內。[10]

　咸康二年四月，甘露降西堂，又降尚書都坐桃樹，[11]又降會稽永興縣，[12]眾官畢賀。戊午，甘露降會稽山陰縣，又降吳興武康縣。[13]庚申，又降武康。

　咸康三年四月戊午，甘露降殿後桃李樹。五月，甘露降義興陽羨縣柞樹，東西十四步，南北十五步。

　[1]費：縣名。治所在今山東費縣。

　　[2]太寧：晉明帝司馬紹年號（323—326）。

　　[3]京邑：指京師，即今江蘇南京市。

　　[4]王導：人名。字茂弘，官至丞相，仕元、明、成三帝。時有"王與馬，共天下"之諺。《晉書》卷六五有傳。

　　[5]廬江：郡名。治所在今安徽舒城縣。　襄安：縣名。治所在今安徽無爲縣西南。

　　[6]宛陵：縣名。治所在今安徽宣城市宣州區。

　　[7]錢唐：縣名。治所在今浙江杭州市。

　　[8]建平陵：晉元帝陵墓名。《建康實録》卷五云："太寧元年春二月，葬建平陵。陵在今縣北九里雞籠山陽，不起墳。"《元和郡縣圖志》卷二五曰晉元帝建平陵在上元縣北六里雞籠山。《太平寰宇記》卷九〇曰："在上元縣東十一里。"上元縣，唐上元二年（761）以江寧縣改名。治所在今江蘇南京市。

　　[9]西堂：西厢房的前堂。或泛指西邊的堂屋。

　　[10]鬱林：郡名。治所在今廣西桂平市西南古城。

　　[11]尚書都坐：又稱尚書都省，尚書省長官辦公的處所。

　　[12]永興：縣名。治所在今浙江杭州市蕭山區。

　　[13]武康：縣名。治所在今浙江德清縣西千秋鎮。

　　咸康七年四月丙子，甘露降彭城王紘第内。[1]衆官畢賀。

　　晉穆帝永和元年三月，甘露降廬江郡内桃李樹，太守永以聞。

　　永和五年十一月，太常劉邵上崇平陵令王昂即日奉行陵内，[2]甘露降于玄宫前殿。

　　永和五年十二月己酉，甘露降丹陽湖熟縣西界劉敷墓松樹，[3]縣令王恬以聞，[4]衆官畢賀。

晋簡文帝咸安二年正月，甘露降隨郡灄陽縣界桑木，[5]沾凝十餘里中。

晋孝武帝太元十二年八月，甘露降寧州界内，刺史費統以聞。

太元十五年閏月，甘露降永平陵。[6]

太元十六年十一月庚午，甘露降句陽縣。

太元十七年二月，甘露降南海番禺縣楊樹。[7]

晋安帝元興二年十月，[8]甘露降武昌王成基家竹。

元興三年三月己卯，甘露降丹徒。

元興三年四月己酉，甘露降蘭臺。[9]

[1]紘：人名。即司馬紘。字偉德，官至大宗正、秘書監等職。《晋書》卷三七有附傳。

[2]太常：官名。主管祭祀、朝會等禮儀的高級官員。三品。
劉邵：人名。官至尚書郎、太常等。《晋書》一見，本書一見，其事不詳。　崇平陵：晋康帝司馬岳陵墓名。《元和郡縣圖志》卷二五云晋康帝崇平陵在上元縣東北二十里蔣山西南。　王昴：人名。《晋書》無載，本書一見，其事不詳。

[3]湖熟縣：治所在今江蘇南京市江寧區湖熟鎮。

[4]王恬：人名。字仲豫，琅邪臨沂人，王導第二子。爵即丘子，官至後將軍、魏郡太守。《晋書》卷三五有附傳。

[5]隨郡：治所在今湖北隨州市。按東晋無隨郡置，此言隨郡，當是沈約以當時郡名言之。　灄陽：縣名。治所在今湖北武漢市黄陂區。

[6]永平陵：晋穆帝陵墓名。《建康實錄》卷八："在今縣（指唐初以江寧縣改名的上元縣）城北十九里，幕府山之陽，周四十步，高一丈六尺。"原按云："晋十一帝有十陵，元、明、成、哀四

陵在雞籠山之陽，陰葬不起墳。康、簡文、（孝）武、安、恭五陵，在鍾山之陽，亦不起墳。惟孝宗一陵，在幕府山，起墳也。"

[7]南海：郡名。治所在今廣東廣州市。

[8]元興：晉安帝司馬德宗年號（402—404）。

[9]蘭臺：指御史臺。

宋武帝永初元年九月庚辰，甘露降丹徒、峴山。[1]

永初元年十月庚午，甘露降興寧、永寧二陵，[2]彌冠百餘里。

文帝元嘉三年閏正月己丑，甘露降吳興烏程，太守王韶之以聞。[3]

元嘉四年五月辛巳，甘露降齊郡西安臨朐城。[4]

元嘉四年十一月辛未朔，甘露降初寧陵。[5]

元嘉四年十一月己丑，甘露降南海熙安，[6]廣州刺史江桓以聞。[7]

元嘉八年五月，甘露降南海番禺。

元嘉九年十一月壬子，甘露降初寧陵。

元嘉十一年八月甲辰，甘露降費縣之沙里，琅邪太守呂綽以聞。[8]

元嘉十三年二月丁卯，甘露降上明巴山。[9]

元嘉十三年二月，甘露降吳興武康董道益家園樹。

元嘉十三年三月甲午，甘露降初寧陵。

元嘉十六年三月己卯，甘露降廣州城北門楊樹，刺史陸徽以聞。

元嘉十七年四月丁丑，甘露降廣陵永福里梁昌季家樹，南兗州刺史江夏王義恭以聞。

元嘉十七年，甘露降高平金鄉富民邨方三十里中。[10] 徐州刺史趙伯符以聞。[11]

元嘉十七年十一月乙酉，甘露降樂游苑。[12]

元嘉十八年五月甲申，甘露降丹陽秣陵衛將軍臨川王義慶園，揚州刺史始興王濬以聞。

[1]峴山：在今湖北襄陽市。中華本校勘記云：“‘峴山’各本並作‘現山’，據《元龜》二〇一改。按宋鮑照有《從拜陵登京峴詩》。”

[2]興寧：宋武帝劉裕母趙安宗陵名。本書卷四一《孝穆趙皇后傳》曰：“晉哀帝興寧元年四月二日生高祖。其日，后以產疾殂于丹徒官舍，時年二十一。葬晉陵丹徒縣東鄉練璧里雩山。宋初追崇號謚，陵曰興寧。” 永寧陵：宋武帝父劉翹陵墓，在今江蘇鎮江市東南。

[3]烏程：縣名。治所在今浙江湖州市吳興區。 王韶之：人名。字休泰，官至侍中、驍騎將軍。本書卷六〇有傳。

[4]齊郡：治所在今山東淄博市東北。 西安：縣名。治所在今山東臨朐縣西南。 臨朐城：本爲漢舊縣。治所在今山東臨朐縣。

[5]初寧陵：宋武帝劉裕陵名。本書卷三《武帝紀下》：“葬丹陽建康縣蔣山初寧陵。”《元和郡縣圖志》卷二五云：“在縣東北二十二里蔣山東南。”其地在今江蘇南京市麒麟門外麒麟鋪。

[6]熙安：縣名。治所在今廣東廣州市西北。

[7]廣州：治所在今廣東廣州市。 江桓：人名。本書一見。

[8]吕綽：人名。本書二見，其事不詳。

[9]上明：城名。在今湖北松滋市西北長江南岸。東晉太元二年（377）自江陵移荊州治於此城。 巴山：又名麻山，在今湖北松滋市西南。

　　[10]高平：郡名。治所在今山東巨野縣。　金鄉：縣名。治所在今山東嘉祥縣。

　　[11]趙伯符：人名。字潤遠，歷竟陵太守，徐州、豫州刺史，丹陽尹等職。本書卷四六有附傳。

　　[12]樂游苑：宋文帝以覆舟山南爲樂游苑。

　　元嘉十八年六月，甘露降廣陵廣陵孟玉秀家樹，南兗州刺史臨川王義慶以聞。

　　元嘉十九年五月丁卯，[1]甘露降建康司徒參軍督護顧俊之宅竹柳。[2]

　　元嘉十九年五月乙亥，甘露降馬頭濟陽宋慶之園樹，[3]太守荀預以聞。[4]

　　元嘉二十一年，甘露降益州府内梨李樹，刺史庾俊之以聞。[5]

　　元嘉二十一年四月，甘露頻降樂遊苑。

　　元嘉二十一年四月，甘露降彭城綏興里，徐州刺史臧質以聞。[6]

　　元嘉二十一年四月，甘露降義陽平陽，[7]太守龐秀之以聞。[8]

　　元嘉二十二年十一月辛巳，甘露降南郡江陵方城里，荊州刺史南譙王義宣以聞。

　　元嘉二十二年十二月丁酉，甘露降長寧陵，陵令包誕以聞。[9]

　　元嘉二十三年二月丁未，甘露降樂遊苑，苑丞張寶以聞。[10]

　　元嘉二十三年九月丙子，甘露降長寧陵，陵令華林以聞。[11]

元嘉二十三年十二月庚子，甘露降襄陽郡治，雍州刺史武陵王駿以聞。

元嘉二十三年十二月辛丑，甘露頻降樂遊苑，苑丞何道之以聞。[12]

元嘉二十四年二月己亥、庚子，甘露頻降景陽山，山監張績以聞。[13]

元嘉二十四年二月己亥、癸卯、三月丙辰，甘露頻降景陽山，華林園丞陳襲祖以聞。[14]

元嘉二十四年三月甲寅，甘露降尋陽松滋；[15]江州刺史盧陵王紹以聞。

元嘉二十四年四月癸未，甘露降尋陽松滋；丙申，又降江州城內桐樹；[16]丁酉，又降城北數里之中，江州刺史盧陵王紹以聞。[17]

[1]十九年五月丁卯：據《二十史朔閏表》此年五月丁丑朔，無丁卯日。但此年閏五月，閏月丙午朔，則丁卯爲閏五月的二十二日，故“五月丁卯”應作“閏五月丁卯”。下條“元嘉十九年五月乙亥”，也應作“元嘉十九年閏五月乙亥”。

[2]司徒參軍：官名。司徒府屬官，爲府內諸曹之長。　督護：官名。司徒府僚屬，掌軍務，也統軍出征。　顧俊之：人名。本書一見，其事不詳。

[3]濟陽：郡名。治所在今河南蘭考縣。　宋慶之：人名。本書一見，其事不詳。

[4]荀預：人名。本書一見，其事不詳。

[5]庾俊之：人名。任倉部郎中，在上文帝勸進表中有其署名。

[6]彭城綏輿里：劉裕降生地。　臧質：人名。字含文，封興

郡公，官至車騎將軍、使持節、江州刺史等。本書卷七四有傳。

[7]義陽：郡名。治所在今河南信陽市。

[8]龐秀之：人名。河南人，官至梁州、徐州刺史，封樂安縣伯。本書卷七八有附傳。

[9]長寧陵：宋文帝劉義隆陵墓。《建康實録》卷一二云：“陵在今縣東北二十里周迴三十五步，高一丈八赤。”《元和郡縣圖志》卷二五云長寧陵在縣東北二十二里蔣山東南。　包誕：人名。本書一見，其事不詳。

[10]張寶：人名。本書一見，其事不詳。

[11]華林：人名。本書一見，其事不詳。

[12]何道之：人名。本書一見，其事不詳。

[13]張績：人名。本書一見，其事不詳。

[14]陳襲祖：人名。本書四見，均記其爲華林園丞，餘事不詳。

[15]尋陽：郡名。治所在今江西九江市。　松滋：縣名。治所在今安徽霍邱縣。

[16]江州城：指當時江州治所尋陽縣。在今湖北黃梅縣。

[17]紹：人名。即劉紹。字休胤，宋文帝第五子，過繼給廬陵王義真爲嗣。本書卷六一有附傳。

元嘉二十四年七月乙卯，甘露降京師，揚州刺史始興王濬以聞。

元嘉二十四年七月，甘露降襄城治下无量寺，[1]雍州刺史武陵王駿以聞。

元嘉二十四年十月甲午，甘露降魏興郡內，太守韋寧民以聞。[2]

元嘉二十三年至二十四年十二月，甘露頻降，狀如細雪，京都及郡國處處皆然，不可稱紀。

元嘉二十五年十一月庚辰，甘露降南郡，荆州刺史南譙王義宣以聞。

元嘉二十五年十一月乙未，甘露降丹陽秣陵巖山。

元嘉二十六年三月壬午，甘露降景陽山，華林園丞梅道念以聞。

元嘉二十六年三月庚寅、癸巳，甘露頻降武昌，江州刺史廬陵王紹以聞。

元嘉二十六年四月甲辰、丙午、戊申，甘露頻降豫章南昌，太守劉思考以聞。

元嘉二十六年七月，甘露降南郡江陵，荆州刺史南譙王義宣以聞。

元嘉二十七年四月乙卯、丙辰、丁巳，甘露頻降豫章南昌。戊午午時，天氣清明，有綵霧映覆郡邑，甘露又自雲降。太守劉思考以聞。

元嘉二十七年五月甲戌，甘露降東海丹徒，南徐州刺史始興王濬以聞。

元嘉二十八年二月戊辰，甘露降鍾山延賢寺，[3] 揚州刺史廬陵王紹以聞。

元嘉二十八年二月壬午，甘露降徽音殿前果樹。

元嘉二十八年二月，甘露降合歡殿後香花諸草。

孝武帝孝建元年三月丙辰，甘露降華林園。

孝建二年三月己酉，甘露降丹陽秣陵中里路與之墓樹。

孝建二年三月辛亥，甘露降長寧陵松樹。

孝建二年三月，甘露降襄陽民家梨樹。

孝建二年三月戊午，甘露降丹陽秣陵尚書謝莊園竹林，[4]莊以聞。

孝武帝大明元年四月癸卯，甘露降華林園桐樹。

大明三年三月己卯，甘露降樂游苑梅樹。

大明三年三月戊子，甘露降宣城郡舍，太守張辯以聞。

大明四年正月壬辰，甘露降初寧陵松樹。

大明四年二月丙申，甘露降長寧陵松樹。

大明四年二月乙巳，甘露降丹陽秣陵龍山，丹陽尹孔靈符以聞。[5]

大明五年四月辛亥，甘露降吳興安吉，太守歷陽王子頊以聞。[6]

大明五年四月乙卯，甘露降吳興烏程，太守歷陽王子頊以聞。

大明六年二月戊午，甘露降建康靈燿寺及諸苑園，及秣陵龍山，至于婁湖。是日，又降句容、江寧二縣。[7]

[1]襄城：治所在今河南襄城縣。

[2]魏興：郡名。治所在今陝西安康市漢江北岸。　韋寧民：人名。本書一見，其事不詳。

[3]鍾山：即今江蘇南京市中山門外紫金山。

[4]謝莊：人名。字希逸，陳郡陽夏人。官至吏部尚書、吳郡太守，封金紫光禄大夫。著有《謝光禄集》。本書卷八五有傳。

[5]孔靈符：人名。會稽山陰（今浙江紹興市）人。官至郢州刺史、南郡太守等。本書卷五四有附傳。

[6]安吉：縣名。治所在今浙江安吉縣豐城鎮。　子頊：人名。即劉子頊。字孝列，宋孝武帝第七子。歷廣州刺史、荊州刺史、平西將軍等，後謀反賜死。本書卷八〇有傳。

[7]句容：縣名。治所在今江蘇句容市。　江寧：縣名。治所在今江蘇南京市江寧區。

大明七年三月丙申，甘露降尋陽松滋，太守劉矇以聞。[1]

大明七年四月己未，甘露降荊州城內，刺史臨海王子頊以聞。

大明七年十二月辛丑朔，甘露降吳興烏程，令苟卞之以聞。[2]

明帝泰始二年四月己未，甘露降上林苑，苑令徐承道以獻。[3]

泰始二年四月庚申，甘露降華林園，園令臧延之以獻。[4]

泰始二年五月己亥，甘露降丹陽秣陵縣舍齋前竹，丹陽尹王景文以獻。[5]

泰始三年十一月庚申，甘露降晉陵，晉陵太守王薀以聞。

泰始三年十一月癸亥，甘露降南東海丹徒建岡，徐州刺史桂陽王休範以聞。[6]

泰始三年十二月壬午，甘露降崇寧陵，揚州刺史建安王休仁以聞。

後廢帝元徽四年十一月乙巳，甘露降吳興烏程，太守蕭惠明以聞。[7]

順帝昇明二年十二月，甘露降建康禁中里。[8]

昇明二年十一月，甘露降南東海武進彭山，太守謝朏以聞。[9]

昇明二年十一月，甘露降吳興長城卞山，太守王奐以聞。[10]

威香者，[11]王者禮備則常生。闕

[1]劉矇：人名。官至少府、廷尉。本書三見，所記不一。

[2]荀卞之：人名。本書卷八四《鄧琬傳》有"荀卞之"。張森楷《校勘記》疑與其爲一人，"荀""苟"未知孰是。

[3]上林苑：孝武帝大明三年（459）九月壬辰，於玄武湖北立上林苑。　徐承道：人名。本書一見，其事不詳。

[4]臧延之：人名。本書二見，均記爲華林園令，餘事不詳。

[5]王景文：人名。琅邪臨沂人。官至中書令、安南將軍、江州刺史等。封江安侯。本書卷八五有傳。

[6]"泰始三年十一月癸亥"至"桂陽王休範以聞"：丁福林《校議》云："南東海丹徒時屬南徐州，其地降甘露不應由徐州刺史上聞。考本書《文帝紀》《桂陽王休範傳》，休範時所任實乃南徐州刺史……可見此'徐州'乃'南徐州'之誤。"

[7]蕭惠明：人名。歷御史中丞、吳興太守等。本書卷七八有附傳。

[8]順帝昇明二年十二月，甘露降建康禁中里：丁福林《校議》云："下文又記是年十一月……二事。此條記十二月事，不應反在前。考《南齊書·祥瑞志》云：'昇明二年十月，甘露降建康縣。'與此所載應爲一事，見甘露降建康，其實在是年十月，故本卷記在十一月前。此作'十二月'恐非是。"昇明，宋順帝劉準年號（477—479）。

[9]武進：縣名。治所在今江蘇鎮江市丹徒區。　謝朏：人名。

字敬沖，陳郡陽夏人。《梁書》卷一五有傳。

[10]王奐：人名。字道明，琅邪臨沂人。《南齊書》卷四九有傳。

[11]威香：草名。又名威蕤，瑞草。《御覽》卷九八一引孫氏《瑞應圖》曰："威蕤，王者禮備至，則生。一曰王者愛人命，則生。一名葳香也。"

宋書　卷二九

志第十九

符瑞下

嘉禾,[1]五穀之長，王者德盛，則二苗共秀。於周德，三苗共穗;[2]於商德，同本異秾;於夏德，異本同秀。

漢宣帝元康四年,[3]嘉穀玄稷，降于郡國。

漢章帝元和中,[4]嘉禾生郡國。

漢安帝延光二年六月，嘉禾生九真,[5]百五十六本，七百六十八穗。

漢桓帝建和二年四月，嘉禾生大司農帑藏。[6]

漢桓帝永康元年八月，嘉禾生魏郡。[7]

魏文帝黃初元年,[8]郡國三言嘉禾生。

吳孫權黃龍三年十月,[9]會稽南始平言嘉禾生。[10]

孫權赤烏七年秋，宛陵言嘉禾生。[11]

[1]嘉禾：指一莖多穗的異禾。《類聚·百穀部·禾》引《東

觀漢記》：“光武生於濟陽縣，是歲有嘉禾，一莖九穗。”又引《孝經援神契》：“德下至地，則嘉禾生。”故嘉禾是有德帝王出世的祥瑞。《古微書·春秋說題辭》曰：“天文以七，列精以五。故嘉禾之滋，莖長五尺，五七三十五，神聖。故連莖三十五穗，以成盛德，禾之極也。”又一說，《晉書·五行志下》：“案《瑞應圖》異根同體謂之連理，異畝同穎謂之嘉禾。”本書《五行志五》“異畝”作“異苗”。

［2］三苗共穗：《古微書·詩緯》注引《白虎通》曰：“嘉禾者，大禾也。成王時，有三苗異畝而生，同爲一穟，大幾充箱，長幾盈車。民有得而上之者。成王訪周公而問之。公曰：‘三苗爲一穟，天下當和爲一乎。’以是果有越裳氏重九譯而來矣。”

［3］元康：漢宣帝劉詢年號（前65—前62）。

［4］元和：漢章帝劉炟年號（84—87）。

［5］延光：漢安帝劉祜年號（122—125）。　九真：郡名。治所在今越南清化省清化市西北。

［6］建和：漢桓帝劉志年號（147—149）。　大司農：官名。九卿之一，掌財政收支，漢武帝時由大農令改名。秩中二千石。此處指大司農的官署名。

［7］永康：漢桓帝劉志年號（167）。　魏郡：治所在今河北臨漳縣西南鄴鎮。

［8］黃初：三國魏文帝曹丕年號（220—226）。

［9］黃龍：三國吳孫權年號（229—231）。

［10］會稽：郡名。治所在今浙江紹興市。　南始平：縣名。治所在今浙江天台縣。《御覽》卷八三九引《吳志》：“會稽始平言嘉禾生，改年爲嘉禾。”中華本校勘記云：“‘南始平’各本並作‘南平始’，據《三國志·吳志·吳主權傳》改。”

［11］赤烏：三國吳孫權年號（238—251）。　宛陵：縣名。治所在今安徽宣城市宣州區。《御覽》卷八三九、《類聚》卷八五引《吳志》與此條同。

晋武帝泰始八年十月，[1]瀘水胡王彭護獻嘉禾。[2]

晋武帝太康四年十二月，[3]嘉禾生扶風雍。[4]

太康五年七月，嘉禾生豫章南昌。[5]

太康八年閏三月，[6]嘉禾生東夷校尉園。[7]

太康八年九月，嘉禾生東萊掖。[8]

晋愍帝建興元年八月癸亥，[9]嘉禾生襄平縣，[10]一莖七穗。

建興二年六月，嘉禾生平州治，三實同蒂。[11]

建興三年七月，嘉禾生襄平縣，異體同蒂。

[1]泰始：晋武帝司馬炎年號（265—274）。

[2]瀘水胡：指在今金沙江四川宜賓市以上的雲南、四川交界處一段居住的少數民族。　彭護：人名。爲瀘水胡王。《晋書》不見，本書一見。

[3]太康：晋武帝司馬炎年號（280—289）。

[4]扶風：郡名。治所在今陝西涇陽縣西北。　雍：縣名。在今陝西鳳翔縣。

[5]豫章：郡名。治所在今江西南昌市。　南昌：縣名。治所在今江西南昌市。

[6]太康八年閏三月：丁福林《校議》云：“據陳垣《二十史朔閏表》，太康八年閏八月，非閏三月。”

[7]東夷校尉：官名。主管東北及華北東北部的鮮卑慕容部、段部、宇文部和高句麗等少數民族事務。設府於襄平，即今遼寧遼陽市。

[8]東萊：郡名。治所在今山東萊州市。　掖：縣名。治所在今山東萊州市。

[9]建興：晋愍帝司馬鄴年號（313—317）。

[10]襄平：縣名。治所在今遼寧遼陽市。

[11]平州：治所在今遼寧義縣。　蒂：花或瓜果與枝莖相連的部分。

　　宋文帝元嘉二年十月，[1]嘉禾生潁川陽翟，[2]太守垣苗以聞。[3]

　　元嘉九年三月，嘉禾生義陽，[4]豫州刺史[5]長沙王義欣以獻。[6]

　　元嘉十年八月，嘉禾生汝南苞信，[7]豫州刺史長沙王義欣以獻。

　　元嘉十一年八月，嘉禾一莖九穗生北汝陰，[8]太守王玄謨以獻。[9]

　　[1]元嘉：宋文帝劉義隆年號（424—453）。

　　[2]潁川：郡名。治所在今河南許昌市東。

　　[3]垣苗：人名。略陽桓道（今甘肅隴西縣）人。本爲南燕慕容德的京兆太守，後歸降宋。歷屯騎校尉、潁川太守等。本書卷五〇有附傳。

　　[4]義陽：縣名。治所在今河南信陽市。

　　[5]豫州：僑置。治所在今安徽壽縣。

　　[6]義欣：人名。即劉義欣。劉道憐長子，嗣爲長沙王。本書卷五一有附傳。

　　[7]汝南：郡名。治所在今河南魯山、寶豐、葉三縣之間。苞信：縣名。治所在今河南息縣東北包信鎮。

　　[8]北汝陰：史無北汝陰。下言“太守王玄謨”，本書卷七六《王玄謨傳》“元嘉中……領汝陰太守”，汝陰爲郡名，三國魏置，

治所在今安徽阜陽市，宋沿置，齊又在汝陰郡僑治南汝陰郡，治所在今安徽合肥市，而阜陽已出南齊界，故疑齊、梁時俗稱原阜陽汝陰爲北汝陰，本書著者沈約沿之。若此，當刪“北”字。

[9]王玄謨：人名。字彦德，太原祁人。封曲江縣侯，官至左光禄大夫，領護軍，加都督。本書卷七六有傳。

元嘉二十年六月，嘉禾一莖九穗生上庸新安，[1]梁州刺史劉真道以獻。[2]

元嘉二十一年，嘉禾生新野鄧縣，[3]雍州刺史蕭思話以獻。[4]

元嘉二十二年六月，嘉禾生籍田，一莖九穗。

元嘉二十二年七月癸酉，嘉禾生平虜陵，徐州刺史臧質以獻。[5]

元嘉二十二年九月，嘉禾生太尉府田，太尉江夏王義恭以聞。[6]

元嘉二十二年九月，嘉禾生揚州東耕田，刺史始興王濬以聞。[7]

元嘉二十二年，嘉禾生華林園，百六十穗，園丞陳襲祖以聞。[8]

元嘉二十二年，嘉禾生潁川曲陽，[9]豫州刺史趙伯符以獻。[10]

元嘉二十三年七月乙丑，嘉禾旅生籍田，籍田令褚熙伯以聞。[11]

元嘉二十三年七月庚午，嘉禾生丹陽椒唐里，[12]揚州刺史始興王濬以聞。

元嘉二十三年七月庚辰，嘉禾生醴湖屯，屯主王世宗以聞。[13]

元嘉二十三年八月己酉，嘉禾生華林園，園丞陳襲祖以聞。

元嘉二十三年九月庚申，嘉禾生沛郡蕭，[14]征北大將軍衡陽王義季以聞。[15]

元嘉二十三年，嘉禾生江夏汝南，[16]荊州刺史南譙王義宣以聞。[17]

[1]上庸：郡名。治所在今湖北竹山縣。　新安：縣名。治所在今湖北南漳縣。

[2]梁州：治所在今陝西漢中市。　劉真道：人名。名劉懷敬，字真道。劉裕從母弟，歷會稽太守、尚書、刺史等。本書卷四七有附傳。中華本校勘記云：“各本並脫‘真’字，據《劉懷肅傳》弟子真道附傳補。”

[3]新野：郡名。治所在今河南新野縣。　鄧縣：治所在今河南鄧州市。

[4]雍州：僑置。治所在今湖北襄陽市襄城區。　蕭思話：人名。南蘭陵人。歷中書令、丹陽尹、常侍等，封陽穆公。本書卷七八有傳。

[5]徐州：治所在今江蘇徐州市。　臧質：人名。字含文，東莞莒人。封興郡公，官至車騎將軍、使持節、江州刺史等。本書卷七四有傳。

[6]太尉：官名。東漢爲三公之首，魏晋後多作爲大臣加官，無實際職掌。一品。但東晋劉裕任太尉則有實權。　義恭：人名。即劉義恭。宋武帝子，官至太尉、司徒、司空等。本書卷六一有傳。

[7]揚州：治所在今江蘇南京市。　濬：人名。即劉濬。字休明。元嘉十三年（436）封始興王，十七年爲揚州刺史。本書卷九

九有傳。

　　[8]華林園：宮苑名。三國吳始建。在今江蘇南京市雞鳴山。宋元嘉時擴建，築華光殿、景陽樓、竹木堂諸名勝，南宋時尚有殘存遺迹。　　陳襲祖：人名。本書《符瑞志》四見，均不記其身世。

　　[9]曲陽：縣名。西漢置，治所在今江蘇沭陽縣，西晉廢。據本書《州郡志二》，潁川太守領曲陽令，今地不詳。中華本校勘記云：“‘曲陽’各本並作‘陽白’，《元龜》二〇一作‘陽曲’。”其據《考論》改作“曲陽”，是。

　　[10]趙伯符：人名。字潤遠，下邳僮（今安徽泗縣）人。歷竟陵太守，徐州、豫州刺史，丹陽尹等。本書卷四六有附傳。

　　[11]籍田：皇帝親行春耕之禮的土地。本書卷五《文帝紀》載，宋文帝元嘉二十年十二月壬午置籍田。詔曰：“古者躬耕帝籍，敬供粢盛，仰瞻前王，思遵令典。便可量處千畝，考卜元辰。朕當親率百辟，致禮郊甸。”　　籍田令：官名。管理籍田的最高長官。　褚熙伯：人名。本志四見，其事不詳。

　　[12]丹陽：郡名。治所在今江蘇丹陽市。

　　[13]醴湖屯：無考。　王世宗：人名。本書三見，一處稱其爲苑丞，二處稱其爲屯主，餘事不詳。

　　[14]沛郡：治所在今江蘇沛縣。　蕭：縣名。治所在今安徽蕭縣。

　　[15]義季：人名。即劉義季。宋武帝子，任征北大將軍，封衡陽王。本書卷六一有傳。

　　[16]江夏：郡名。治所在今湖北武漢市武昌區。　汝南：縣名。治所在今湖北武漢市武昌區。

　　[17]荊州：治所在今湖北荊州市荊州區。　義宣：人名。即劉義宣。元嘉九年封南譙王，十三年任江州刺史。本書卷六八有傳。

　　元嘉二十四年七月乙卯，嘉禾旅生華林園及景陽山，[1]園丞梅道念以聞。[2]太尉江夏王義恭上表曰：

　　臣聞居高聽卑，上帝之功；[3]天且弗違，聖王之德。[4]故能影響二儀，[5]甄陶萬有。[6]鑒觀今古，採驗圖緯，[7]未有道闕化虧，而禎物著明者也。[8]自皇運受終，[9]辰曜交和，[10]是以卉木表靈，山淵效寶。伏惟陛下體《乾》統極，休符襲逮。[11]若乃鳳儀西郊，龍見東邑，海酋獻改縓之羽，[12]河祇開俟清之源。[13]三代象德，[14]不能過也。有幽必闡，無遠弗屆，重譯歲至，[15]休瑞月臻。前者躬籍南畝，嘉穀仍植，神明之應，在斯尤盛。四海既穆，五民樂業，思述汾陽，[16]經始靈囿。[17]蘭林甫樹，嘉露頻流，板築初就，祥穟如積。太平之符，於是乎在。臣以寡立，承乏槐鉉，[18]沐浴芳津，預覩冥慶，[19]不勝抃僚之情。謹上《嘉禾甘露頌》一篇，不足稱揚美烈，追用悚汗。其頌曰：

[1]旅生：野生，不種而生。《後漢書》卷一上《光武帝紀上》：“至是野穀旅生。”李賢注：“旅，寄也。不因播種而生，故曰旅。”

[2]梅道念：人名。《符瑞志》六見，均言其爲華林園丞，餘事不詳。

[3]上帝：天帝。《後漢紀》卷一八《孝順皇帝紀上》：“愚以爲天不言，以災異爲譴告。政之治亂，主之得失，皆上帝所伺而應以災祥者也。”言天帝高居天上，但能察聽地上人事，示以災異而成大功。

[4]天且弗違，聖王之德：人間聖王不違天帝之意，是爲聖王之德。

　　[5]二儀：即兩儀。此指天、地。

　　[6]甄陶：原義爲燒製瓦器，引申爲化育萬物。《文選》何晏《景福殿賦》：“甄陶國風。”李周翰注：“甄陶，謂燒土爲器。言欲政化淳厚，亦如甄陶乃成。”　萬有：即萬物。

　　[7]圖：即圖讖。古代方士或儒生編造的關於帝王受命徵驗一類的書籍，多爲隱語、預言。　緯：即緯書。漢代相對於五經之書而作的緯書，依托儒家經義宣揚符瑞占驗之書。

　　[8]道：天道。　化：教化。　禎物：祥瑞之物。

　　[9]皇運：享有皇位的氣數。　受終：承受帝位。《尚書·舜典》：“受終于文祖。”孔穎達疏：“受終者，堯爲天子，於此事終而授與舜。”

　　[10]辰：指星辰。　曜：七曜，指日、月、五星。　交和：交互間運行正常，和順。

　　[11]極：中正的法則。《漢書》卷五八《兒寬傳》：“唯天子建中和之極，兼總條貫，金聲而玉振之，以順成天慶，垂萬世之基。”　休符：吉祥的徵兆。　襲逮：紛至沓來。

　　[12]海酋：海神。　改緇：化用《詩·鄭風·緇衣》“緇衣之宜兮，敝，予又改爲兮”之意，即改新、重造。　羽：羽毛，指鳥類。

　　[13]河祇：河神。

　　[14]三代：指夏、商、周三代。

　　[15]重譯：出自周初越裳國獻白雉的典故，指多次翻譯。《論衡·恢國》則云：“成王之時，越常獻雉。”《漢書》卷一二《平帝紀》：“越裳氏重譯獻白雉一，黑雉二。”顏師古注曰：“越裳，南方遠國也。譯，謂傳言也。道路絕遠，風俗殊隔，故累譯而後乃通。”

　　[16]思述汾陽：典出《莊子·逍遙遊》：“堯治天下之民，平海內之政，往見四子藐姑射之山，汾水之陽，窅然喪其天下焉。”意爲要治理天下，就應像堯那樣去訪問姑射之山和汾水之陽的

隱士。

[17]靈囿：周文王的苑囿，動物花草在靈囿中可各得其所，喻人民安居樂業。《後漢書》卷四〇下《班固傳》李賢注："此言魚獸各得其所，如文王之靈囿也。"

[18]槐鉉：指三公。槐，指三槐。周代宮廷外種三棵槐樹，三公朝天子時，面三槐而立，後因以三槐指三公。鉉，舉鼎之具，這裏象徵鼎。鼎乃國之重器，三足而立，像國之三公。

[19]冥慶：神靈降賜的祥瑞。

　　二象攸分，三靈樂主。齊應合從，在今猶古。[1]天道誰親，[2]唯仁斯輔。[3]皇功帝績，理冠區宇。[4]四民均極，[5]我后體茲。[6]惟機惟神，敬昭文思。九族既睦，[7]萬邦允釐。[8]德以位敘，道致雍熙。[9]於穆不已，顯允東儲。[10]生知夙叡，嶽茂淵虛。[11]因心則哲，令問弘敷。[12]繼徽下武，[13]儷景辰居。[14]

[1]二象攸分，三靈樂主。齊應合從，在今猶古：天地攸然分開，日月星辰布滿天空，縱橫整齊相應，按自然規律運行，古今都是如此。二象，乾坤二卦之象，指天地。三靈，指日、月、星。

[2]天道誰親：此由《老子》"天道無親，常與善人"衍化而來。天道，天理、天意。親，偏私。

[3]唯仁斯輔：天道無親，祇有行仁義纔能得到天的幫助。

[4]區宇：指天下、境域。

[5]四民：士、農、工、商。《漢書·食貨志上》："士農工商，四民有業。"

[6]后：后土，土、地之神。

[7]九族既睦：語出《尚書·堯典》："九族既睦，平章百姓，

百姓昭明，協和萬邦。"《正義》引鄭玄云："上至高祖，下及玄孫，是爲九族。"一說九族爲父族四、母族三、妻族二。見孫星衍《尚書今古文注疏》引夏侯、歐陽等説。

[8]萬邦允釐：謂萬國治理得當。《尚書·堯典》："允釐百工，庶績咸熙。"孔安國傳："允，信；釐，治。"

[9]德以位叙，道致雍熙：在位叙以德，可致和樂升平。雍熙，謂和樂升平。《文選》張衡《東京賦》："百姓同於饒衍，上下共其雍熙。"薛綜注："言富饒是同，上下咸悦，故能雍和而廣也。"

[10]於穆不已，顯允東儲：恭敬不已，儲君英明誠信。穆，恭敬、誠信。不已，不止。顯允，英明誠信。東儲，東宫儲君。

[11]生知夙叡，嶽茂淵虚：生來就聰明睿智，像高山一樣葱翠繁茂，像深淵一樣虚懷若谷。

[12]令問弘敷：典出《尚書·君牙》："弘敷五典，式和民則。"孔安國傳："大布五常之教，用和民，令有法則。"弘敷，大力布揚。

[13]繼徽下武：繼承五典之美善。承上句"令問弘敷"義而用典。典出《尚書·舜典》："慎徽五典，五典克從。"陸德明《經典釋文》："徽，許韋反，王（肅）云美，馬（融）云善也。"徽，美、善。下武，即繼武，謂足迹相接。《禮記·玉藻》："大夫繼武。"孔穎達疏："繼武者，謂兩足迹相接繼也。"武，足迹。

[14]儷景辰居：比喻附著於日月星辰而居。古之建築往往比擬天象而建。儷，匹配，附著。景，亮光，光明，太陽。辰，星辰。

軒制合宫，[1]漢興未央。[2]矧伊聖朝，九有已康。[3]率由舊典，思燭前王。乃造陵霄，遂作景陽。[4]有藹景陽，天淵之涘。[5]清暑爽立，雲堂特起。[6]植類斯育，動類斯止。極望江波，遍對岳峙。化德惟達，休瑞惟戀。[7]誕降嘉種，呈祥初構。甘露春凝，禎穟秋秀。[8]含滋匪烈，[9]嗣歲仍富。昔在放勳，曆莢數朝。[10]降及重華，倚扇清庖。[11]鑠矣皇慶，比物競昭。倫彼典策，被此風謠。資臣六蔽，任兼兩司。[12]既惡仲袞，[13]又慚鄭緇。[14]豈忘衡泌，樂道明時。[15]敢述休祉，[16]愧闕令辭。

[1]軒：指軒轅黃帝。　合宮：傳爲黃帝的明堂。《尸子·君治》："夫黃帝曰合宮，有虞氏曰總章，殷人曰陽館，周人曰明堂，皆所以名休其善也。"

[2]未央：指漢長安的未央宮。《史記》卷八《高祖本紀》："蕭丞相營作未央宮，立東闕、北闕。"《正義》："顏師古云：'未央殿雖南嚮，而當上書奏事謁見之徒皆詣北闕……至於西南兩面，無門闕矣。蕭何初立未央宮，以厭勝之術理宜然乎？'按：北闕爲正者，蓋象秦作前殿，渡渭水屬之咸陽，以象天極、閣道絕漢抵營室。"此以未央宮喻天子之"營室"，並以門嚮所在對秦厭勝之。

[3]矧：況且。　九有：九州。

[4]陵霄：殿名。亦作"凌霄"，傳說中玉皇大帝之宮殿。景陽：元嘉二十三年，在華林園築景陽山，山上建景陽樓。

[5]藹：同"靄"。雲氣。　天淵：池名。在華林園。　涘：水邊。

[6]清暑：宋宮廷的殿名。　雲堂：華美的殿堂。

[7]休瑞：祥瑞。　戀：美好。

[8]甘露春凝：露水多下於春夏之交的二、三、四月，故云。禎穟：吉祥成熟的禾穗。穟，禾穗成熟下垂。

[9]含滋匪烈：中華本校勘記云："'含滋'二字，三朝本空白，北監本、毛本、殿本、局本作'于今'。《元龜》一九二作'含滋'。今據《元龜》訂正。"匪烈，不尋常的美績。

[10]放勳：帝堯名。　曆莢：又稱蓂莢。傳說中一種可以兆示

時日的瑞草，是王者德至地、日月得其分的徵兆。《御覽》卷八七三引孫氏《瑞應圖》曰：“蓂莢者，葉圓而五色，一名曆莢。十五葉，日生一葉，從朔至望畢。從十六日毀一葉，至晦而盡。月小則一葉卷而不落。聖明之瑞也，人君德合乾坤則生。”又引《祥瑞圖》曰：“蓂莢，堯時生。”

[11]重華：帝舜名。　倚扇：一名萐甫，傳說堯時厨中自生的肉脯，祥瑞之一。萐，扇子。《論衡·是應》：“儒者言萐脯生於庖厨者，言厨中自生肉脯，薄如萐形，搖鼓生風，寒凉食物，使之不臭。”又作“萐莆”，是一種瑞草或瑞木。《説文解字·萐》：“萐莆，瑞草也。堯時生於庖厨，扇暑而凉。”段玉裁注：“《白虎通》曰：‘孝道至則，萐莆生庖厨。萐莆者，樹名也。其葉大於門扇，不搖自扇，於飲食清凉，助供養也。’”　清庖：使飲食清凉。

[12]六蔽：謂不好學而造成的六種弊端。語出《論語·陽貨》：“子曰：‘由也，女聞六言、六蔽矣乎？’對曰：‘未也’。曰：‘居！吾語女：好仁不好學，其蔽也愚；好知不好學，其蔽也蕩；好信不好學，其蔽也賊；好直不好學，其蔽也絞；好勇不好學，其蔽也亂；好剛不好學，其蔽也狂。’”此處劉義恭以不好學而自謙。

　任兼兩司：指元嘉二十一年劉義恭進太尉、領司徒事。東漢以來，稱太尉、司徒、司空三公爲三司。

[13]惡：慚愧。　仲袞：仲山甫補袞職的典故。《詩·大雅·烝民》：“袞職有闕，維仲山甫補之。”袞職指王或三公。劉義恭以此典故喻自己忝爲三公，未恪盡職守而慚愧。袞，袞服，古代帝王或上公穿的繪有卷龍的禮服。

[14]又慚鄭緇：喻在相位而不能像武公那樣好賢。鄭緇，即《詩·鄭風·緇衣》省稱。此篇是贊美鄭武公好賢之詩。《禮記·緇衣》：“子曰：‘好賢如《緇衣》，惡惡如《巷伯》。’”緇，緇衣。黑色帛做的朝服。

[15]豈忘衡泌，樂道明時：言自己高居相位，不敢忘了退隱，樂於道，明於時。衡泌，謂隱居之地。語出《詩·陳風·衡門》：

"衡門之下，可以栖遅，泌之洋洋，可以樂飢。"朱熹《集傳》："此隱居自樂而無求者之詞。言衡門雖淺陋，然亦可以游息；泌水雖不可飽，然亦可以玩樂而忘飢也。"

[16]休祉：即福祉。休，美、善。祉，福。

中領軍吉陽縣侯沈演之奏上《嘉禾頌》曰：[1]

"焕炳禎圖，[2]昭晰瑞典。[3]運傾方閟，時亨始顯。[4]緹狀既章，[5]鳥文斯辨。[6]於皇聖辟，[7]承物紀遠。明兩辰麗，昌輝天衍。其一理妙位崇，事神業盛。淵渥德澤，虛寂道政。協化安心，調樂移性。玉衡從體，瑤光得正。[8]巨星垂采，景雲立慶。[9]其二極仁所被，罔幽不攘。至和所感，靡況弗彰。鴛出丹穴，鸑起西湘。白鹿踰海，素鳥越江。結響穹陰，儀形鍾陽。其三治人奉天，迺勤迺格。黛末儆載，[10]高廩已積。嘉禾重穆，甘露流液。擢秀辰畦，揚穎角澤。離毯合豪，榮區蔭斥。其四盈箱徵殷，貫桑表周。今我大宋，靈睨綢繆。帝終撝謙，繹思勿休。躬薦宗廟，温恭率由。降福以誠，孝享虔羞。其五頌趾推功，登徽叡詔。恩覃隱顯，賞延荒徼。河潚海夷，山華岳燿。憬琛夐賮，兼澤委效。日表地外，改服請教。其六茂對盛時，綏萬屢豐。厭厭歸素，秩秩大同。上藏諸用，下知所從。仰式王度，俯歌《南風》。[11]鴻名稱首，永保無窮。其七"

[1]中領軍：官名。京師禁衛軍之統帥。三品。　沈演之：人

名。字臺眞，吳興武康人。襲父爵爲吉陽縣五等侯。歷侍中、尚書吏部郎、右衛將軍等。本書卷六三有傳。

[2]焕炳：光輝，明亮。　禎圖：與“禎符”義同，祥瑞，吉兆。

[3]昭晰：清楚，明顯。

[4]方閟：纔止息。　亨：通達。

[5]綈狀既章：寫在綈絹上的文狀已經顯現。

[6]鳥文：篆書的一種。《春秋運斗樞》：“瑞章曰‘天黄帝符璽’五字，廣袤各三寸，深四分，鳥文。”

[7]辟：彰明，顯明。

[8]玉衡、搖光：北斗星的第五星爲玉衡，第七星爲搖光。第五至第七星連起來合稱杓或斗柄，其在四季中分別指向東西南北不同方向，可觀斗柄所指方向確定季節，故云“得正”。古以斗柄喻嘉禾。《御覽》卷八三九引《春秋運斗樞》曰：“旋星明，則嘉禾液。”又引《春秋說題辭》曰：“天文以七，列精以五。故嘉禾之滋，莖長五尺，五七三十五，神盛。故連莖三十五穗，以成盛德，禾之極也。”

[9]景雲：一種若烟非烟、若雲非雲的祥雲或瑞雲。古人以爲天樞星處於合適位置或帝王德至山陵會出現景雲。《春秋緯》卷五《春秋運斗樞》：“天樞得則景雲出。”宋均注：“景雲若烟非烟，若雲非雲，鳳不鳴條則見也。”《文選》晉武帝《華林園集詩》李善注引《孝經援神契》：“王者德至山陵則景雲出。”

[10]黛秣：又稱黛秅，青黑色的秣秅。

[11]《南風》：相傳爲虞舜所作的樂曲名。《禮記·樂記》：“昔者舜作五弦之琴，以歌《南風》。”

　　元嘉二十四年八月乙巳，嘉禾生魚城内晋陵，[1]南徐州刺史廣陵王誕以聞。[2]

元嘉二十五年六月壬寅，嘉禾旅生華林園，十株七百穗，園丞梅道念以聞。

元嘉二十五年六月壬子，嘉禾生籍田，籍田令褚熙伯以獻。

元嘉二十五年七月壬辰，嘉禾生北海，[3]青、冀二州刺史杜坦以獻。[4]

元嘉二十五年八月丙午，嘉禾生太尉江夏王義恭果園，江夏國典書令陳穎以聞。[5]

元嘉二十五年八月壬子，嘉禾生建康化義里，令丘珍孫以獻。[6]

元嘉二十五年八月癸丑，嘉禾生華林園，園丞梅道念以獻。

元嘉二十五年十一月，嘉禾生巴東，[7]荆州刺史南譙王義宣以聞。

元嘉二十六年五月癸酉，嘉禾生建康禁中里，揚州刺史始興王濬以獻。

元嘉二十六年六月甲寅，嘉禾生籍田，籍田令褚熙伯以獻。

元嘉二十六年七月，嘉禾生巴東朐䏶，[8]荆州刺史南譙王義宣以獻。

元嘉二十七年十月己丑，嘉禾生北海，青州刺史杜坦以聞。[9]

元嘉二十八年七月戊戌，嘉禾生廣陵邵伯埭，[10]兗州刺史江夏王義恭以聞。[11]

孝武帝孝建二年六月癸巳，[12]嘉禾二株生江夏王義恭東田。

孝建二年九月己丑朔，嘉禾異畝同穎生齊郡廣饒縣。[13]

孝建三年七月庚午，嘉禾生吳興武康。[14]

孝武帝大明元年五月戊午，嘉禾一株五莖生清暑殿鴟尾中。[15]

大明元年八月甲申，嘉禾生青州，異根同穗。

大明三年九月乙亥，嘉禾生北海都昌縣，青州刺史顏師伯以聞。[16]

大明六年八月辛未，嘉禾生樂陵，青、冀二州刺史劉道隆以聞。[17]

明帝泰始二年七月己酉，嘉禾生會稽永興，太守巴陵王休若以獻。[18]

[1]魚城：一名吳城，春秋時吳國所建，故名。在今江蘇蘇州市。　晋陵：晋的皇陵。晋廢帝司馬奕死後葬在吳陵，在吳縣境內。

[2]南徐州：僑置。治所在京口，即今江蘇鎮江市。　誕：人名。即劉誕。字休文，宋文帝第六子。後改封竟陵王。因謀反被殺。本書卷七九有傳。

[3]北海：郡名。治所在今山東昌樂縣。

[4]青、冀二州：僑置。治所在今江蘇連雲港市東雲臺山一帶。杜坦：人名。元嘉中任後軍將軍，青、冀二州刺史等。本書卷六五有附傳。

[5]江夏國：王國名。治所在今湖北武漢市武昌區。　典書令：官名。王國屬官，掌管國相以下公文上奏。官品依國等級不同。陳穎：人名。本書一見，其事不詳。

　　[6]建康：縣名。治所在今江蘇南京市。　　丘珍孫：人名。吳興人，曾任冠軍將軍周嶠司馬。嶠投靠元凶劉劭，珍孫殺之。

　　[7]巴東：郡名。治所在今重慶奉節縣東。

　　[8]朐䏰：縣名。治所在今重慶雲陽縣。

　　[9]青州：治所在東陽城，即今山東青州市。

　　[10]廣陵：縣名。治所在今江蘇揚州市西北蜀崗上。

　　[11]兗州：治所在今山東兗州市。

　　[12]孝建：宋孝武帝劉駿年號（454—456）。　　二年六月癸巳：六月辛酉朔，無癸巳。

　　[13]齊郡：治所在今山東淄博市臨淄區。　　廣饒：縣名。治所在今山東壽光市北。

　　[14]吳興：郡名。治所在今浙江湖州市吳興區南下菰城。　　武康：縣名。治所在今浙江德清縣千秋鎮。

　　[15]大明：宋孝武帝劉駿年號（457—464）。　　鴟尾：古代宮殿屋脊正脊兩端的裝飾性構件，外形略如鴟尾，故名。

　　[16]都昌：縣名。治所在今山東青州市。　　顏師伯：人名。字長淵，琅邪臨沂（今山東費縣）人。歷參軍、御史中丞、侍中、吏部尚書等。本書卷七七有傳。

　　[17]樂陵：縣名。治所在今山東樂陵市。　　劉道隆：人名。彭城人。歷廬江太守、黃門侍郎、右衛將軍，封永昌縣侯。本書卷四五有附傳。

　　[18]泰始：宋明帝劉彧年號（465—471）。　　永興：縣名。治所在今浙江杭州市蕭山區。　　休若：人名。即劉休若。文帝第十九子，孝建三年封巴陵王。本書卷七二有傳。

　　漢章帝元和中，嘉麥生郡國。[1]

　　晉武帝太康十年六月，嘉麥生扶風郡，[2]一莖四穗。是歲收三倍。

宋文帝元嘉二十三年，醴湖屯生嘉粟，[3]一莖九穗，屯主王世宗以聞。

元嘉二十五年六月壬子，嘉黍生籍田，籍田令褚熙伯以獻。

[1]嘉麥：生長奇異的麥子，古以爲符瑞。

[2]扶風郡：中華本校勘記云：“‘郡’《御覽》八三八引《晋起居注》作‘郿’。”郿，縣名。治所在今陝西眉縣東渭河北岸。

[3]嘉粟：即嘉禾。粟，穀子，小米。

吳孫權黃龍三年，由拳野稻生，改由拳爲禾興。[1]

吳孫亮五鳳元年，交阯稗草化爲稻。[2]

宋文帝元嘉二十三年，吳郡嘉興鹽官縣野稻自生三十許種，[3]揚州刺史始興王濬以聞。

元嘉二十八年七月癸卯，尋陽柴桑菽粟旅生，[4]彌漫原野，江州刺史建平王宏以聞。[5]

[1]由拳：縣名。治所在今浙江嘉興市。

[2]五鳳：三國吳會稽王孫亮年號（254—256）。　稗草：又稱稗子，似穀的草。　交阯：郡名。治所在今越南河內市西北。

[3]吳郡：治所在今江蘇蘇州市。　嘉興：郡名。治所在今浙江嘉興市。　鹽官：縣名。治所在今浙江海寧市鹽官鎮。

[4]尋陽：郡名。治所在柴桑縣。　柴桑：縣名。治所在今江西九江市。

[5]江州：治所在今湖北黃梅縣。　宏：人名。即劉宏。字休度，宋文帝第七子。歷中書令、江州刺史、中軍將軍等。本書卷七二有傳。

漢章帝元和中，嘉瓜生郡國。[1]

漢安帝元初三年三月，東平陵有瓜異處共生，八瓜同蒂。[2]

漢桓帝建和二年七月，河東有嘉瓜，[3] 兩體共蒂。

晉武帝太康三年六月，[4] 嘉瓜異體同蒂，生河南洛陽輔國大將軍王濬園。[5]

晉武帝太康元年十二月戊子，嘉瓠生寧州，寧州刺史費統以聞。[6]

宋文帝元嘉二十五年四月戊辰，嘉瓠生京邑新園，園丞徐道興以獻。[7]

孝武帝大明五年五月，嘉瓜生建康蔣陵里，丹陽尹王僧朗以獻。[8]

明帝泰始二年八月戊午，嘉瓜生南豫州，[9] 南豫州刺史山陽王休祐以獻。[10]

[1] 嘉瓜：優異的瓜，同蒂連實，古以爲祥瑞。《御覽》卷九七八引《述異記》曰：“漢章帝元年，上虞獻雙蒂瓜，一實五色。”

[2] 元初：漢安帝劉祜年號（114—120）。《御覽》卷九七八引《續漢書》曰：“安帝元初三年，有瓜異本同蒂共生一瓜。時以爲瓜者外也，離本而實；女子，外屬之象也；是時梁皇后與外親耿寶共譖太子，廢爲濟陰王，更外迎濟北王子犢立爲太子。”

[3] 河東：郡名。治所在今山西夏縣禹王城。

[4] 晉武帝太康三年六月：丁福林《校議》據《晉書》卷四二《王濬傳》、《通鑑》卷八一考證，“頗疑嘉瓜事在太康元年六月，故載於下條元年十二月嘉瓠生寧州事前，時濬適爲輔國大將軍也”。

[5] 河南：郡名。治所在今河南洛陽市。　洛陽：縣名。治所在今河南洛陽市東北。　輔國大將軍：官名。將軍名號。新莽末劉

永割據政權始置。三國魏晋二品。王濬任職後，增兵五百人爲輔國營，給官騎，並置司馬。如開府則位從公，進爲一品。　　王濬：人名。字士治，弘農湖人。歷巴郡太守、益州刺史，率軍滅吳，拜輔國大將軍。《晋書》卷四二有傳。

[6]嘉瓠：生長奇異的瓠瓜。瓠瓜也稱葫子、瓠子、夜開花，實細長，首尾粗細略同，可食。　　寧州：治所在今雲南曲靖市西。費統：人名。《晋書》無此人，本書《符瑞志》三見，均言其爲寧州刺史，餘事不詳。

[7]徐道興：人名。本書二見，其事不詳。

[8]丹陽尹：官名。京師所在郡府的行政長官。品級高於一般州、郡地方長官。丹陽，郡名。治所在今江蘇丹陽市。　　王僧朗：人名。王景文父，琅邪臨沂人。歷侍中、湘州刺史等。事見本書卷八五《王景文傳》。

[9]南豫州：僑置。治所在今安徽和縣。

[10]休祐：人名。即劉休祐。宋文帝第十三子，封山陽王。本書卷七二有傳。丁福林《校議》據本書卷八《明帝紀》、卷八四《鄧琬傳》、《休祐傳》考證，山陽王休祐時爲豫州刺史，豫州治歷陽。

文帝元嘉七年七月乙酉，建康領檐湖二蓮一蔕。[1]

元嘉十六年七月壬申，華林池雙蓮同榦。[2]

元嘉十年七月己丑，[3]華林天淵池芙蓉異花同蔕。

元嘉十九年八月壬子，[4]揚州後池二蓮合華，刺史始興王濬以獻。

元嘉二十年五月，廬陵郡池芙蓉二花一蔕，太守王淵以聞。[5]

元嘉二十年六月壬寅，華林天淵池芙蓉二花一蔕，園丞陳襲祖以聞。

元嘉二十年夏，永嘉郡後池芙蓉二花一蔕，太守臧藝以聞。[6]

元嘉二十年七月，吳興郡後池芙蓉二花一蔕，太守孔山士以聞。[7]

元嘉二十年，揚州後池芙蓉二花一蔕，刺史始興王濬以獻。

元嘉二十一年六月丙午，[8]華林園天淵池二蓮同榦，園丞陳襲祖以聞。

元嘉二十二年四月，樂游苑池二蓮同榦，[9]苑丞梅道念以聞。

元嘉二十二年七月，東宮玄圃園池二蓮同榦，[10]內監殿守舍人宮勇民以聞。[11]

元嘉二十三年六月壬寅，[12]華林天淵池芙蓉二花一蔕，園丞陳襲祖以聞。

元嘉二十三年六月辛丑，太子西池二蓮共榦，池統胡永祖以聞。[13]

元嘉二十三年八月己酉，魚邑三周池二蓮同榦，園丞徐道興以聞。

[1]建康領檐湖二蓮一蔕：《御覽》卷九九九引《宋紀》曰：“文帝元嘉年，蓮生建康額擔湖，一莖兩華。”與此條當爲一事，“領檐湖”作“額擔湖”。《建康實錄》卷一五作“雒檐湖”。本書《符瑞志》：元嘉七年“建康領檐湖二蓮一蔕”。《南徐州記》云：“縣西五里有迎檐湖。晉永嘉中，衣冠席捲過江，客主相迎湖側，遂以迎檐爲名。”《建康志》：“湖在石頭城後五里，今爲田賦止。”

　［2］華林池雙蓮同榦：《御覽》卷九七五引《宋起居注》曰：
"（元嘉）十六年，華林丞伍泳剌，雙蓮同榦，秀出華池。"與此條
當爲一事，可補其缺。

　［3］元嘉十年七月己丑：中華本校勘記云："按元嘉十年七月
戊戌朔，是月無己丑。此條之前爲元嘉十六年，此條之後爲元嘉十
九年。元嘉十七年七月丁亥朔，初三日己丑；元嘉十八年七月辛巳
朔，初九日己丑。此二年之七月，並有己丑日。則此處之元嘉十年
恐爲元嘉十七年或十八年之誤。"按：下條"元嘉十九年"當爲
"元嘉十八年"之誤，詳下條考證。據本志年代編排的順序體例，
此條"元嘉十年"祇能是"元嘉十七年"之誤。

　［4］元嘉十九年八月壬子：《御覽》卷九七五引《宋起居注》
曰："元嘉十八年，有司奏，揚州刺史王濬解稱：州治後池有兩蓮
駢生，雙房分體。"與此條當爲一事，但云"十八年"，查元嘉十
九年八月乙亥朔，無壬子；元嘉十八年八月辛亥朔，壬子爲二日，
故"十九年"應爲"十八年"之誤。

　［5］廬陵：郡名。治所在今江西吉安市。　王淵：人名。本書
一見。

　［6］永嘉：郡名。治所在今浙江溫州市。　臧藝：人名。本志
二見，所記均任永嘉太守，餘事不詳。

　［7］孔山士：人名。會稽山陰人，孔季恭之子。歷侍中、會稽
太守。本書卷五四有附傳。

　［8］元嘉二十一年六月丙午：六月甲子朔，無丙午。

　［9］元嘉二十二年四月：中華本校勘記云："'二十二年'各本
並作'二十年'，據《元龜》二〇一訂正。"　樂游苑：《建康實
錄》卷一二："（元嘉二十一年）七月，甘露降樂遊苑。"張忱石按
引《輿地志》："縣東北八里。晋時爲藥圃，盧循之築藥園壘即此
處也。其地舊是晋北郊，宋元嘉中移郊壇出外，以其地爲北苑，遂
更興造樓觀於覆舟山，乃築堤壅水，號曰後湖。其山北臨湖水，後
改曰樂遊苑。山上大設亭觀，山北有冰井，孝武藏冰之所。至大明

中，又盛造正陽殿，梁侯景之亂，悉焚毀。至陳天嘉二年，更加修葺，於山上立甘露亭，陳亡並廢。”

[10]玄圃園：《南齊書》卷二一《文惠太子傳》：“（太子）開拓玄圃園，與臺城北塹等。其中樓觀塔宇，多聚奇石，妙極山水。慮上宮望見，乃傍門列脩竹，內施高鄣，造游牆數百間，施諸機巧，宜須鄣蔽，須臾成立，若應毀撤，應手遷徙。”

[11]內監殿守：南朝東宮有內監殿局，設中守舍人等流外官。宮勇民：人名。本書一見。

[12]元嘉二十三年六月壬寅：丁福林《校議》云：“此條之後記‘元嘉二十三年六月辛丑，太子西池二蓮共榦’事，考是月癸未朔，十九日辛丑，二十日壬寅。記二十日壬寅事不應反在十九日辛丑前。則此二條所載，時日應有一誤，或爲二條互倒也。”

[13]胡永祖：人名。本書一見，其事不詳。

孝武帝孝建二年六月庚寅，玄武湖二蓮同榦。[1]

孝武帝大明五年，籍田芙蓉二花同蒂，大司農蕭邃以獻。[2]

明帝泰始二年八月丙辰，五城澳池二蓮同榦，[3]都水使者羅僧愍以獻。[4]

泰始二年八月己未，豫州刺史山陽王休祐獻蓮，二花一蒂。[5]

泰始五年六月甲子，[6]嘉蓮生湖熟，[7]南臺侍御史竺曾度以聞。[8]

泰始六年六月壬子，嘉蓮生東宮玄圃池，皇太子以聞。[9]

晉武帝泰始二年六月壬申，嘉柰一蒂十實，生酒泉。[10]

泰始七年六月己亥，東宮玄圃池芙蓉二花一蒂，皇太子以獻。

晋成帝咸和六年，[11]鎮西將軍庾亮獻嘉橘，[12]一蒂十二實。

晋安帝隆安三年，[13]武陵臨沅獻安石榴，[14]一蒂六實。

［1］玄武湖：古名桑泊，三國吳稱後湖，東晋初改爲北湖，宋元嘉年間始名玄武湖。在今江蘇南京市北鍾山與長江之間。

［2］蕭遼：人名。本書一見，其事不詳。

［3］五城：縣名。治所在今四川中江縣。

［4］都水使者：官名。管理河渠水利事務的官員。四品。　羅僧愍：人名。本書一見，其事不詳。

［5］豫州刺史山陽王休祐獻蓮，二花一蒂：《御覽》卷九七五引《宋起居注》曰：“泰始二年八月，嘉蓮雙葩並實，合跗同莖，生豫州鱧湖。”與此條當爲一事，所記更詳。

［6］泰始五年六月甲子：六月己巳朔，無甲子。

［7］湖熟：縣名。治所在今江蘇南京市江寧區湖熟鎮。

［8］南臺侍御史：官名。南北朝稱御史臺爲南臺。侍御史亦稱御史或侍御，掌監察文武官吏。七品。　竺曾度：人名。本書一見，其事不詳。

［9］嘉蓮生東宮玄圃池，皇太子以聞：《御覽》卷九七五引《宋起居注》曰：“（泰始）六年，雙蓮一蒂生東宮玄圃池。”與此條當爲一事。

［10］柰：一種果實。常作爲供果。《本草綱目·果二·柰》：“柰與林檎，一類二種也。樹、實皆似林檎而大，西土最多，可栽可壓。有白、赤、青三色……皆夏熟。”　酒泉：郡名。治所在今甘肅酒泉市。

［11］咸和：晋成帝司馬衍年號（326—334）。

［12］庾亮：人名。字元規，潁川鄢陵（今河南鄢陵縣）人，歷仕元帝、明帝、成帝三朝，任中書令、征西將軍等。《晋書》卷七三有傳。

［13］隆安：晋安帝司馬德宗年號（397—401）。

［14］武陵：郡名。治所在今湖南常德市。　臨沅：縣名。治所在今湖南常德市。

雲有五色，太平之應也，曰慶雲。若雲非雲，若煙非煙，五色紛緼，謂之慶雲。[1]

漢宣帝神爵四年春，[2]齋戒之莫，神光顯著。[3]薦鬯之夕，[4]神光交錯，或降于天，或登于地，或從四方，來集于壇上。[5]

漢章帝元和三年正月，車駕北巡，以太牢祠北岳山，[6]見黃白氣。[7]

宋孝武帝大明元年五月壬子，紫氣從景陽樓上層出，[8]狀如煙，回薄良久。

明帝泰始二年三月丙午，黃紫雲從景陽樓出，隨風回，久乃消，華林園令臧延之以聞。[9]

泰始二年六月己卯，日入後，[10]有黃白赤白氣東西竟天，光明潤澤，久乃消。

泰始四年十一月辛未，崇寧陵令上書言，[11]自大明八年至今四年二月，宣太后陵明堂前後數有光及五色雲，又芳香四滿，又五采雲在松下，[12]狀如車蓋。

泰始七年四月戊申夜，京邑崇虛館堂前有黃氣，[13]狀如寶蓋，高十許丈，漸有五色，道士陸脩静以聞。[14]

[1]慶雲：亦曰景雲，五色雲。

[2]神爵：漢宣帝劉詢年號（前61—前58）。

[3]齋戒：古人在祭祀前沐浴更衣，整潔身心，以示虔誠。
莫：通"暮"。傍晚時。　神光：神異的靈光。

[4]薦鬯：祭祀時進獻的香酒。鬯，以鬱金草合黑黍釀成的
香酒。

[5]壇：祭壇。

[6]漢章帝元和三年正月，車駕北巡，以太牢祠北岳山：《後
漢書》卷三《章帝紀》記"北巡"在正月，"祠北岳"在二月戊
辰。太牢，祭祀中，牛、羊、豕三牲具備謂之太牢。北岳，即恒
山，五岳之一，明代以前指今河北曲陽縣西北恒山，明代以後指今
山西渾源縣恒山。

[7]黃白氣：即黃白色的雲氣。占氣者認爲是善氣，吉祥的徵
兆。《晉書·天文志中》："凡氣，上黃下白，名曰善氣。"《開元占
經》卷九六："黃白氣出入皆爲有喜。"

[8]紫氣：即紫色雲氣。占氣者認爲是祥瑞之氣，並附會爲帝
王、聖賢出現的徵兆。　景陽樓：元嘉二十三年（446）在華林園
內築景陽山，景陽樓當建於此山上。

[9]臧延之：人名。本書二見，均記其爲華林園令，餘事不詳。

[10]日入：十二時制的時稱，相當於酉時，今十七至十九時。

[11]崇寧陵：宋文帝元嘉三十年（453），沈婕妤死，葬建康
之莫府山。宋明帝泰始元年（465）十二月，追尊曰宣皇太后，陵
號崇寧。見本書卷八《明帝紀》。

[12]五采雲：即五色雲氣。占者以爲天子之氣。《開元占經》
卷九四："天子氣五色，如山鎮。"　《晉書·天文志中》："天子
氣……或如華蓋在氣霧中，或氣象青衣人無手，在日西，或如龍
馬，或雜色鬱鬱衝天者，此皆帝王氣。"

[13]崇虛館：《南朝宋會要·方域·館》引《宋書·符瑞志
下》作"京邑崇廬館"。

　　[14]陸脩静：人名。字元德，吳興東遷（今浙江湖州市吳興區）人。自幼習儒和數術，尤好清静養生之道術。明帝泰始三年（467），應詔住建康天印山崇虛館，整理道教的經戒、方藥、符圖之書共一千一百二十八卷，分爲洞真、洞玄、洞神三大類，編定《三洞經書目録》，是最早的道經總目。又編撰了齋戒儀範類道經百餘卷，使道教儀禮統一、完備。又改造天師道，爲南天師道的創始人。元徽五年（477）死於建康，時七十二歲。葬於廬山，謚爲“簡寂”先生。北宋徽宗時，追封爲“丹元真人”。

　　　白兔，王者敬耆老則見。[1]
　　　漢光武建武十三年九月，南越獻白兔。[2]
　　　章帝元和中，白兔見郡國。
　　　魏文帝黄初中，郡國十九言白兔見。
　　　晉武帝泰始五年七月己亥，白兔見北海即墨，即墨長獲以獻。[3]
　　　晉武帝咸寧二年十月癸亥，白兔二見河南陽翟，陽翟令華衍獲以獻。[4]
　　　咸寧四年六月，白兔見天水。[5]
　　　晉武帝太康二年八月壬子，白兔見彭城。[6]
　　　太康二年十月，白兔見趙國平鄉，[7]趙王倫獲以獻。[8]
　　　太康四年十一月癸未，白兔見北地富平。[9]
　　　太康八年十二月庚戌，白兔見陳留酸棗，[10]關内侯成公忠獲以獻。[11]
　　　晉穆帝永和十二年九月甲申，[12]白兔見鄱陽，太守王耆之以獻，并上頌一篇。[13]

晋穆帝升平三年十二月庚申，北中郎將郗曇獻
白兔。[14]

晋海西公太和九年四月，陽穀獻白兔。[15]

晋孝武帝太元十五年三月，[16]白兔見淮南壽陽。[17]

晋安帝義熙二年四月，無錫獻白兔。[18]

義熙二年四月，壽陽獻白兔。

[1]白兔：瑞獸。《御覽》卷九〇七引孫氏《瑞應圖》曰：“赤
兔者，瑞獸，王者盛德則至。”引《典略》曰：“兔者，明月之
精。”引《抱朴子》曰：“兔壽千歲，五百歲其色白。”

[2]建武：漢光武帝劉秀年號（25—56）。　南越獻白兔：《後
漢書》卷一下《光武帝紀下》作：“九月，日南徼外蠻夷獻白雉、
白兔。”日南治所在今越南廣治省甘露河與廣治河合流處。

[3]即墨：縣名。治所在今山東平度市。

[4]咸寧：晋武帝司馬炎年號（275—280）。　華衍：人名。
《晋書》不見，本書一見。

[5]天水：郡名。治所在今甘肅通渭縣。

[6]彭城：郡名。治所在今江蘇徐州市。

[7]趙國：諸侯國。治所在今河北高邑縣。　平鄉：縣名。治
所在今河北平鄉縣。

[8]倫：人名。即司馬倫。字子彝，東晋宣帝第九子，參與
“八王之亂”被殺。《晋書》卷五九有傳。

[9]太康四年十一月癸未：十一月丁酉朔，無癸未。《晋書》
卷三《武帝紀》：“（四年）冬十一月戊午……十二月庚午。”戊午
當十一月二十二日，庚午當十二月初五日。癸未絕不在十一月内。

北地：郡名。治所在今陝西銅川市耀州區東。　富平：縣名。治
所在今陝西富平縣西南。

[10]陳留：郡名。治所在今河南開封市祥符區陳留鎮。　酸

棘：縣名。治所在今河南延津縣西南。

[11]關內侯：侯爵名。秦漢二十等軍功爵的第十九級，無封土而有封戶，三國魏、晉時多係虛封，無食邑。　成公忠：人名。《晉書》不見，本書一見，其事不詳。

[12]永和：晉穆帝司馬聃年號（345—356）。

[13]鄱陽：郡名。治所在今江西鄱陽縣東北。　王耆之：人名。琅邪臨沂人，王廙之子，官至中郎。

[14]升平：晉穆帝司馬聃年號（357—361）。　郗曇：人名。字重熙。歷中書侍郎、御史中丞、徐兗二州刺史，死後追贈北中郎將。《晉書》卷六七有附傳。

[15]太和：晉廢帝司馬奕年號（366—371）。　陽穀：縣名。治所在今安徽繁昌縣西北。

[16]太元：晉孝武帝司馬曜年號（376—396）。

[17]淮南：郡名。治所在今安徽壽縣。　壽陽：縣名。治所在今安徽壽縣。

[18]義熙：晉安帝司馬德宗年號（405—418）。　無錫：縣名。西漢置。治所在今江蘇無錫市。

　　宋文帝元嘉六年九月，長廣昌陽淳于邈獲白兔，[1]青州刺史蕭思話以獻。

　　元嘉八年閏六月丁亥，司徒府白從伊生於淮南繁昌獲白兔以獻。[2]

　　元嘉十三年七月甲戌，濟南朝陽王道獲白兔，[3]青州刺史段宏以獻。[4]

　　元嘉十四年正月丙申，白兔見山陽縣，山陽太守劉懷之以獻。[5]

　　元嘉十五年七月壬申，山陽師齊獲白兔，南兗州刺史江夏王義恭以獻。[6]

元嘉二十二年三月，白兔見東萊當利，青州刺史杜驥以聞。[7]

元嘉二十四年七月丁巳，白兔見兗州，刺史徐瓊以聞。[8]

元嘉二十四年七月己酉，白兔見東莞，太守趙球以獻。[9]

元嘉二十七年二月壬辰，白兔見竟陵，[10]荊州刺史南譙王義宣以獻。

元嘉二十七年六月丙午，白兔見南汝陰，[11]豫州刺史南平王鑠以獻。[12]

孝武帝孝建二年正月庚戌，白兔見淮南，太守申坦以聞。[13]

孝建三年閏三月乙丑，白兔見平原，[14]獲以獻。

孝武大明元年六月庚子，白兔見即墨，獲以獻。

大明六年八月辛未，[15]白兔見北海，青、冀二州刺史劉道隆以獻。

大明六年六月乙丑，白兔見，青、冀二州刺史劉道隆以獻。

[1]長廣：郡名。治所在今山東萊陽市。　昌陽：縣名。治所在今山東萊陽市東南。　淳于邈：人名。本書一見，其事不詳。

[2]司徒：官名。三公之一，多作爲大臣加官。一品。即使不設司徒，其府屬官仍辦理日常行政事務，掌户籍，考課州郡官吏。

繁昌：縣名。治所在今安徽繁昌縣東北。

[3]濟南：郡國名。治所在今山東章丘市。　朝陽：縣名。治

所在今山東鄒平縣西北。　王道：人名。本書一見。

[4]段宏：人名。鮮卑人，先仕慕容超爲徐州刺史，後降宋，歷青冀二州刺史、揚州刺史等。本書卷六一有附傳。

[5]山陽：郡、縣名。治所在今江蘇淮安市。　劉懷之：人名。沛郡蕭人，劉粹庶長子，後任臨川内史，因參與臧質謀反被誅。

[6]師齊：人名。本書一見，其事不詳。　南兗州：治所在今江蘇鎮江市。元嘉八年（431）移治廣陵縣，即今江蘇揚州市西北蜀崗上。

[7]當利：縣名。治所在今山東萊州市。　杜驥：人名。字度世，歷青冀二州刺史、左軍將軍。本書卷六五有傳。中華本校勘記云：“‘杜驥’各本並作‘杜冀’，按本書卷六五《杜驥傳》，驥時爲青、冀二州刺史，今據改。”

[8]元嘉二十四年七月丁巳：此月丁未朔，丁巳當十一日；下條作“七月己酉”當初三日。故下條應在此條之前。　徐瓊：人名。曾任左將軍、兗州刺史，在拓拔燾南侵時，任豫州刺史劉粹司馬，參加過抗擊北魏的戰爭。

[9]東莞：郡名。治所在今山東莒縣。　趙球：人名。本書一見。

[10]竟陵：縣名。治所在今湖北潛江市。

[11]南汝陰：郡名。治所在今安徽合肥市。

[12]鑠：人名。即劉鑠。字休玄，宋文帝第四子。歷任常侍、豫州刺史、侍中、司空等職。本書卷七二有傳。

[13]申坦：人名。魏郡魏人。歷巴西太守、梁南秦二州刺史、徐州刺史等。本書卷六五有附傳。

[14]孝建三年閏三月乙丑：中華本校勘記云：“‘閏三月’各本並作‘閏二月’，據《建康實録》改。按是年閏三月丙辰朔，初十日乙丑。”　平原：郡名。治所在今山東平原縣。

[15]大明六年八月辛未：丁福林《校議》云：“此條之後記‘大明六年六月乙丑’事，未知是前後倒置抑或爲所記時日有誤。”

斗殞精，[1]王者孝行溢則見。闕

[1]斗殞精：七星各有精，精殞下爲符瑞。黃奭輯《春秋運斗樞》：“樞星精爲龍馬，旋星精爲虎，機星精爲狗，權星精爲蛇，玉衡精爲雞、兔、鼠，開陽精爲羊、牛，搖光精爲猴、猿。此等皆上應天星，下屬年命也。”斗，北斗七星。精，星精。

赤烏，[1]周武王時銜穀至，兵不血刃而殷服。
漢章帝元和中，赤烏見郡國。
吳孫權赤烏元年，[2]有赤烏集於殿前。
吳孫休永安三年三月，西陵言赤烏見。[3]
晉元帝永昌二年正月，赤烏見暨陽。[4]
宋武帝永初二年二月，[5]赤烏六見北海都昌。
孝武帝大明五年六月戊子，赤烏見蜀郡，[6]益州刺史劉思考以獻。[7]

[1]赤烏：傳說中的瑞鳥。《呂氏春秋·有始覽·應同》：“赤烏銜丹書集于周社。”《古微書·洛書緯》卷三五：“武王伐紂……有火自天止于王屋，流爲赤烏，烏銜穀焉。穀者，紀后稷之德；火者，燔魚以告天，天火流下，應以吉也。遂東伐紂，勝於牧野，兵不血刃而天下歸之。”
[2]赤烏：三國吳孫權年號（238—251）。
[3]永安：三國吳景帝孫休年號（258—264）。　西陵：縣名。治所在今湖北浠水縣。
[4]永昌：晉元帝司馬睿年號（322—323）。　暨陽：縣名。治所在今江蘇江陰市長壽鎮南。按：晉時尚無“暨陽”，此處是沈

約以南朝地名言之。

［5］永初：宋武帝劉裕年號（420—422）。

［6］蜀郡：治所在今四川成都市。

［7］益州：治所在今四川成都市。　劉思考：人名。宋武帝劉裕族弟，官至散騎常侍，益州、徐州刺史。本書卷五一有附傳。

白燕者，[1]師曠時，銜丹書來至。

漢章帝元和中，白燕見郡國。

晋惠帝元康元年七月，白燕二見酒泉禄福，太守索靖以聞。[2]

宋文帝元嘉元年七月壬戌，[3]白燕集齊郡城，游翔庭宇，經九日乃去，衆燕隨從無數。[4]

元嘉十四年，白燕集荆州府門，刺史臨川王義慶以聞。[5]

元嘉十八年六月，白燕産丹徒縣，[6]南徐州刺史南譙王義宣以聞。

元嘉二十年五月，白燕集南平郡府内，[7]内史臧綽以聞。[8]

元嘉二十一年，白燕見廣陵，南兖州刺史廣陵王誕以獻。

元嘉二十四年五月辛未，白燕集司徒府西園，太尉江夏王義恭以聞。

元嘉二十五年八月壬子，白燕見廣陵城，南兖州刺史徐湛之以聞。[9]

元嘉二十六年五月戊寅，白燕産衡陽王墓亭，[10]郎中令朱曠之獲以聞。[11]

元嘉二十七年五月甲戌，白燕産京口，[12]南徐州刺史始興王濬以聞。

元嘉二十七年六月壬辰，白燕見秣陵，[13]丹陽尹徐湛之以獻。

孝武帝大明二年五月乙巳，白燕産南郡江陵民家，[14]荆州刺史朱脩之以獻。[15]

大明二年五月甲子，白燕二産山陽縣舍，南兖州刺史竟陵王誕以獻。

大明二年六月甲戌，白燕産吳郡城内，太守王翼之以獻。[16]

大明三年五月甲申，白燕産武陵臨沅民家，郢州刺史孔靈符以聞。[17]

大明四年六月乙卯，白燕見平昌，[18]青州刺史劉道隆以獻。

明帝泰始二年六月，白燕見零陵，[19]獲以獻。

[1]白燕：白尾的燕子，古以爲瑞鳥。《御覽》卷九二二引《抱朴子》曰：“千歲燕，户向北，其色白而尾屈。”

[2]元康：晋惠帝司馬衷年號（291—299）。　禄福：縣名。治所在今甘肅酒泉市。中華本校勘記云：“‘禄福’各本並作‘祥福’，《元龜》二二作‘福禄’。按《漢書·地理志》酒泉郡有禄福。《三國志·魏志·龐淯傳》及皇甫謐《列女傳》載龐娥事云，禄福趙君安之女，又云禄福長尹嘉。《曹全碑》亦云拜酒泉禄福長。《續漢書·郡國志》《晋書·地理志》始作‘福禄’。今改從《漢書·地理志》及《三國志·魏志》作‘禄福’。”　索靖：人名。字幼安，敦煌人。《晋書》卷六〇有傳。

[3]宋文帝元嘉元年七月壬戌：丁福林《校議》云：“其年七

月，少帝雖已卒，然文帝尚未立，故年號一仍景平不變。此謂‘文帝元嘉元年’，非是。”下文“元嘉元年七月己巳”亦誤。

　　[4]“白燕集齊郡城”至“衆燕隨從無數”：此年白燕集又見《御覽》卷九二二引《宋元嘉起居注》，“衆燕隨從無數”作“衆燕翼隨，恒有數千”。

　　[5]義慶：人名。即劉義慶。官至荆州、南兖州刺史，侍中等。本書卷五一有附傳。

　　[6]丹徒：縣名。治所在今江蘇鎮江市丹徒區。

　　[7]南平：郡名。治所在江安縣，即今湖北公安縣。中華本校勘記云：“‘郡’各本並作‘鄉’，據《元龜》二〇一改。”

　　[8]内史：官名。王國最高行政長官。五品。　臧綽：人名。東莞莒人。官至新安太守、太子中舍人。事見本書卷五五《臧燾傳》。

　　[9]徐湛之：人名。字孝源，宋高祖外孫。歷國子博士、秘書監、中書令、尚書僕射等。本書卷七一有傳。

　　[10]衡陽王：即劉義季。宋武帝子，任征北大將軍，封衡陽王。本書卷六一有傳。

　　[11]郎中令：官名。王國三卿之一，戍衛王宫。品秩較高，隨國主地位而定。　朱曠之：人名。本書一見，其事不詳。

　　[12]京口：地名。又稱京城。在今江蘇鎮江市。

　　[13]秣陵：縣名。在今江蘇南京市中華門外故報恩寺附近。

　　[14]南郡：治所在今湖北荆州市荆州區。　江陵：縣名。治所在今湖北荆州市荆州區。

　　[15]朱脩之：人名。字恭祖，義陽平氏（今河南桐柏縣）人。孝建初，爲雍州刺史，封南昌縣侯。本書卷七六有傳。

　　[16]王翼之：人名。字季弼，琅邪臨沂人。歷御史中丞、會稽太守、廣州刺史等。本書卷七九有附傳。

　　[17]郢州：治所在今湖北武漢市武昌區。　孔靈符：人名。會稽山陰人。官至郢州刺史、南郡太守等。本書卷五四有附傳。

[18]平昌：縣名。治所在今山東諸城市。

[19]零陵：郡名。治所在今湖南永州市零陵區。

金車，[1]王者至孝則出。闕

[1]金車：一名山車，瑞車。《御覽》卷七七三引沈約《輿服志》曰："至于殷瑞山車者，金車也。故殷人制爲大輅，金根之色也。"引《孝經援神契》曰："金車，王者志行德則出。虞舜德盛於山陵，故山車出。"

三足烏，[1]王者慈孝天地則至。

漢章帝元和中，三足烏見郡國。[2]

[1]三足烏：日之精，瑞鳥。《論衡·説日》："日中有三足烏。"

[2]漢章帝元和中，三足烏見郡國：《後漢書》卷四〇下《班彪傳下》李賢注引《古今注》："元和二年，甘露降河南，三足烏集沛國。"《東觀漢記》卷二《章帝紀》亦曰："元和二年，三足烏集沛國。"故"見郡國"似應爲"見沛國"，"元和中"爲"元和二年"。

象車者，[1]山之精也。王者德澤流洽四境則出。闕

[1]象車：與金車相似的瑞車。《御覽》卷七七三引《孝經援神契》曰："金車，王者志行德則出。虞舜德盛於山陵，故山車出。山者，自然之物也；山藏之精，與象車相似。"

白烏，[1]王者宗廟蕭敬則至。

漢桓帝永壽元年四月，白烏見齊國。[2]

晋武帝咸寧五年七月戊辰，白烏見濟南隰陰，[3]太守獲以獻。

晋武帝太康元年五月庚午，白烏見襄城。[4]

太康十年五月丁丑，白烏見京兆長安。[5]

晋惠帝元康元年四月，白烏見河南成皋，縣令劉機獲以聞。[6]

元康元年五月戊戌，白烏見梁國睢陽。[7]

元康元年七月辛丑，白烏見陳留，獲以獻。

元康四年十月，白烏見鄱陽。

晋明帝太寧二年十一月，白烏見京都。[8]

太寧三年三月，白烏見吳郡海虞，[9]獲以獻，群官畢賀。

晋孝武帝太元十一年八月乙酉，白烏集江州寺庭，群烏翔衛。

太元二十一年五月癸卯，白烏見吳國，[10]獲以獻。

[1]白烏：白羽之烏，瑞鳥。《東觀漢記》卷一三《王阜傳》：“甘露降，芝草生，白烏見，連有瑞應。”《南史》卷五七《范雲傳》：“時進見齊高帝，會有獻白烏，帝問此何瑞，雲位卑最後答，曰：‘臣聞王者敬宗廟則白烏至。’”

[2]永壽：漢桓帝劉志年號（155—158）。　齊國：都臨淄（今山東淄博市）。中華本校勘記云：“‘齊國’各本並作‘商國’，據《後漢書·桓帝紀》改。”

[3]隰陰：中華本校勘記云：“‘濟南隰陰’各本並作‘齊南隰’。按齊國無南隰縣。晋初濟南郡有隰陰縣，杜預《左傳》哀五

年注云濟南有隰陰縣是也。隰陰，二漢屬平原郡，晋初改隸濟南郡。《晋書·地理志》已無此縣，蓋旋廢縣。"隰陰，在今山東濟南市槐蔭區。

[4]太康元年五月庚午：五月丁亥朔，無庚午。　襄城：郡名。治所在今河南襄城縣。

[5]京兆：西漢太初元年（前 104）改右内史置，治所在今陝西西安市西北。三國魏改爲郡。　長安：縣名。在今陝西西安市西北渭水南岸。

[6]成皋：縣名。治所在今河南榮陽市汜水鎮。　劉機：人名。本書一見，其事不詳。

[7]梁國：國名。西漢高帝五年（前 202）改秦之碭郡置。治所在睢陽縣。　睢陽：縣名。在今河南商丘市睢陽區。

[8]太寧：晋明帝司馬紹年號（323—326）。　京都：指建康。

[9]海虞：縣名。治所在今江蘇常熟市。

[10]吴國：國名。都於吴。在今江蘇蘇州市。

宋武帝永初二年六月丁酉，白烏見吴郡婁縣，太守孟顗以獻。[1]

文帝元嘉二年十一月丙辰，白烏見山陽，太守阮寶以聞。[2]

元嘉三年三月甲戌，丹陽湖熟薛爽之獲白烏以獻。[3]

元嘉十一年六月乙巳，吴郡海鹽王説獲白烏，[4]揚州刺史彭城王義康以獻。[5]

元嘉十三年三月戊辰，義興陽羨令獲白烏，[6]太守劉禎以獻。[7]

元嘉十九年五月，海陵王文秀獲白烏，[8]南兖州刺史臨川王義慶以獻。

元嘉十九年十月，白烏產晉陵暨陽僑民彭城劉原秀宅樹，[9]原秀以聞。

元嘉二十年七月，彭城劉原秀又獲白烏以獻。

元嘉二十四年八月乙巳，白烏見晉陵，南徐州刺史廣陵王誕以獻。

孝武帝大明元年四月甲申，白烏見南郡江陵。

明帝泰始二年六月丁巳，白烏見吳郡海鹽，太守顧覬之以獻。[10]

泰始二年九月壬寅，白烏見吳興烏程，太守郄顒以獻。[11]

[1]婁縣：治所在今江蘇昆山市。　孟顗：人名。字彥重，平昌安丘（今山東安丘市）人。先後任東陽、會稽等郡太守。本書卷六六有附傳。

[2]阮寶：人名。本書一見，其事不詳。

[3]元嘉三年三月甲戌：三月庚辰朔，無甲戌。　薛爽之：人名。本書一見，其事不詳。

[4]海鹽：縣名。治所在今浙江海鹽縣。　王說：人名。本書一見，其事不詳。

[5]義康：人名。即劉義康。小字車子，宋武帝子。本書卷六八有傳。

[6]義興：郡名。治所在陽羨縣。　陽羨：縣名。治所在今江蘇宜興市南荊溪南岸。

[7]劉禎：人名。本書二見，另一處記其爲吳郡太守。

[8]海陵：郡名。治所在今江蘇新沂市南沭河西岸。　王文秀：人名。本書一見，其事不詳。

[9]晋陵：郡名。治所在今江蘇常州市。　劉原秀：人名。本書二見，其事不詳。

[10]顧覬之：人名。字偉仁。歷吏部尚書、吳郡太守、湘州刺史、常侍等。本書卷八一有傳。

[11]烏程：縣名。治所在今浙江湖州市吳興區。　郗顒：人名。曾任吳興太守、黃門侍郎。

白雀者，[1]王者爵禄均則至。

漢章帝元和初，白雀見郡國。

魏文帝初，郡國十九言白雀見。

晋武帝咸寧元年，白雀見梁國，梁王肜獲以獻。[2]

晋武帝太康二年六月丁卯，白雀二見河内南陽，太守阮侃獲以獻。[3]

太康二年六月，白雀二見河南，河南尹向雄獲以獻。[4]

太康七年七月庚午，白雀見豫章。

太康八年八月，白雀見河南洛陽。

太康十年五月丁亥，白雀見宣光北門，華林園令孫邵獲以獻。[5]

晋愍帝建武元年四月，[6]尚書僕射刁協獻白雀於晋王。[7]

晋孝武帝太元十六年十二月，白雀見南海增城縣民吳比屋。[8]

晋安帝隆安五年十一月，白雀見宜都。[9]

晋安帝元興三年六月丙申，白雀見豫章新淦，[10]獲以獻。

宋文帝元嘉元年七月己巳，白雀見齊郡昌國。[11]

元嘉四年七月乙酉，白雀見北海劇。[12]

元嘉八年五月辛丑，白雀集左衛府。[13]

元嘉十一年五月丁丑，齊郡西安宗顯獲白雀，[14]青州刺史段宏以獻。

元嘉十四年五月甲午，白雀集費縣員外散騎侍郎顏敬家，[15]獲以獻。

元嘉十四年，白雀二見荊州府客館。

元嘉十五年五月辛未，白雀集建康都亭里，揚州刺史彭城王義康以聞。

元嘉十五年六月，白雀見建康定陰里，彭城王義康以獻。

元嘉十五年八月，白雀見西陽，[16]江州刺史南譙王義宣以獻。

元嘉十七年五月壬寅，白雀二集荊州後園，刺史衡陽王義季以聞。

［1］白雀：瑞雀。《御覽》卷九二二引《尚書中候》曰：“維天降紀，秦伯出狩，至于咸陽；天振大雷，有火流下，化爲白雀，銜錄丹書，集于公車。”又引《孝經援神契》曰：“王者奉己儉約，臺榭不侈，尊事耆老，則白雀見。”又引《陳留耆舊傳》曰：“雀者，爵命之祥也。”

［2］肜：人名。即司馬肜。字子徽。封平樂亭侯、梁王，歷侍中、尚書令、大將軍等。《晉書》卷三八有傳。

［3］河內南陽：中華本校勘記云：“各本同，《元龜》二二無‘南陽’二字。據《晉書·地理志》，河內郡屬縣有河陽、山陽，無南陽。南陽當是河陽或山陽之訛。”河內，郡名。治所在今河南

沁陽市。　阮侃：人名。本書一見，其事不詳。

[4]向雄：人名。字茂伯。歷黃門侍郎、秦州刺史、河南尹、侍中。《晉書》卷四八有傳。

[5]孫郃：人名。本書一見，其事不詳。

[6]晉愍帝建武元年：晉愍帝司馬鄴年號無建武，祇有建興。《晉書》卷五《愍帝紀》：“（建興五年春）三月，琅邪王睿承制改元，稱晉王于建康。”此改元即晉王（晉元帝）建武元年。故“晉愍帝建武元年”應爲“晉王（或晉元帝）建武元年”之誤。

[7]尚書僕射：官名。尚書省次官，輔助尚書令執行政務，監察糾彈百官。三品。　刁協：人名。字玄亮，渤海饒安（今河北鹽山縣）人。歷御史中丞、河南尹、尚書令等。《晉書》卷六九有傳。　晉王：指晉元帝司馬睿。

[8]晉孝武帝太元十六年十二月：中華本校勘記云：“‘太元’各本並作‘太康’，據《元龜》二二訂正。”　南海：郡名。治所在今廣東廣州市。　增城：縣名。治所在今廣東增城市東北。

[9]宜都：郡名。治所在今湖北宜都市。

[10]元興：晉安帝司馬德宗年號（402—404）。　三年六月丙申：六月丙辰朔，無丙申。　新淦：縣名。治所在今江西樟樹市樟樹鎮。

[11]昌國：縣名。治所在今山東淄博市。

[12]劇：縣名。治所在今山東昌樂縣。

[13]左衛府：官署名。宮禁宿衛機構之一。設將軍，領禁軍。

[14]西安：縣名。治所在今山東臨朐縣。　宗顯：人名。本書一見，其事不詳。

[15]費縣：治所在今山東費縣。　員外散騎侍郎：官名。西晉武帝始置，初爲正員之外添差之散騎侍郎，無員數，後爲定員官。屬散騎省（東省、集書省），多以功臣、公族子充任，爲閑散之職。顏敬：人名。彭城人，善卜。本書二見，餘事不詳。

[16]西陽：縣名。治所在今湖北黃岡市。

元嘉十八年七月，吳郡鹽官于玄獲白雀，[1]太守劉禎以獻。

元嘉二十年五月乙卯，秣陵衛猗之獲白雀，丹陽尹徐湛之以獻。[2]

元嘉二十二年四月丙子，白雀見東安郡，[3]徐州刺史臧質以獻。

元嘉二十二年閏五月丙午，白雀見華林園，員外散騎侍郎長沙王瑾獲以獻。[4]

元嘉二十二年六月庚申，[5]南彭城蕃縣時佛護獲白雀以獻。[6]

元嘉二十四年四月，白雀產吳郡鹽官民家，太守劉禎以獻。

元嘉二十四年六月己亥，[7]白雀五集長沙廟，[8]長沙王瑾以聞。

元嘉二十五年五月丁丑，白雀二見京都，材官吏黃公歡、軍人丁田夫各獲以獻。[9]

元嘉二十七年六月乙卯，白雀見濟南郡，薛榮以獻。[10]

元嘉二十八年八月己巳，崇義軍人獲白雀一雙，太子左率王錫以獻。[11]

元嘉二十九年四月癸丑，白雀見會稽山陰，太守東海王褘獲以獻。[12]

[1]于玄：人名。本書一見，其事不詳。
[2]衛猗之：人名。本書一見，其事不詳。

〔3〕東安郡：治所在今山東沂源縣。

〔4〕元嘉二十二年閏五月丙午：此年五月己丑朔，丙午當爲十八日；閏五月己未朔，無丙午。疑"閏"字衍。　瑾：人名。即劉瑾。字彥瑜。官至太子屯騎校尉。本書卷五一有附傳。

〔5〕元嘉二十二年六月庚申：六月戊子朔，無庚申。本書卷五《文帝紀》："（二十二）秋七月己未……"七月戊午朔，己未當初二日，庚申當初三日。故此條"六月庚申"誤。

〔6〕南彭城：郡名。南朝僑置。屬南徐州。　蕃縣：南朝僑置。在今江蘇常州市西南一帶。　時佛護：人名。本書一見，其事不詳。

〔7〕元嘉二十四年六月己亥：六月丁丑朔，無己亥。

〔8〕長沙：郡名。治所在今湖南長沙市。

〔9〕材官吏：官名。材官將軍屬吏。材官將軍主管工匠和土木工程之事。　黃公歡、丁田夫：皆人名。本書均一見，事皆不詳。

〔10〕薛榮：人名。本書一見，其事不詳。

〔11〕崇義：縣名。治所在今安徽壽縣。　太子左率：官名。即太子左衛率。西晉武帝泰始五年（269）分太子衛率而置，領精兵萬人，宿衛東宮，亦任征伐。五品。　王錫：人名。字寡光，琅邪臨沂人。歷中書郎、太子左衛率、江夏內史。本書卷四二有附傳。

〔12〕山陰：縣名。治所在今浙江紹興市。　褘：人名。即劉褘。宋文帝第八子，元嘉二十二年封東海王。本書卷七九有傳。

孝武帝孝建元年五月己亥，臨沂縣魯尚期於城上得白雀，[1]太傅假黃鉞江夏王義恭以獻。[2]

孝建二年六月丙子，左衛軍獲白雀以獻。

孝建三年閏三月辛酉，黃門侍郎庾徽之家獲白雀以獻。[3]

孝建三年五月丁卯，白雀見建康，獲以獻。

孝武帝大明元年四月戊申，白雀見尋陽。

大明元年五月甲寅，白雀二見渤海，[4]獲以獻。

大明元年五月甲子，白雀見建康，獲以獻。

大明元年六月丁亥，白雀見零陵祁陽，[5]獲以獻。

大明元年七月辛亥，白雀見南陽苑，[6]獲以獻。

大明二年五月丁未，白雀見建康，揚州刺史西陽王子尚以獻。[7]

大明二年六月丁亥，白雀見河東定襄縣，[8]荆州刺史朱脩之以聞。

大明三年四月庚戌，白雀見秣陵，丹陽尹劉秀之以獻。[9]

大明三年五月壬午，太宰府崇蓺軍人獲白雀，[10]太宰江夏王義恭以獻。

大明四年五月辛巳，白雀見廣陵，侍中顔師伯以獻。[11]

[1]臨沂：縣名。治所在今山東費縣。　魯尚期：人名。本書《符瑞志中》作“魯尚斯”，他處四見均作“期”，故“斯”當爲“期”之誤。　白雀：《符瑞志中》作“赤雀”，不知孰是。

[2]太傅：官名。位在太師下、太保上，並號三師，地位尊隆。一品。　黃鉞：即飾以黃金的鉞。本爲皇帝儀仗，三國時始賜給出征的重臣，具有專殺的權力，晋、南朝所加往往爲大司馬、大將軍、都督中外諸軍事等最高軍事長官。

[3]黃門侍郎：官名。亦稱黃門郎。爲中朝官員，給事於宮門之內，侍從皇帝，顧問應對，出則陪乘。五品。　庾徽之：人名。字景猷，潁川鄢陵人。歷黃門侍郎、南東海太守等。事見本書卷八四《袁顗傳》。

［4］渤海：郡名。據本書《州郡志二》，渤海爲孝武帝時僑置，領三縣，屬冀州。冀州僑置在今山東濟南市歷城區附近。

［5］祁陽：縣名。治所在今湖南祁東縣。

［6］南陽：郡名。治所在今河南南陽市。

［7］子尚：人名。即劉子尚。宋孝武帝第二子，又封豫章王。歷揚州刺史、撫軍將軍等。本書卷八〇有傳。

［8］河東：郡名。僑置。治所在今湖北松滋市。　定襄：縣名。僑置。本書《州郡志三》荆州河東郡下無定襄縣，存疑。

［9］劉秀之：人名。字道寶。歷建康令、益州刺史、尚書右僕射等。本書卷八一有傳。

［10］太宰：官名。即太師。位居百官之首。爲增官，安置元老重臣。一品。　崇蓺：無此地名，疑即崇義。

［11］侍中：官名。侍中省長官，職掌内侍署，文武侍從，掌璽參乘及奏事等。凡真宰相多加此官。三品。

　　大明五年四月庚戌，白雀見晉陵，太守沈文叔以獻。[1]

　　大明五年五月癸未，白雀二見尋陽，江州刺史桂陽王休範以獻。[2]

　　大明五年五月癸未，白雀二見濟南，青州刺史劉道隆以獻。

　　大明五年十月，白雀見太原，[3]青州刺史劉道隆以獻。

　　大明六年八月辛巳，[4]白雀見齊郡，青、冀二州刺史劉道隆以獻。

　　大明七年四月乙未，[5]白雀集廬陵王第，廬陵王敬先以獻。[6]

大明七年四月乙丑，白雀見歷陽，太守建平王景素以獻。[7]

大明七年五月辛未，[8]白雀見汝陰，豫州刺史垣護之以獻。[9]

大明七年六月，白雀見寶城，南豫州刺史尋陽王子房以獻。[10]

大明七年十月丁卯，白雀見建康，丹陽尹永嘉王子仁以獻。[11]

大明七年十一月，車駕南巡，肄水師於梁山，[12]中江，白雀二集華蓋。

[1]沈文叔：人名。吳興人。歷中書黃門郎、侍中。本書卷七七有附傳。

[2]休範：人名。即劉休範。宋文帝第十八子，歷江州刺史、司空、侍中、驃騎大將軍等。本書卷七九有傳。

[3]太原：郡名。屬青州，宋文帝元嘉十年（433）割濟南、泰山立。治所在今山東濟南市長清區西南。

[4]大明六年八月辛巳：八月己酉朔，無辛巳。

[5]大明七年四月乙未：下條爲“四月乙丑”，乙未和乙丑不可能同在一個月，二者必有一誤。四月乙巳朔，無乙未。乙未誤。

[6]敬先：人名。即劉敬先。劉邵嗣子，襲封廬陵王。本書卷六一有附傳。

[7]歷陽：郡名。治所在今安徽和縣。　景素：人名。即劉景素。建平王宏之子，歷荊州刺史、湘州刺史、散騎常侍等。本書卷七二有附傳。

[8]大明七年五月辛未：五月乙亥朔，無辛未。

[9]汝陰：郡名。治所在今安徽阜陽市。　垣護之：人名。字

彦宗，略陽桓道人。歷參軍、濟北太守、冀州刺史、青冀二州刺史等。本書卷五〇有傳。

[10]白雀見寶城：中華本校勘記云："'寶城'各本並作'寶成'，按《州郡志》司州義陽郡下有寶城令。今據改。"寶城，縣名。治所在今河南羅山縣西。　子房：人名。即劉子房。宋孝武帝第六子，歷會稽太守、太常。因反被貶爲松滋縣侯。本書卷八〇有傳。

[11]子仁：人名。即劉子仁。字孝和，宋孝武帝第九子。本書卷八〇有傳。

[12]肄水師於梁山：中華本校勘記云："'肄'各本並作'隸'。張森楷《校勘記》、孫虨《宋書考論》並云隸當作肄。按張、孫說是，今改正。"梁山，山名。即今安徽和縣南長江西岸西梁山。

前廢帝永光元年四月乙亥，白雀見會稽，東揚州刺史尋陽王子房以獻。[1]

永光元年六月丙子，白雀見彭城，徐州刺史義陽王昶以聞。[2]

明帝泰始二年七月戊子，白雀見虎檻洲，都督征討諸軍建安王休仁以聞。[3]

泰始六年七月壬午，白雀二見廬陵吉陽，內史江孜以聞。[4]

明帝泰豫元年六月辛丑，白雀見廣州，刺史孫超以獻。[5]

後廢帝元徽五年四月己巳，白雀二見尋陽柴桑，江州刺史邵陵王友以獻。[6]

孝武帝大明六年三月丙午，青雀見華林園。

　　明帝泰始二年九月庚寅，青雀見京城內，南徐州刺史桂陽王休範以獻。

　　玉馬，王者精明，尊賢者則出。[7]闕

　　根車者，[8]德及山陵則出。闕

　　[1]東揚州：治所在今浙江紹興市。

　　[2]昶：人名。即劉昶。字休道，宋文帝第九子。歷會稽太守、東揚州、江州、徐州刺史，中書令。本書卷七二有傳。

　　[3]虎檻洲：在今安徽繁昌縣東北長江中。　休仁：人名。即劉休仁。宋文帝第十二子，封建安王。任湘州、雍州、江州刺史。後為宋明帝賜死。本書卷七二有傳。

　　[4]吉陽：縣名。治所在今江西吉水縣。　江孜：人名。廬陵王國內史。本書一見，其事不詳。

　　[5]廣州：治所在今廣東廣州市。　孫超：人名。又名孫超之，吳郡吳人。歷官尚書比部郎、員外散騎侍郎，因參與平鄧琬功，封羅縣開國侯。

　　[6]友：人名。即劉友。字仲賢，宋明帝第七子。歷江州、南豫州刺史。本書卷九○有傳。

　　[7]玉馬，王者精明，尊賢者則出：《御覽》卷八九六引孫氏《瑞應圖》作：“玉馬者，王者清明尊賢則至。”“精明”作“清明”，《御覽》為是。

　　[8]根車：《御覽》卷七七三引《孝經援神契》曰：“上德至山陵，則山出木根車，應載萬物。”

　　白鳩，[1]成湯時來至。

　　魏文帝黃初初，郡國十九言白鳩見。

　　吳孫權赤烏十二年八月癸丑，白鳩見章安。[2]

晋武帝泰始八年五月甲辰，白鳩二集太廟南門，議郎董胄獲以獻。[3]

晋武帝太康二年七月，白鳩見太僕寺。[4]

太康四年十二月，白鳩見安定臨涇。[5]

太康十年正月乙亥，白鳩見河南新城。[6]

[1]白鳩：《御覽》卷九二一引孫氏《瑞應圖》作："白鳩，成湯時來。王者養耆老、尊道德、不以新失舊則至。"

[2]赤烏十二年八月癸丑：此年八月丙辰朔，無癸丑。但吳國此年閏八月，閏月乙酉朔，癸丑當爲二十九日。故八月前脱"閏"字。　章安：縣名。治所在今浙江台州市椒江區。時屬會稽郡。

[3]議郎：官名。侍從皇帝，顧問應對，多以名儒爲之。秩比六百石。七品。　董胄：人名。《晋書》失載，本書一見，其事不詳。

[4]太僕寺：官署名。管理皇室車馬、全國畜牧業的中央行政事務機構。

[5]安定：郡名。治所在今甘肅涇川縣涇河北岸。　臨涇：縣名。治所在今甘肅鎮原縣。

[6]新城：縣名。治所在今河南伊川縣。

宋文帝元嘉十八年八月庚午，會稽山陰商世寶獲白鳩，[1]眼足並赤，揚州刺史始興王濬以獻。太子率更令何承天上表曰：[2]

[1]商世寶：人名。本書一見，其事不詳。

[2]太子率更令：官名。管理東宮漏刻、值宿事務，屬太子太傅、少傅。五品。　何承天：人名。東海郯（今山東郯城縣）人。

宋數學家、思想家。歷衡陽内史、御史中丞等。曾改定《元嘉曆》，使日月食與朔望相符。本書卷六四有傳。

　　謹考尋先典，稽之前志，王德所覃，[1]物以應顯。是以玄扈之鳳，昭帝軒之鴻烈，[2]酆宮之雀，徵姬文之徽祚。[3]伏惟陛下重光嗣服，[4]永言祖武，洽惠和於地絡，[5]燭皇明於天區。[6]故能九服混心，[7]萬邦含愛，圓神降祥，方祇薦裕，[8]休珍雜沓，景瑞畢臻。去七月上旬，時在昧旦，[9]黄暉洞照，宇宙開朗，徽風協律，甘液灑津。雖朱晃瑰瑋於運衡，[10]榮光圖靈於河紀，[11]蔑以尚兹。臣不量卑懵，竊慕擊壤有作，[12]相杵成謳。[13]近又豫白鳩之觀，目翫奇偉，心歡盛烈。謹獻頌一篇。野思古拙，意及庸陋，不足以發揮清英，敷讚幽旨，瞻前顧後，亦各其志。謹冒以聞。其《白鳩頌》曰：

[1]覃：延伸。

[2]玄扈：山名。在今陝西洛南縣西、洛水之南。　帝軒：黄帝軒轅氏。傳説黄帝於此山拜受鳳鳥銜來之圖。《初學記》卷三〇引《春秋合誠圖》：“黄帝坐玄扈洛水上，與大司馬容光等臨觀，鳳皇銜圖置帝前。帝再拜受圖。”

[3]酆宫之雀：指赤爵，亦作“赤鳥”“赤雀”。　姬文：周文王姬昌。《吕氏春秋·有始覽·應同》載此事作：“及文王之時，天先見火赤鳥銜丹書集於周社”。

[4]重光：比喻累世盛德，輝光相承。　嗣服：繼承先聖的事業。

[5]地絡：土地脉絡，引申爲疆界。《後漢書》卷一三《隗囂

傳》："分裂郡國，斷截地絡。"李賢注："斷割疆界也。"

[6]天區：指上下四方。《文選》張衡《東京賦》："聲教布濩，盈溢天區。"薛綜注："天區，謂四方上下也。"

[7]九服：本指王畿以外的九等地區，據《周禮·夏官·職方氏》，九服名爲侯、甸、男、采、衛、蠻、夷、鎮、藩。此處泛指全國各地。

[8]圓神降祥，方祇薦裕：古以爲天圓地方，故有此説。圓神，指天神。方祇，指地祇。

[9]旬：十日爲旬。　昧旦：時稱。昧爽和平旦的合稱，相當於十二時制的寅時，晨三至五時。

[10]雖朱晃瑰瑋於運衡：《元龜》卷一九二作"雖朱光晃瑰於運衡"。朱晃，南方紅光閃耀。瑰瑋，亦作珍貴奇異。運衡，運轉的玉衡星。玉衡在北斗星中主運動。

[11]榮光：五色雲氣，顯示吉祥之兆。《初學記》卷六引《尚書中候》："榮光出河，休氣四塞。"　圖靈：在河圖上顯示靈異。

河紀：即河圖。南朝梁江淹《傷友人賦》："共檢兮洛書，同枎兮河紀。"

[12]擊壤：古代的一種游戲。把一塊鞋子狀的木片側放於地，然後在三四十步處用另一塊木片去投擲它，擊中者勝。這裏用"擊壤"歌頌太平盛世。《類聚》卷一一引《帝王世紀》："（帝堯之世）天下大和，百姓無事，有五十老人擊壤於道。"中華本校勘記云："'壤'各本並作'轅'，據《元龜》一九二改。"

[13]相杵成謳：多人春穀時發出的號子聲。用此比喻謳歌盛世。

　　　三極協清，五靈會性。[1]理感冥符，道實玄聖。於赫有皇，光天配命。[2]朝景升躔，八維同映。[3]休祥載臻，榮光播慶。宇宙照爛，日月光華。陶山練澤，是生柔嘉。回龍表粹，離穗合柯。翩翩者鳩，亦皎其暉。理翮台領，揚鮮帝畿。匪仁莫集，[4] 匪德莫歸。暮從儀鳳，棲閣蔭闔。

[1]三極：天、地、人三才。《易·繫辭上》：“六爻之動，三極之道也。”王弼注：“三極，三才也。” 五靈：謂麟、鳳、神龜、龍、白虎。杜預《春秋經傳集解序》：“麟、鳳五靈，王者之嘉瑞也。”孔穎達疏：“麟、鳳與龜、龍、白虎五者，神靈之鳥獸，王者之嘉瑞也。”

[2]光天配命：中華本校勘記云：“‘光’各本並作‘先’，據《元龜》一九二改。”

[3]八維：四方和四角為八維。此處泛指四面八方。

[4]匪仁莫集：中華本校勘記云：“四字各本並空白闕文，據《元龜》一九二補。”

烝哉明后，昧旦乾乾。惟德之崇，其峻如山。惟澤之贍，其潤如淵。禮樂四達，頌聲遝宣。窮髮納貢，[1]九譯導言。[2]伊昔唐萌，愛逢慶祚。[3]余生既辰，而年之暮。提心命蓋，式歌王度。晨晞永風，夕漱甘露。思樂靈臺，[4]不遒有固。

[1]窮髮納貢：泛指邊遠少數民族都來納貢。窮髮，指北方不毛之地。《莊子·逍遙遊》：“窮髮之北有冥海者，天池也。”玄成英疏：“地以草爲毛髮，北方寒沍之地，草木不生，故名窮髮。”

[2]九譯：多次翻譯。九代表多數。《晋書》卷五六《江統傳》：“周公來九譯之貢，中宗納單于之朝。”

[3]伊昔唐萌，愛逢慶祚：以前唐堯初興，受皇天眷愛，遇到

"景星耀於天，甘露降於地，朱草生於郊，鳳凰止於庭"等祥瑞。

　　[4]靈臺：中華本校勘記云："'靈臺'各本並作'靈基'，據《元龜》一九二改。按此用文王靈臺事。"文王靈臺事即《詩·大雅·靈臺》所記營造靈臺事。

　　元嘉二十四年九月，白鳩又見。庚戌，中領軍沈演之上表曰：

　　　　臣聞貞裕之美，介於盛王，休瑞之臻，罔違哲后。故鳴鳳表垂衣之化，[1]翔鶱徵解網之仁。[2]陛下道德嗣基，聖明纘世，教清鳥紀，治昌雲官，[3]禮漸同川，澤浹朱徼。[4]天嘉明懿，民樂薰風，星辰以之炳焕，日月以之光華。神圖祇緯，盈觀閎序，[5]白質黑章，充牣靈囿。[6]應感之符畢臻，而因心之祥未屬。以素鳩自遠，毟翰歸飛，[7]資性閑淑，羽貌鮮麗，既聞之先説，又親覩嘉祥，不勝藻抃，[8]上頌一首。辭不稽典，文乏采章，[9]愧不足式昭皇慶，崇讚盛美，蓋率興誦，[10]備之篇末。其頌曰：

　　[1]垂衣之化：謂定衣服之制，以禮教化天下。實即無爲而化天下。《易·繫辭下》："黃帝、堯、舜垂衣裳而天下治。"

　　[2]解網之仁：解開羅網，比喻仁德。典出《史記》卷三《殷本紀》："湯出，見野張網四面，祝曰：'自天下四方皆入吾網。'湯曰：'嘻，盡之矣！'乃去其三面，祝曰：'欲左，左。欲右，右。不用命，乃入吾網。'諸侯聞之，曰：'湯德至矣，及禽獸。'"

　　[3]教清鳥紀，治昌雲官：少皞時教化清明，黃帝時政績昌盛。晉張協《七命》："教清於雲官之世，治穆乎鳥紀之時。"《文選》

李善注引《左傳》曰："昔者黃帝氏以雲紀，故爲雲師而雲名。我高祖少皞摰之立也，鳳鳥適至，故以鳥紀，爲鳥師而鳥名也。"故知鳥紀代指少皞，雲官代指黃帝。

[4]禮漸同川，澤浹朱徼：禮遇普及於平原，恩惠遍布於南方。意爲宋之恩德普施於南北各地。

[5]神圖祇緯，盈觀閟序：神秘的圖讖緯書充盈深藏於中央和地方的圖書館。觀、序爲藏書、教育之所。又珍藏典籍稱"閟載"。語見謝莊《上封禪書》。

[6]白質黑章，充牣靈囿：白地黑紋的神獸充滿皇帝的苑囿。《史記》卷一一七《司馬相如列傳》："般般之獸，樂我君囿；白質黑章，其儀可喜。"《索隱》按："般般，文彩之皃也。"又引胡廣曰："謂騶虞也。"騶虞乃神獸之名。靈囿，文王之苑囿，後泛指皇帝的苑囿。

[7]毨（xiàn）翰：羽毛整齊美好的鳥。代指白鳩。

[8]藻抃：歡欣鼓舞。

[9]文乏采章：中華本校勘記云："'文'各本並作'分'，據《元龜》一九二改。"

[10]輿誦：眾人的議論。

　　有哲其儀，時惟皓鳩。性勰五教，[1]名編素丘。[2]殷曆方昌，婉翹來遊。[3]漢録克韡，[4]爰降爰休。其一　於顯盛宋，叡慶遝傳。聖皇在上，道照鴻軒。稱施既平，孝思永言。人和於地，神豫于天。其二　禮樂孔秩，靈物咸昭。白雀集苞，丹鳳棲郊。文騮儷跡，[5]嘉穎擢苗。灼灼縞羽，從化馴朝。其三　豈伊赴林，必周之栩。[6]豈伊歸義，必商之所。惟德是依，惟仁是處。育景陽嶽，濯姿帝

宇。其四　刑曆頒興，理感迭通。雉飛越常，鷺起西雝。烝然戾止，實兼斯容。壹兹民聽，穆是王風。其五

[1]五教：指五常之教。《左傳》文公十八年：“舉八元，使布五教于四方，父義、母慈、兄友、弟共（恭）、子孝。”

[2]名編素丘：名字編列於修養素質（品德）的丘園。丘，即丘園。爲德高望重的隱士居住之處。《易·賁卦》：“六五，賁于丘園。”王肅注：“失位無應，隱處丘園。”孔穎達疏：“丘謂丘墟，園謂園圃。唯草木所生，是質素之處。”後世遂以此文衍化爲“養素丘園”。《舊唐書》卷一九二《孔述睿傳》：“卿懷伊摯匡時之道，有廣成嘉遁之風。養素丘園，屢辭命秩。”“名編素丘”即“養素丘園”之意。

[3]婉翹：美麗的長尾鳥。代指鳳、雉之類的瑞鳥。

[4]漢録：書名。曹魏沙門朱士行撰寫的最早的專録佛教譯經書目。此書隋初已佚。　克韡（wěi）：光明盛大。《文選》潘岳《笙賦》：“咇韡煜熠。”李善注：“韡、熠，盛多貌。”

[5]文驪儷跡：白底黑紋的騶虞成雙成對。

[6]豈伊赴林，必周之栩：難道瑞鳥赴林，一定落在周的柞樹上。意爲瑞鳥也可以爲宋的喜慶而來。

玉羊，[1]師曠時來至。闕

玉雞，[2]王者至孝則至。闕

璧流離，[3]王者不隱過則至。闕

玉英，[4]五常並修則見。闕

玄圭，[5]水泉流通，四海會同則出。闕

[1]玉羊：瑞物，古以爲鐘律和諧則玉羊現。《御覽》卷九〇二引《瑞應圖》曰：“鍾、律和調則玉羊見。”南朝梁蕭統《七契》：“太平之瑞寶鼎，樂協之應玉羊。”

[2]玉雞：傳說中的神雞。《神異經·東荒經》：“蓋扶桑山有玉雞，玉雞鳴則金雞鳴，金雞鳴則石雞鳴，石雞鳴則天下之雞悉鳴。”

[3]璧流離：《御覽》卷八〇八引《孝經援神契》曰：“神靈滋液，則琉璃鏡。”流離，即琉璃。

[4]玉英：玉之精英，瑞物。《御覽》卷八〇四引《孝經援神契》曰：“神靈滋液，百寶用，則玉有瑛華。”宋均曰：“尊卑不失，其服玉者英華也。”又引《洛書》曰：“王者不藏金玉，則紫玉見於深山；服飾不逾祭服，則玉英出。”

[5]玄圭：上尖下方的黑色玉器，用於賞賜有特殊功勳之人的瑞信禮器。《尚書·禹貢》：“禹錫玄圭，告厥成功。”蔡沈《集傳》：“水色黑，故圭以玄云。”《禮記·禮器》曰：“諸侯以龜爲寶，以圭爲瑞。”《御覽》卷八〇六引《瑞應圖》曰：“四海會同，則玄圭出。”

漢桓帝永興二年四月，光禄勳府吏舍，[1]夜壁下有青氣，得玉鉤、玦各一。[2]鉤長七寸三分，玦周五寸四分，身中皆雕鏤。

晉懷帝永嘉六年二月壬子，玉龜出灞水。[3]

晉愍帝建興二年十月，大將軍劉琨掘地得玉璽，[4]使參軍郎碩奉之歸于京師。[5]

建興二年十二月，涼州刺史張寔遣使獻行璽一紐，[6]封送璽使關內侯。

晉愍帝建武元年三月己酉，丹陽江寧民虞由墾土得白麒麟璽一紐，文曰"長壽萬年"。獻晉王。[7]

晋成帝咸康八年九月，[8]廬江春穀縣留珪夜見門內有光，取得玉鼎一枚，[9]外圍四寸。豫州刺史路永以獻。著作郎曹毗上《玉鼎頌》。[10]

晋安帝義熙十二年六月，左衛兵陳陽於東府前淮水中得玉璽一枚。

宋孝武帝大明元年五月戊寅，江乘縣民朱伯地中得玉璧，[11]徑五寸八分，以獻。

大明四年二月乙巳，徐州刺史劉道隆於汴水得白玉戟，[12]以獻。

明帝泰始五年十月庚辰，鄞州獲玄璧，廣八寸五分，安西將軍蔡興宗以獻。[13]

後廢帝元徽四年十一月乙巳，[14]吳興烏程余山道人慧獲蒼玉璧，太守蕭惠開以獻。[15]

[1]永興：漢桓帝劉志年號（153—154）。　光禄勳：官名。掌宮殿宿衛、典領禁軍，位列九卿，秩二千石。

[2]玉鉤：玉制的挂鉤。　玦：佩玉的一種，形若環而有缺口。

[3]永嘉：晋懷帝司馬熾年號（307—313）。　玉龜：傳説中的神龜，其出爲吉祥之兆。《隋書·禮儀志一》："石魚彰合符之徵，玉龜顯永昌之慶。"　灞水：水名。春秋秦穆公以滋水改名，即今陝西渭河支流灞河。

[4]劉琨：人名。字越石，西晋將領。歷任并州刺史、大將軍、侍中、太尉，封廣武侯。曾長期堅守并州，與劉聰、石勒相持，戰敗被殺。《晋書》卷六二有傳。　玉璽：專指皇帝的玉印。蔡邕《獨斷》："秦以來，天子獨以印稱璽，又獨以玉，群臣莫敢用也。"

[5]郎碩：人名。本書一見，其事不詳。

[6]涼州：治所在今甘肅武威市。 張寔：人名。字安遜，安定烏氏（今寧夏固原市）人。歷任議郎、涼州刺史、護羌校尉，封西平公。《晉書》卷八六有附傳。

[7]丹陽江寧民虞由墾土得白麒麟璽一紐，文曰"長壽萬年"。獻晉王：《晉書》卷六《元帝紀》作："白玉麒麟神璽出於江寧，其文曰'長壽萬年'。"江寧，縣名。治所在今江蘇南京市江寧區。虞由，人名。本書一見，其事不詳。晉王，指晉元帝司馬睿。

[8]咸康：晉成帝司馬衍年號（335—342）。

[9]廬江春穀縣留珪夜見門內有光，取得玉鼎一枚：《御覽》卷七五六引《晉陽秋》曰："穀城人劉珪夜見門有光，取得玉鼎。"與此同事。廬江，郡名。治所在今安徽舒城縣。春穀縣，《晉書·地理志下》揚州廬江郡下無"春穀縣"，宣城郡下有"春穀縣"。疑"春"爲"春"之誤。留珪，《御覽》爲"劉珪"。本書一見。

[10]路永：人名。原爲王導屬下將軍，後任廬江太守，升爲荊州刺史。 著作郎：官名。爲著作省長官，掌修撰國史、編修日曆。六品。 曹毗：人名。字輔佐。歷郎中、下邳太守、太學博士、光禄勳等。《晉書》卷九二有傳。 《玉鼎頌》：已佚。

[11]江乘：縣名。治所在今江蘇句容市。 朱伯：人名。本書一見，其事不詳。

[12]汴水：亦曰汴渠、汳水。其故道有二：一爲古故道，由河南鄭州、滎陽首受黃河，經開封、徐州、泗水入淮。元時爲黃河所奪，今淤；另一爲隋以後汴河故道，由前故道至商丘南，改東南流歷安徽宿州市、泗縣入淮。此爲京杭大運河之一段。今久湮廢，泗縣有汴水斷渠。

[13]玄璧：黑色的玉璧。 蔡興宗：人名。濟陽考城（今河南民權縣）人。封樂安縣開國侯，官至尚書、多郡郡守。本書卷五七有附傳。丁福林《校議》據本書卷八《明帝紀》考證，蔡興宗已於泰始五年六月調離郢州，而任鎮東將軍，此條所記有誤。

[14]元徽：宋後廢帝劉昱年號（473—477）。

[15]蕭惠開：人名。南蘭陵人。歷黃門侍郎、中庶子、襄陽太守、侍中、青冀二州刺史等。本書卷八七有傳。丁福林《校議》據本書《蕭惠開傳》、《南史》卷一八《蕭惠開傳》考證，蕭惠開卒於泰始七年（471），元徽四年（476）惠開卒已五年。考《蕭惠明傳》，惠明此時正任吳郡太守，故此蕭惠開乃蕭惠明之誤。

金勝，[1]國平盜賊，四夷賓服則出。[2]

晋穆帝永和元年二月，春穀民得金勝一枚，[3]長五寸，狀如織勝。[4]明年，桓溫平蜀。[5]

永和元年三月，廬江太守路永上言，於春穀城北，見水岸邊有紫赤光，取得金狀如印，遣主簿李邁表送。[6]

[1]金勝：勝爲傳說中西王母戴的一種首飾，可知災害，主五刑殺戮。《山海經·西山經》：“西王母其狀如人，豹尾虎齒而善嘯，篷髮戴勝，是司天之厲及五殘。”郭璞注：“勝，玉勝也……主知災厲五刑殘殺之氣也。”《開元占經》卷一一四引《孝經援神契》曰：“金勝者，象人所鏤勝，而金色。四夷來即出。”可見金勝即一種金色的玉首飾。何法盛《晋中興書》：“金勝，一名金稱。《援神契》曰：‘神靈滋液，百珍寶用，有金勝。’金勝者，仁寶也，不琢自成，光若水月。”

[2]四夷賓服則出：《開元占經》卷一一四引《瑞應圖》曰：“世無盜賊、凶人，則金勝出。又曰，浸潤不行，姦盜靜謐，綈綉不用，則見。”引《晋中興書·徵祥說》曰：“四夷賓服則出。”

[3]永和元年二月，春穀民得金勝一枚：得金勝事當首見於何法盛《晋中興書》，但各書引其文又略異，所述事件時間、地點不一。《叢書集成》本引作“永和九年”，《開元占經》卷一四四引作“穆帝永和元年”，《御覽》卷七一九引作“晋孝武時”，未知孰是。

以上三書引“春穀”均作“陽穀”。春穀史無考，陽穀爲東晉孝武帝時改西漢春穀縣而置，故“春穀”當作“春穀”，春穀、陽穀實爲一地，在今安徽繁昌縣西北。

〔4〕織勝：紡織物做的首飾。

〔5〕桓温平蜀：《晉中興書·徵祥説》：“桓温平蜀路，此四方來服之應也。”

〔6〕李邁：人名。本書一見。

　　吳孫晧天璽元年，吳郡言掘地得銀一，長尺，廣三分，刻上有年月字。

　　丹甑，[1]五穀豐熟則出。闕

〔1〕丹甑：一種底部有鏤孔的紅陶罐，座在釜上可作蒸煮器。《御覽》卷七五七引《白虎通》曰：“王者德至山陵，丹甑見。”

　　白魚，[1]武王度孟津，中流入于王舟。

　　宋明帝泰始二年十月己巳，幸華林天淵池，白魚躍入御舟。[2]

　　漢章帝元和三年正月，車駕北巡，以太牢具祠北岳，有神魚躍出十數。

　　金人，[3]王者有盛德則游後池。闕

〔1〕白魚：白色的魚。傳説武王伐紂時跳入王舟，故以爲符瑞。《史記》卷四《周本紀》：“武王渡河，中流，白魚躍入王舟中，武王俯取以祭。”《集解》引馬融曰：“魚者，介鱗之物，兵象也。白者，殷家之正色，言殷之兵衆與周之象也。”

〔2〕幸華林天淵池，白魚躍入御舟：宋代晉而立，晉金行，色

尚白，故以武王伐紂事自喻，把白魚躍入御舟作爲符瑞。

[3]金人：仿巨人象鑄的銅像。《史記》卷六《秦始皇本紀》："收天下兵，聚之咸陽，銷以爲鍾鐻，金人十二，重各千石，置廷宮中。"《索隱》按："二十六年，有長人見于臨洮，故銷兵器，鑄而象之。"漢代時，銅人置於長樂宮門前，董卓時壞其十爲錢，後趙石虎時移剩下的二銅人於鄴，前秦苻堅時又徙長安而銷之。此處以金人出爲符瑞，《晉書‧五行志上》則以爲亡國之徵："景初元年，發銅鑄爲巨人二，號曰翁仲，置之司馬門外。案古長人見，爲國亡。長狄見臨洮，爲秦亡之禍。始皇不悟，反以爲嘉祥，鑄銅人以象之。魏法亡國之器，而於義竟無取焉。蓋服妖也。"

木連理，[1]王者德澤純洽，八方合爲一，則生。

漢章帝元和中，木連理生郡國。

安帝元初三年正月丁丑，東平陵樹連理。[2]

漢安帝延光三年七月，左馮翊衙有木連理。[3]

延光三年七月，潁川定陵有木連理。[4]

漢桓帝建和二年七月，河東有木連理。

吳孫權黃武四年六月，[5]皖口言有木連理。[6]

魏文帝黃初初，郡國二言木連理。

晉武帝泰始元年十二月，木連理生遼東力城。[7]

泰始二年八月，木連理生河南成皋。

泰始八年正月，木連理生東平范。[8]

泰始八年五月甲辰，木連理生東平壽張。[9]

泰始八年十月，木連理生建寧。[10]

晉武帝咸寧元年正月，木連理生汝陰南頓。[11]

咸寧二年四月，木連理生清河靈。[12]

咸寧二年六月，木連理生燕國。[13]

咸寧三年七月壬辰，木連理生始平鄠。[14]

咸寧四年八月，木連理生陳留長垣。[15]

咸寧五年，木連理生義陽。

咸寧五年，木連理生樂安臨濟。[16]

[1]木連理：不同根的樹，其上部枝幹連生在一起。一種祥瑞。本書《五行志五》呂會上言：“案《瑞應圖》，異根同體謂之連理。”

[2]東平陵樹連理：中華本校勘記云：“‘東平陵’《後漢書·安帝紀》作‘東平陸’。”按：二者皆西漢置縣，東平陵縣屬東平國，治所在今山東章丘市；東平陸縣治所在今山東汶上縣西北。

[3]左馮翊衙有木連理：《後漢書》卷五《孝安帝紀》作：“馮翊言甘露降頻陽、衙。潁川上言木連理。”木連理見潁川，非左馮翊，本書誤。左馮翊，官名。爲三輔長官之一，掌治京師，參預朝政，與九卿同。秩中兩千石。西漢太初元年（104）改左內史置，治所在長安縣。東漢移治今陝西高陵縣西南。

[4]定陵：縣名。治所在今河南舞陽縣。

[5]黃武：三國吳孫權年號（222—229）。

[6]皖口：皖水入江口，在今安徽安慶市西南，三國吳曾屯兵於此。

[7]遼東：郡名。治所在今遼寧遼陽市老城區。　力城：中華本校勘記云：“‘力城’各本並作‘方城’。按《晉書·地理志》，遼東國統力城縣。‘方城’當是‘力城’之訛。今改正。”

[8]東平：國名。治所在今山東東平縣西北。　范：縣名。即范縣。治所在今河南范縣。

[9]壽張：縣名。治所在今山東東平縣西南。

[10]建寧：縣名。治所在今湖南株洲市。

[11]南頓：縣名。西漢置。治所在今河南項城市。

［12］清河：郡國名。治所在今山東臨清市。　靈：縣名。治所在今山東高唐縣。

［13］燕國：古代封國。都薊，在今北京市西南。

［14］始平：郡名。治所在今陝西興平市東南。　鄠：縣名。治所在今陝西戶縣北。

［15］長垣：縣名。治所在今河南長垣縣。

［16］樂安：郡國名。治所在今山東鄒平縣苑城鎮。　臨濟：縣名。治所在今山東高青縣。

晋武帝太康元年正月，木連理生涪陵永平。[1]

太康元年四月，木連理生頓丘。[2]

太康元年五月，木連理二生濟陰乘氏，沛國。[3]

太康元年七月，木連理生馮翊粟邑。[4]

太康二年正月，木連理生滎陽密。[5]

太康二年十月，木連理十三生南安豲道。[6]

太康三年四月，木連理生琅邪華。[7]

太康三年六月，木連理生廣陵海西。[8]

太康四年正月，木連理生馮翊臨晋，[9]蜀郡成都。[10]

太康四年十二月，木連理生扶風。

太康七年三月，木連理生河南新安。

太康七年六月，木連理生始興中宿，[11]南鄉筑陽。[12]

太康八年四月，木連理生廬陵東昌。[13]

太康八年九月，木連理生東萊盧鄉。[14]

太康九年九月，木連理生陳留浚儀。[15]

太康十年十一月，木連理生鄱陽鄡陽。[16]

[1]涪陵：郡名。治所在今貴州務川縣東北洪渡。　永平：《晉書·地理志上》涪陵郡下無永平縣，疑爲"漢平"之誤。

[2]頓丘：縣名。治所在今河南浚縣。

[3]濟陰：郡國名。治所在今山東定陶縣。　乘氏：縣名。治所在今山東巨野縣。　沛國：國名。治所在今安徽濉溪縣。

[4]馮翊：郡名。治所在今陝西大荔縣。　粟邑：縣名。治所在今陝西白水縣西北。

[5]滎陽：郡名。治所在今河南滎陽市。　密：縣名。治所在今河南新密市。

[6]南安：郡名。治所在今甘肅隴西縣。

[7]琅邪：郡國名。治所在今山東諸城市。　華：縣名。治所在今山東龍口市。

[8]海西：縣名。治所在今江蘇灌南縣。

[9]臨晉：縣名。治所在今陝西大荔縣。

[10]成都：縣名。治所在今四川成都市。

[11]始興：郡名。治所在今廣東韶關市東南蓮花嶺下。　中宿：縣名。治所在今廣東清遠市西北河洞堡。

[12]南鄉：郡名。治所在今河南淅川縣西南舊縣東南原丹江南岸。　筑陽：縣名。治所在今湖北穀城縣北。各本均作"范陽"，中華本據《左傳》桓公七年杜預注改。

[13]廬陵：郡名。治所在今江西吉安市西南。　東昌：縣名。治所在今江西吉安市東南。

[14]廬鄉：縣名。《晉書·地理志下》東萊國下有廬鄉縣，今地不詳。

[15]浚儀：縣名。治所在今河南開封市。

[16]鄡陽：各本作"鄡鄉"，中華本據《晉書·地理志下》鄱

陽郡有鄱陽改。治所在今江西都昌縣東南鄱陽湖中四望山。

晋武帝太熙元年二月，木連理生河南梁。[1]

晋惠帝元康元年五月，木連理三生成都臨邛。[2]

元康元年七月辛丑，梁國内史任式上言，武平界有柞櫟二樹，[3]合爲一體，連理。

晋愍帝建興二年三月庚辰，木連理生朱提。[4]

建興二年三月，木連理二生益州雙柏。[5]

建興二年六月，木連理生襄平。

晋愍帝建武元年閏月乙丑，木連理生嵩山。

建武元年八月甲午，木連理生汝陰。

建武元年十一月，木連理生武昌，大將軍王敦以聞晋王。[6]

建武元年十一月癸酉，木連理生汝陰，太守以聞。

晋元帝太興元年七月戊辰，[7]木連理生武昌，大將軍王敦以聞。

太興三年十一月，木連理生零陵永昌。[8]

晋成帝咸和八年五月己巳，木連理生昌黎咸和。[9]

咸康三年三月庚戌，木連理生平州世子府治故園中。

咸康七年十二月，吳國内史王恬上言，[10]木連理生吳縣沙里。[11]

晋穆帝永和五年二月癸丑，臨海太守藍田侯述言郡界木連理。[12]

晋孝武帝寧康三年六月辛卯，江寧縣建興里僑民留康家樹，[13]異本連理。

　　[1]太熙：晉武帝司馬炎年號（290）。　梁：縣名。治所在今河南汝州市西南。

　　[2]成都：國名。治所在今四川成都市。　臨邛：縣名。治所在今四川邛崃市。

　　[3]武平：縣名。治所在今河南鹿邑縣。

　　[4]朱提：縣名。治所在今雲南昭通市。

　　[5]雙栢：縣名。治所在今雲南雙柏縣境。

　　[6]武昌：地名。治所在今湖北鄂州市。　大將軍：官名。兼錄尚書事，權力常在丞相之上，典軍政之要。一品。　王敦：人名。字處仲，琅邪臨沂人。《晉書》卷九八有傳。

　　[7]太興：晉元帝司馬睿年號（318—321）。

　　[8]永昌：縣名。治所在今湖南祁東縣。

　　[9]昌黎：郡名。治所在今遼寧義縣。　咸和：縣名。今地不詳。

　　[10]王恬：人名。字仲豫，琅邪臨沂人，王導第二子。爵即丘子，官至後將軍、魏郡太守。《晉書》卷六五有附傳。

　　[11]吳縣：治所在今江蘇蘇州市。

　　[12]臨海：郡名。治所在今浙江臨海市。　藍田侯：即王述。字懷祖，祖籍太原晉陽（今山西太原市）。《晉書》卷七五有附傳。

　　[13]寧康：晉孝武帝司馬曜年號（373—375）。　留康：人名。本書一見。

　　晉孝武帝太元十一年四月壬申，琅邪費有榆木，異根連理，相去四尺九寸。

　　太元十八年十月戊午，臨川東興令惠欣之言，[1]縣東南溪傍有白銀樹、芳靈樹、李樹，並連理。

　　太元十九年正月丁亥，華林園延賢堂西北李樹連理。

太元二十一年正月丙子，木連理生南康寧都縣社後。[2]

晉安帝隆安三年十一月，木連理生汝陽，[3]太守垣苗以聞。

元興元年正月，木連理生泰山武陽。[4]

宋文帝元嘉八年四月乙亥，東莞莒縣松樹連理，太守劉玄以聞。[5]

元嘉八年八月，木連理生東安新泰縣。[6]

元嘉九年六月，木連理生營陽泠道，[7]太守展禽以聞。[8]

元嘉十二年二月丁卯，南郡江陵庾和園甘樹連理，荊州刺史臨川王義慶以獻。

元嘉十二年三月，馬頭濟陽柞樹連理，[9]豫州刺史長沙王義欣以聞。

元嘉十四年二月，宮內螽斯堂前梨樹連理，豫州刺史長沙王義欣以聞。

元嘉十四年，南郡江陵光禋之園甘李二連理。

[1]臨川：郡名。治所在今江西撫州市臨川區。　東興：縣名。治所在今江西黎川縣東北。　惠欣之：人名。本書一見。

[2]南康：郡名。治所在今江西于都縣。　寧都：縣名。治所在今江西寧都縣。

[3]汝陽：郡名。治所在今河南商水縣。

[4]泰山：郡名。治所在今山東泰安市。　武陽：縣名。治所在今山東平邑縣。

［5］莒縣：治所在今山東莒縣。　劉玄：人名。《符瑞志》三見，均記其爲東莞太守，餘事不詳。

［6］新泰：縣名。治所在今山東新泰市。

［7］營陽：郡名。治所在今湖南道縣。　泠道：縣名。治所在今湖南寧遠縣。

［8］展禽：人名。本書一見。

［9］馬頭：郡名。治所在今安徽懷遠縣南淮河南岸馬頭城。濟陽：縣名。治所原在今河南民權縣。時僑置在馬頭郡內，治所不詳。

　　元嘉十五年二月，太子家令劉徵園中林檎樹連理，[1]徵以聞。

　　元嘉十七年七月，武昌崇讓鄉程僧愛家候風木連理，[2]江州刺史臨川王義慶以聞。

　　元嘉十七年十月，尋陽弘農祐幾湖芙蓉連理，[3]臨川王義慶以聞。

　　元嘉十八年十二月，木連理生歷陽劉成之家，南豫州刺史武陵王駿以聞。[4]

　　元嘉二十年七月，盱眙考城縣柞樹二株連理，[5]南兗州刺史臨川王義慶以聞。

　　元嘉二十年八月，木連理生汝陰，豫州刺史劉遵考以聞。[6]

　　元嘉二十一年，木連理生歷陽烏江，[7]南豫州刺史武陵王駿以聞。

　　元嘉二十一年，木連理生晉陵無錫，南徐州刺史南譙王義宣以聞。

元嘉二十二年七月辛巳，南頓櫟連理，豫州刺史趙伯符以聞。

元嘉二十二年九月，木連理生建康，建康令張永以聞。[8]

元嘉二十二年，木連理生武昌，江州刺史廬陵王紹以聞。

元嘉二十三年二月辛亥，木連理生南陰柔縣，[9]太守以聞。

元嘉二十三年，木連理生淮南當塗，[10]揚州刺史始興王濬以聞。

元嘉二十四年二月壬午，臨川王第梨樹連理，臨川王燁以聞。[11]

元嘉二十四年七月壬子，晋陵無錫穀櫟樹連理，南徐州刺史廣陵王誕以聞。

元嘉二十四年七月乙卯，木連理生會稽諸暨，[12]揚州刺史始興王濬以聞，會稽太守羊玄保上改連理所生處康亭村爲“木連理”。[13]

元嘉二十四年七月乙卯，臨川王第梨樹連理，臨川王燁以聞。

元嘉二十五年四月戊辰，木連理生晋陵，南徐州刺史廣陵王誕以聞。

元嘉二十八年正月戊子，木連理生尋陽柴桑，又生州城內，江州刺史建平王宏以聞。

元嘉二十九年十月丁未，木連理生南琅邪，太守劉成以聞。[14]

[1]太子家令：官名。掌東宮刑獄、倉儲、飲食，屬太傅、少傅。五品。　劉徵：人名。本書一見，其事不詳。

[2]程僧愛：人名。本書一見，其事不詳。

[3]弘農：縣名。僑置。在尋陽郡內。本書《州郡志二》曰："尋陽又有弘農縣流寓。"

[4]劉成之：人名。本書一見，其事不詳。　武陵王駿：宋孝武帝劉駿。元嘉三十年，其兄太子劉劭殺文帝自立，劉駿起兵討殺劉劭，即帝位。本書卷六有紀。

[5]盱眙：郡名。治所在今江蘇盱眙縣。　考城：縣名。治所原在今河南民權縣東北。時僑置在盱眙郡內，地址不詳。

[6]劉遵考：人名。宋武帝劉裕族弟，封營浦侯。本書卷五一有傳。

[7]烏江：縣名。治所在今安徽和縣東北烏江。

[8]張永：人名。字景雲，吳郡吳人。封孝昌縣侯。本書卷五三有附傳。

[9]南陰柔縣：中華本校勘記云："按本書《州郡志》無'南陰柔縣'，此處太守上又無郡名，疑文有訛脫。"是。

[10]當塗：縣名。治所在今安徽當塗縣。

[11]燁：人名。即劉燁。字景舒，劉義慶子，襲臨川王。事見本書卷五一《臨川烈武王道規傳》。

[12]諸暨：縣名。治所在今浙江諸暨市。

[13]羊玄保：人名。太山南城人。本書卷五四有傳。

[14]南琅邪：郡名。治所在今江蘇句容市。　劉成：人名。沛郡人，仕至光禄大夫。

　　孝武帝孝建二年三月己酉，木連理生南郡江陵，荊州刺史朱脩之以聞。

　　孝建三年五月，木連理生北海都昌，冀州刺史垣護之以聞。[1]

孝建三年七月癸未，木連理生歷陽，歷陽太守袁敳以聞。[2]

孝武帝大明元年正月乙亥，木連理生高平。[3]

大明元年二月壬寅，華林園雙橘樹連理。

大明元年九月乙丑，華林園梨樹連理。

大明元年十月丁丑朔，木連理生豫章南昌。

大明二年四月辛丑，木連理生汝南，豫州刺史宗愨以聞。[4]

大明三年九月甲午，木連理生丹陽秣陵，材官將軍范悦時以聞。[5]

大明四年三月丁亥，木連理生華林園曜靈殿北。

大明四年四月壬子，木連理生華林園日觀臺北。

大明四年六月戊戌，木連理生會稽山陰，揚州刺史西陽王子尚以聞。

大明五年閏九月，木連理生邊城，[6]豫州刺史垣護之以聞。

大明五年十二月戊寅，淮南松木連理，豫州刺史尋陽王子房以聞。[7]

大明六年二月乙丑，木連理生晉陵，南徐州刺史新安王子鸞以聞。

大明六年四月戊辰，木連理生營陽，湘州刺史建安王休仁以聞。[8]

大明六年八月乙丑，木連理生彭城城內，徐州刺史王玄謨以聞。

大明七年正月己酉，珊瑚連理生鬱林，[9]安始太守劉勔以聞。[10]

明帝泰始二年七月，木連理生丹陽秣陵。

泰始四年三月庚戌，太子西池冬生樹連理，園丞周獝猗以獻。[11]

泰始六年四月丙午，[12]木連理生會稽永興，太守蔡興宗以聞。

泰始六年十二月壬辰，木連理生豫章南昌，太守劉憕之以聞。[13]

泰始七年二月戊寅，木連理生吳郡錢唐，太守王延之以聞。[14]

昇明二年，木連理生豫州界内，刺史劉懷珍以聞。[15]

[1]冀州：僑置。治所在今山東濟南市。

[2]袁敳：人名。陳郡陽夏人，官至步兵校尉。

[3]高平：郡名。治所在今山東巨野縣。

[4]宗悫：人名。字元幹，南陽人。本書卷七六有傳。

[5]材官將軍：官名。掌土木工程。東晋屬中領軍，宋兼屬尚書省起部曹。五品。　范悅時：人名。本書一見，其事不詳。

[6]邊城：縣名。治所在今河南商城縣。

[7]豫州刺史尋陽王子房以聞：丁福林《校議》據本書卷六《孝武帝紀》、卷七《前廢帝紀》、卷八〇《松滋侯子房傳》、卷五〇《垣護之傳》考證，此時子房任豫州刺史，非南豫州刺史，任南豫州刺史者爲垣護之。

[8]湘州：治所在今湖南長沙市。

[9]大明七年正月己酉，珊瑚連理生鬱林：疑“生鬱林”爲

"生安始"之誤。《御覽》卷八〇七引《宋紀》曰:"大明六年,鬱林郡獻珊瑚連理樹。"鬱林,郡名。治所在今廣西桂平市古城。

[10]安始太守:本書《州郡志四》無安始太守,有安始令,屬鬱林太守。再本書卷八六《劉勔傳》僅稱其曾爲鬱林太守,故"安始太守"當爲"鬱林太守"之誤。 劉勔:人名。字伯猷,彭城人。本書卷八六有傳。

[11]周獢猗:人名。本書一見,其事不詳。

[12]泰始六年四月丙午:中華本校勘記云:"'丙午'各本並作'景午'。按沈約不當避唐諱,蓋後人所追改,今改回。"是。

[13]劉愔之:人名。本書一見,其事不詳。

[14]錢唐:縣名。治所在今浙江杭州市。 王延之:人名。字希季,祖籍琅邪臨沂。本書卷六六有附傳。

[15]刺史劉懷珍:中華本校勘記云:"各本並脱'刺'字,據《南齊書·劉懷珍傳》補。"劉懷珍,人名。字道玉,平原人。《南齊書》卷二七有傳。

比目魚,[1]王者德及幽隱則見。闕

珊瑚鉤,[2]王者恭信則見。闕

[1]比目魚:《本草綱目·鱗四·比目魚》:"比,並也。魚各一目,相並而行也。"

[2]珊瑚鉤:《御覽》卷八〇七引孫氏《瑞應圖》曰:"珊瑚鉤者,王者恭信則見。"

芝草,[1]王者慈仁則生。食之令人度世。

漢武帝元封二年,[2]甘泉宮内産芝,九莖連葉。

漢宣帝元康四年,金芝九莖,産于函德殿銅池中。

漢明帝永平十七年春,[3]芝生前殿。

漢桓帝建和元年四月，芝草生中黃藏府。[4]

宋從帝昇明二年，宣城山中生紫芝一株，[5]在所獲以獻。

[1]芝草：《御覽》卷八七三引《孝經援神契》：“王者德至於草木，則芝草生。”又引孫氏《瑞應圖》：“王者慈仁則芝草生，食之令人延年。”

[2]元封：漢武帝劉徹年號（前110—前105）。

[3]永平：漢明帝劉莊年號（58—75）。

[4]中黃藏府：官署名。東漢名義上屬少府，掌宮中幣帛金銀諸貨。有令、丞主之。

[5]宋從帝：即宋順帝劉準。避梁武帝蕭順之諱，改稱從帝。

宣城：縣名。治所在今安徽南陵縣青弋鎮。又《御覽》卷八七三引《宋書》曰：“順帝時，臨城縣生紫芝。”疑與此爲一事，地點不知孰是。

明月珠，[1]王者不盡介麟之物則出。

漢高后、景帝時，[2]會稽人朱仲獻三寸四寸珠。

漢章帝元和中，郡國獻明珠。[3]

[1]明月珠：《御覽》卷八〇二引《禮斗威儀》曰：“王者政平，德至淵泉，則江海出明珠。”

[2]漢高后：即呂雉。劉邦死後，其子惠帝即位，專擅朝政。惠帝死後，殺少帝，臨朝稱制八年。《漢書》卷三有紀。

[3]漢章帝元和中，郡國獻明珠：《御覽》卷八〇三引《古今注》曰：“章帝元和元年，明珠出館陶，大如李，有明曜。三年，明月珠出豫章海昬，大如雞子，圍四寸八分。章和元年，鬱林大珠圍三寸。”

巨鬯，三禺之禾，一稃二米，王者宗廟修則出。[1]

黄帝時，南夷乘白鹿來獻鬯。

漢章帝元和中，秬秠生郡國。[2]

[1]巨鬯：一稱秬鬯。其義有二：一爲以鬱金草合黑黍釀造的酒，祭祀時灌地所用；二爲神奇的植物。《御覽》卷八七三引孫氏《瑞應圖》曰：“秬鬯者，三隅之黍，一稃三米，王者宗廟修則生。”又曰：“昭穆序祭祠，宰人咸有敬讓禮容之節、威儀之美，則秬鬯生。”此處當指後者，因鬯酒無奇可言，更不能視爲祥瑞。

[2]秬秠：古人以爲秬秠是嘉穀。《詩·大雅·生民》：“誕降嘉種，維秬維秠。”秬，黑黍。秠，黑黍中一稃二米者。

華平，[1]其枝正平，王者有德則生。德剛則仰，德弱則低。

漢章帝元和中，華平生郡國。

[1]華平：一作“華蘋”。祥瑞植物。一說即並頭蓮。《御覽》八七三引《祥瑞圖》曰：“雙蓮爲苹。”又曰：“華苹者，其枝正平，王者德剛則仰，弱則低。”又引《孝經援神契》曰：“王者德至於地，則華苹感。”

平露，[1]如蓋，以察四方之政。其國不平，則隨方而傾。闕

蓂莢，一名歷莢，夾階而生，一日生一葉，從朔而生，望而止，十六日，日落一葉，若月小，則一葉萎而不落。堯時生階。闕

　　蓮甫，一名倚扇，狀如蓬，大枝葉小，根根如絲，轉而成風，殺蠅。堯時生於厨。闕

　　[1]平露：瑞木名。又名平慮。古謂其能察識四方之政和得人與否。《白虎通·封禪》：“賢不肖位不相踰則平路生於庭。平路者，樹名也，官位得其人則生，失其人則死。”《御覽》卷八七三引孫氏《瑞應圖》曰：“平露者，如蓋，生於庭，似四方之政。王者不私人以官，則四方之政平。若東方政不平則西低，北方政不平則南低，西方政不平則東低，南方政不平則北低。四方政不出其根若絲。”

　　朱草，[1]草之精也，世有聖人之德則生。
　　漢光武建武中元元年五月，京師有赤草生水涯。[2]
　　漢章帝元和中，朱草生郡國。
　　魏文帝初，朱草生文昌殿側。[3]
　　宋文帝元嘉十一年，朱草生蜀郡郫縣王之家，[4]益州刺史甄法崇以聞。

　　[1]朱草：一種紅色的瑞草。《抱朴子·金丹》：“朱草狀似小棗，栽長三四尺，枝葉皆赤，莖如珊瑚，喜生名山巖石之下，刻之汁流如血，以玉及八石金銀投其中，立便可丸如泥，久則成水，以金投之，名爲金漿，以玉投之，名爲玉醴，服之皆長生。”朱草生與聖人之德、政治清平、勿奪農時、招賢納士、減輕賦稅均有關係。
　　[2]漢光武建武中元元年五月，京師有赤草生水涯：建武中元，漢光武帝劉秀年號（56—57）。中華本校勘記云：“各本並脱‘中元’二字，據《後漢書·光武紀》補。”《後漢書》卷一下《光武帝紀下》“赤草生於水崖”繫於六月乙未後，“改年爲中元”在四

月己卯，疑此處"五月"有誤。

[3]魏文帝初，朱草生文昌殿側：《御覽》卷八七三引《魏略》云："文帝欲受禪，朱草生於文昌殿側。"此言"魏文帝初"，不確。中華本校勘記云："本條舊在'漢章帝元和中朱草生郡國'條上。按年代次序，今前後對易。"

[4]郫縣：在今四川成都市西。　王之：人名。本書一見，其事不詳。

景星，[1]大星也。狀如半月，於晦朔助月爲明。闕

賓連闊達，[2]生於房室，王者御后妃有節則生。闕

渠搜，[3]禹時來獻裘。闕

浪井，[4]不鑿自成，王者清静則應。闕

西王母，[5]舜時來獻白環白琯。闕

[1]景星：一種形狀無常、出入有道之國的瑞星，是人君有德之兆。《史記·天官書》："天精而見景星。景星者，德星也。其狀無常，常出於有道之國。"《集解》引孟康曰："精，明也。有赤方氣與青方氣相連，赤方中有兩黃星，青方中一黃星，凡三星合爲景星。"《正義》："景星狀如半月，生於晦朔，助月爲明。見則人君有德，明聖之慶也。"

[2]賓連闊達：象徵繼嗣良好的瑞木。《白虎通·封禪》："繼嗣平則賓連生於房户。賓連者，木名也，其狀連累相承，故生於房户，象繼嗣也。"《御覽》卷八七三引孫氏《瑞應圖》曰："王者嫡庶有序，男女有別，則賓連闊生於房。一名賓連達，一名賓連闊。生於房室，象御妃有節也。"

[3]渠搜：古西戎國名。《文選》揚雄《解嘲》："今大漢左東海，右渠搜。"李善注引應劭曰："《禹貢》'析支、渠搜屬雍州，在金城河關之西'。"

　　[4]浪井：自然生成的瑞井。南朝陳徐陵《孝義寺碑》："嘉禾自秀，浪井恒清。"吳兆宜注引孫柔之《瑞應圖》："浪井不鑿自成。"

　　[5]西王母：古部族名。《爾雅·釋地》："觚竹、北戶、西王母、日下，謂之四荒。"《廣記》卷二〇三引《風俗通》："舜之時，西王母來獻白玉琯。

　　越常，[1]周公時來獻白雉、象牙。關

　　漢平帝元始元年正月，越常重譯獻白雉一，[2]黑雉二，詔三公薦宗廟。

　　漢光武建武十三年九月，[3]南越獻白雉。

　　漢章帝元和中，白雉見郡國。

　　漢桓帝永康元年十一月，白雉見西河。[4]

　　漢獻帝延康元年四月丁巳，饒安縣言白雉見，[5]又郡國十九言白雉見。

　　晉武帝咸寧元年四月丁巳，白雉見安豐松滋。[6]

　　咸寧元年十二月丙午，白雉見梁國睢陽，梁王肜獲以獻。

　　咸寧三年十一月，白雉見渤海饒安，相阮溫獲以獻。[7]

　　晉武帝太康元年九月庚戌，白雉見中山。[8]

　　晉愍帝建興三年十二月戊午，白雉見襄平。

　　建興三年十二月戊午，白雉見。

　　安帝義熙七年五月，白雉見豫章南昌。

　　宋文帝元嘉五年五月庚辰，白雉見東莞莒縣，太守劉玄以聞。

元嘉十六年二月，白雉見陳郡，[9]豫州刺史長沙王義欣以獻。

元嘉十八年二月癸亥，白雉見南汝陰宋縣，太守文道恩以獻。[10]

元嘉二十年六月，白雉見高平方與縣，[11]徐州刺史臧質以獻。

元嘉二十六年三月戊寅，白雉見東安、沛郡各一，徐、兗二州刺史武陵王獲以獻。

孝武帝大明二年三月己巳，白雉雌雄各一見海陵，南兗州刺史竟陵王誕以獻。

大明五年十二月，白雉見秦郡，[12]南兗州刺史晉安王子勛以獻。[13]

大明八年二月丁卯，白雉見南郡江陵，荊州刺史臨海王子頊以獻。[14]

前廢帝永光元年正月丙午，白雉見渤海，青州刺史王玄謨以獻。[15]

永光元年三月甲午朔，白雉見新蔡，豫州刺史劉德願以獻。[16]

[1]越常：古南海部族名。又稱越裳、越嘗。《後漢書》卷八六《南蠻傳》：“交阯之南有越裳國。周公居攝六年，制禮作樂，天下和平，越裳以三象重譯而獻白雉。”《論衡·恢國》則云：“成王之時，越常獻雉。”

[2]元始：漢平帝劉衎年號（1—5）。

[3]漢光武建武十三年九月：中華本校勘記云：“‘建武’各本並作‘建元’，據《後漢書·光武紀》改。”

[4]白雉見西河：《後漢書》卷七《孝桓帝紀》作"十一月，西河言白菟見"，據此"白雉"當爲"白菟"之誤。

[5]延康：漢獻帝劉協年號（220）。　饒安：縣名。治所在今河北鹽山縣西南舊縣。

[6]安豐：郡名。治所在今安徽霍邱縣。　松滋：縣名。治所在今安徽霍邱縣東。

[7]阮溫：人名。本書一見，其事不詳。

[8]晉武帝太康元年九月庚戌：中華本校勘記云："各本並脱'九月'二字，據《元龜》二二補。"　中山：郡名。治所在今河北定州市。

[9]陳郡：治所在今河南淮陽縣。

[10]宋縣：治所在今安徽太和縣。　文道恩：人名。《符瑞志》三見，一言其任吳興太守，一言其任北汝陰太守，餘事不詳。

[11]方與：縣名。治所在今山東魚臺縣。

[12]秦郡：治所在今江蘇南京市六合區。中華本校勘記云："'秦郡'各本並作'泰郡'。據《州郡志》，南兗州下有秦郡，無'泰郡'，今改正。"

[13]子勛：人名。即劉子勛。字孝德，宋孝武帝第二子。本書卷八〇有傳。

[14]子頊：人名。即劉子頊。字孝列，宋孝武帝第七子。歷廣州刺史、荆州刺史、平西將軍等。本書卷八〇有傳。

[15]永光：宋前廢帝劉子業年號（465）。　青州：治所在今山東青州市。

[16]新蔡：縣名。治所在今河南新蔡縣。　劉德願：人名。彭城人，劉懷慎之子。本書卷四五有附傳。

黄銀紫玉，王者不藏金玉，則黄銀紫玉光見深山。

宋明帝泰始二年八月，於赭圻城南得紫玉一段，[1]

圍三尺二寸，長一尺，厚七尺。太宗攻爲二爵，以獻武、文二廟。

[1]赭圻城：在今安徽繁昌縣西北長江南岸。

玉女，天賜妾也。《禮含文嘉》曰："禹卑宮室，盡力溝洫，百穀用成，神龍女降。"闕

地珠，王者不以財爲寶則生珠。闕

天鹿者，[1]純靈之獸也，五色光耀洞明，王者道備則至。闕

角端者，[2]日行萬八千里，又曉四夷之語，明君聖主在位，明達方外幽遠之事，則奉書而至。闕

周印者，[3]神獸之名也，星宿之變化。王者德盛則至。闕

飛菟者，[4]神馬之名也，日行三萬里。禹治水勤勞歷年，救民之害，天應其德而至。闕

澤獸，黃帝時巡狩至於東濱，澤獸出，能言，達知萬物之精，以戒於民，爲時除害。賢君明德幽遠則來。闕

鯦者，[5]幽隱之獸也，有明王在位則來，爲時辟除災害。闕

[1]天鹿：傳說中的靈獸名。《漢書》卷九六上《西域傳上》："烏弋地……而有桃拔、師子、犀牛。"孟康注："桃拔一名符拔，似鹿，長尾，一角者或爲天鹿，兩角〔者〕或爲辟邪。"《御覽》卷九〇六引《瑞應圖》曰："天鹿者，能壽之獸，五色光暉。王者

孝道則至。”

　[2]角端：傳説中的異獸名。《文選》司馬相如《上林賦》：“其獸則麒麟角端。”郭璞注：“角端似貊，角在鼻上，中作弓。”

　[3]周印：傳説中的神獸名。

　[4]飛菟：神馬名。《御覽》卷八九六引孫氏《瑞應圖》與此略同，“菟”作“兔”。又爲古駿馬名。《吕氏春秋・離俗覽》：“飛兔、要褭，古之駿馬也。”高誘注：“飛兔、要褭，皆馬名也。日行萬里，馳若兔之飛，因以爲名也。”

　[5]騄：神獸名。類馬，性幽隱。

　　騕褭者，神馬也，與飛菟同，亦各隨其方而至，以明君德也。闕

　　同心鳥，王者德及遐方，四夷合同則至。闕

　　趹蹄者，后土之獸，[1]自能言語。王者仁孝於國則來。禹治水而至。闕

　　紫達，王者仁義行則見。闕

　　小鳥生大鳥，王者土地開闢則至。闕

　　河精者，[2]人頭魚身，師曠時所受讖也。闕

　　延嬉，[3]王者孝道行則至。闕

　　大貝，[4]王者不貪財寶則出。闕

　　威蕤，[5]王者禮備則生於殿前。闕

　[1]趹蹄：一種神獸。《御覽》卷八九六引孫氏《瑞應圖》與此略同，作“王者仁孝於民則出，禹治水有功而來”。　后土：土地之神。《周禮・春官・大宗伯》：“王大封，則先告后土。”鄭玄注：“后土，土神也。”

　[2]河精：《尸子》卷下：“禹理洪水，觀於河，見白面長人魚

身出，曰：'吾河精也。'授禹河圖，而還於淵中。"

［3］延嬉：玉圭名。一作"延喜"。《尚書璇璣鈐》："禹開龍門，導積石，玄圭出，刻曰：'延喜受德，天賜佩。'"

［4］大貝：《御覽》卷九四一引《孝經援神契》曰："德至泉，則江生大貝。"

［5］威蕤：草名。即玉竹。又稱威香、萎蕤、地節。根莖可食，亦藥用。古人視爲瑞草。《御覽》卷八七三引孫氏《瑞應圖》曰："王者禮備，則威蕤生。"又曰："王者愛人倫，則威蕤生於殿前。"

醴泉，[1]水之精也，甘美。王者修理則出。[2]

漢光武建武中元元年五月，醴泉出京師及郡國。飲醴泉者，痼病皆愈；獨眇者塞者不差。

魏文帝初，郡國二言醴泉出。

宋文帝元嘉十二年，衡陽湘鄉醴泉出縣庭，[3]荊州刺史臨川王義慶以聞。

孝武帝孝建三年九月甲戌，細仗隊省井泉春夏深不盈尺，忽至一丈，有五色，水清澄，醴味，汲引不窮。

孝武帝大明二年三月壬子，北汝陰樓煩平地出醴泉，[4]豫州刺史宗愨以聞。

明帝泰豫元年四月乙酉，會稽山陰思義醴泉出，太守蔡興宗以聞。

日月揚光，日者，人君象也，人君不假臣下之權，則日月揚光明。闕

［1］醴泉：甜美的泉水。古以爲符瑞。《御覽》卷八七三引孫氏《瑞應圖》曰："醴泉者，水之精也。味甘。如醴泉出流所及草木皆茂，飲之令人壽也。"

　　〔2〕修理：修獄訟之政。《御覽》卷八七三引孫氏《瑞應圖》曰：“理訟得所，醴泉出於京師，有仙人以爵酌之。”

　　〔3〕衡陽：郡名。治所在今湖南株洲縣。　湘鄉：縣名。治所在今湖南湘鄉市。

　　〔4〕北汝陰：史無北汝陰置。前文注已證當爲“汝陰”。　樓煩：縣名。僑置於汝陰郡的配屬縣。本書《州郡志二》豫州刺史汝陰太守下有樓煩令置，曰：“樓煩令，漢舊縣，屬雁門。流寓配屬。”

　　芝英者，[1]王者親近耆老，養有道，則生。
　　漢章帝元和中，芝英生郡國。

　　〔1〕芝英：或名芝草、靈芝。古以爲瑞草，服之長生。《御覽》卷八七三引孫氏《瑞應圖》曰：“王者慈仁，則芝草生。食之令人延年。”又引《漢書》曰：“王者寵近耆老，養有道，則芝莢生。”

　　碧石者，[1]玩好之物棄則至。闕
　　玉甕者，[2]不汲而滿，王者清廉則出。闕
　　山車者，[3]山藏之精也。不藏金玉，山澤以時，通山海之饒，以給天下，則山成其車。闕
　　雞駭犀，[4]王者賤難得之物則出。闕
　　陵出黑丹，[5]王者修至孝則出。闕

　　〔1〕碧石：即碧玉。《御覽》卷八〇九引《孝經援神契》曰：“神靈滋液，則碧玉出。”

　　〔2〕玉甕：玉容器。古以爲瑞器。《御覽》卷七五八引《孝經援神契》曰：“銀甕也，不汲自隨，不盛自盈。”

　　[3]山車：傳說帝王有德，天下太平，則山車出。古以爲祥瑞之物。《禮記·禮運》："山出器車。"孔穎達疏引《禮緯斗威儀》："其政太平，山車垂鈎。"《御覽》卷七七三引《孝經援神契》："虞舜德盛於山陵，故山車出。山者，自然之物也。山藏之精。"

　　[4]雞駭犀：犀角名。《戰國策·楚策一》："乃遣使車百乘，獻雞駭之犀、夜光之璧于秦王。"鮑彪注引《抱朴子》："通天犀角有一白理如絲，置米其上以飼，雞見之驚，故名駭雞犀。"

　　[5]黑丹：黑色丹砂。古以爲祥瑞。《白虎通·封禪》："德至山陵，則景雲出，芝實茂，陵出黑丹。"

　　神鼎者，[1]質文之精也。知吉知凶，能重能輕，不炊而沸，五味自生，王者盛德則出。

　　漢武帝元鼎元年五月五日，得鼎汾水上。[2]

　　漢明帝永平六年二月，廬江太守獻寶鼎。出王雒山。雒或作雄。[3]

　　漢章帝建初七年十月，[4]車駕西巡至槐里，[5]右扶風禁上美陽得銅器於岐山，[6]似酒尊。詔在道晨夕以爲百官熱酒。

　　漢和帝永元元年，竇憲征匈奴，[7]於漠北酒泉得仲山甫鼎，[8]容五斗。

　　吳孫權赤烏十二年六月戊戌，寶鼎出臨平湖。又出東部鄮縣。[9]

　　吳孫晧寶鼎元年八月，[10]在所言得大鼎。

　　晋愍帝建興二年十二月，晋陵武進縣民陳龍在田中得銅鐸五枚。[11]

　　晋成帝咸和元年十月辛卯，宣城春穀縣山岸崩，[12]

獲石鼎重二斤，受斛餘。[13]

　　晋成帝咸康五年，豫章南昌民掘地得銅鍾四枚，太守褚裒以獻。[14]

　　晋穆帝升平五年二月乙未，南掖門有馬足陷地，得銅鍾一枚。

　　[1]神鼎：鼎的美稱。古代立國的重器，又以爲祥瑞之器。《白虎通·封禪》："德至山陵，則景雲出，芝實茂，陵出黑丹，阜出蓂莆，山出器車，澤出神鼎。"《史記·封禪書》："聞昔泰帝興神鼎一，一者壹統，天地萬物所繫終也。"

　　[2]元鼎：漢武帝劉徹年號（前116—前110）。　汾水：即今山西黄河支流汾河。

　　[3]漢明帝永平六年二月：中華本校勘記云："'二月'各本並作'三月'，據《後漢書·明帝紀》改。"　廬江：郡名。治所在舒縣，即今安徽廬江縣西南。　雒或作雄：《後漢書》卷二《孝明帝紀》劉昭注語，後人把劉語又注在此條下。

　　[4]建初：漢章帝劉炟年號（76—84）。

　　[5]槐里：縣名。治所在今陝西興平市南佐村。

　　[6]禁：人名。史失其姓。　美陽：縣名。治所在今陝西武功縣西北武功鎮西。　岐山：在今陝西岐山縣東北。

　　[7]永元：漢和帝劉肇年號（89—105）。　竇憲：人名。字伯度，扶風平陵（今陝西咸陽市）人。《後漢書》卷二三有附傳。

　　[8]仲山甫鼎：此鼎已佚，《後漢書·竇憲傳》載："南單于於漠北遺憲古鼎，容五斗，其傍銘曰'仲山甫鼎，其萬年子子孫孫永保用'，憲乃上之。"仲山甫，又名仲山父，周宣王時大臣。封於樊，又名樊仲、樊穆仲。

　　[9]臨平湖：在今浙江杭州市餘杭區南，原周圍十里，今多淤廢，僅存小河。　酃縣：治所在今湖南衡陽市東。

[10]寶鼎：三國吳末帝孫皓年號（266—269）。

[11]晋愍帝建興二年十二月，晋陵武進縣民陳龍在田中得銅鐸五枚：《御覽》卷五八四引《廣古今五行記》曰："晋愍帝建興四年，晋陵人陳寵在田得銅鐸五枚，皆有龍虎形。"與此同一事，但年代、人名略有出入。武進，縣名。治所在今江蘇丹陽市東。陳龍，人名。本書一見。

[12]宣城：郡名。治所在今安徽宣城市宣州區。　春穀：縣名。治所在今安徽繁昌縣。

[13]獲石鼎重二斤，受斛餘：中華本校勘記云："'二斤'疑當作'二百斤'。按受斛餘之鼎，豈有僅重二斤之理，文有訛奪無疑。"

[14]褚裒：人名。字季野，河南陽翟（今河南禹州市）人。《晋書》卷九三有傳。

宋文帝元嘉十三年四月辛丑，武昌縣章山水側自開出神鼎，江州刺史南譙王義宣以獻。

元嘉十九年九月戊申，廣陵肥如石梁澗中出石鍾九口，[1]大小行次，引列南向，南兗州刺史臨川王義慶以獻。

元嘉二十一年十二月，新陽獲古鼎於水側，有篆書四十二字，雍州刺史蕭思話以獻。[2]

元嘉二十二年，豫章豫寧縣出銅鍾，[3]江州刺史廣陵王紹以獻。

孝武帝孝建三年四月丁亥，臨川宜黃縣民田中得銅鍾七口，[4]内史傅徽以獻。[5]

孝建三年四月甲辰，晋陵延陵得古鍾六口，[6]徐州刺史竟陵王誕以獻。[7]

孝武帝大明七年六月，江夏蒲圻獲銅路鼓，四面獨足，郢州刺史安陸王子綏以獻。[8]

明帝泰始四年二月丙申，豫章望蔡獲古銅鍾，[9]高一尺七寸，圍二尺八寸，太守張辯以獻。[10]

泰始五年五月壬戌，豫章南昌獲古銅鼎，容斛七斗，江州刺史王景文以獻。[11]

泰始七年六月甲寅，義陽郡獲銅鼎，受一斛，并蓋並隱起鏤，豫州刺史段佛榮以獻。[12]

從帝昇明二年九月，[13]建寧萬歲山澗中得銅鍾，長二尺一寸，豫州刺史劉懷珍以獻。

[1]肥如：縣名。治所在今河北盧龍縣北。但宋時，國界北不至此。本書《州郡志一》"廣陵太守"條云："《永初郡國》又有輿、肥如、潞、真定、新市五縣。"錢大昕《考異》："肥如本遼西縣名，因晉末僑立遼西郡於廣陵界，後經省併，故廣陵得有肥如縣。"

[2]新陽：縣名。治所在今湖北京山縣。

[3]豫寧：縣名。治所在今江西武寧縣。

[4]宜黃：縣名。治所在今江西宜黃縣。

[5]傅徽：人名。本書一見，其事不詳。

[6]延陵：縣名。治所在今江蘇丹陽市延陵鎮。

[7]徐州刺史竟陵王誕以獻：丁福林《校議》據本書卷六《孝武帝紀》、卷七九《竟陵王誕傳》考證，竟陵王誕時任南徐州刺史，而非徐州刺史，又考，晉延陵屬南徐州，而非徐州。

[8]蒲圻：縣名。治所在今湖北嘉魚縣西長江中，隋開皇十二年因江水泛溢毀縣，遂遷治鮑口，即今湖北赤壁市。　子綏：人名。即劉子綏。字寶孫，宋孝武帝子。

[9]望蔡：縣名。治所在今江西上高縣。

[10]張辯：人名。吳郡吳人。曾任豫章、宣城太守，廣州刺史。事見本書卷五三《張永傳》。

[11]王景文：人名。琅邪臨沂人。官至中書令、安南將軍、江州刺史等。本書卷八五有傳。

[12]段佛榮：人名。京兆人。本書卷八四有附傳。

[13]昇明：宋順帝劉準年號（477—479）。

漢宣帝元康二年夏，神雀集雍。[1]

元康三年春，神雀集泰山。

宣帝元康三年春，五色雀以萬數，飛過屬縣。[2]

元康四年三月，神雀五采以萬數飛過，集長樂、未央、北宮、高寢、甘泉泰時殿。[3]元康四年，神雀仍集。

漢宣帝五鳳三年正月，[4]神雀集京師。

漢明帝永平十七年春，神雀五色集京師。

漢章帝元和中，神雀見郡國。

[1]神雀：瑞鳥，鳳屬。《漢書》卷八《宣帝紀》：“（元康三年）夏六月，詔曰：‘前年夏，神爵集雍。’”晉灼曰：“《漢注》大如鶡爵，黃喉，白頸，黑背，腹斑文也。”“雀”作“爵”。《後漢書》卷二八下《馮衍傳下》：“神雀翔於鴻崖兮，玄武潛於嬰冥。”李賢注：“神雀謂鳳也。”

[2]宣帝元康三年春：中華本校勘記云：“‘三年’各本並作‘二年’，據《漢書·宣帝紀》改。” 屬縣：《漢書·宣帝紀》：“（元康三年）夏六月，詔曰：‘前年夏，神爵集雍。今春，五色鳥以萬數飛過屬縣。’”師古曰：“三輔諸縣也。”

[3]長樂、未央、北宮：皆西漢長安諸宮名。其城遺址在今陝西西安市北約三公里。未央宮在城西南部，高帝七年建；長樂宮在

城東南部，高帝五年在秦興樂宮的基礎上修建；北宮在未央宮北部，漢武帝時修。　甘泉：宮名。故址在今陝西淳化縣西北甘泉山。本秦宮，武帝時增築擴建。　泰畤殿：甘泉宮內建築，漢代皇帝祭祀天神泰一之處。

［4］五鳳：漢宣帝劉詢年號（前57—前54）。

宋文帝元嘉二十二年，白鵲見新野鄧縣，雍州刺史蕭思話以聞。

元嘉二十六年五月癸酉，白鵲見建康崇孝里，揚州刺史始興王濬以獻。

孝武帝大明七年三月辛巳，白鵲見汝南安陽，[1] 太守申令孫以獻。[2]

［1］白鵲：或作“白羽鵲”。古以爲瑞鳥。《御覽》卷九二一引《莊子》曰：“至德之世，鳥鵲之巢，攀援而窺之……得時則蟻行，失時則鵲起也。”

［2］申令孫：人名。魏郡魏（今河北大名縣）人，申坦之子。本書卷六五有附傳。

晉惠帝永嘉元年五月，白鼠見東宮，[1] 皇太子獲以獻。

宋明帝泰始三年二月壬寅，白鼠見樂安，青州刺史沈文秀以獻。[2]

［1］白鼠：傳說中的百年之鼠。古以爲瑞。《抱朴子·對俗》：“鼠壽三百歲，滿百歲則色白，善憑人而卜，名曰仲，能知一年中吉凶及千里外事。”

［2］沈文秀：人名。字仲遠，吳興武康人。本書卷八八有傳。

　　漢昭帝始元元年二月，[1]黃鵠下建章宮太液池中。[2]
　　漢章帝元和二年二月，車駕東巡，柴祭岱宗。[3]禮
畢，黃鵠三十從西南來，經祠壇上東北過。

［1］始元：漢昭帝劉弗陵年號（前86—前80）。
［2］黃鵠：鳥名。漢以後以爲祥瑞。《御覽》卷九一六引《廣
志》曰：“黃鵠出東海，漢以其來集爲祥。”又引《西京雜記》曰：
“始元元年，黃鵠下太液池。上爲歌曰：‘黃鵠飛兮下建章，羽蕭蕭
兮行蹌蹌，金爲衣兮菊爲裳，自顧薄德愧爾嘉祥。’”　建章宮：漢
武帝時在長安西面城外建建章宮，並擴充至上林苑。現已勘察出其
位置和範圍。南門稱閶闔門，内有別鳳闕。北門、東門外有北闕、
鳳闕。鳳闕至今遺留於地面上。　太液池：在建章宮北部，其形迹
可辨。池北有石魚，已發現。
［3］柴祭：燒柴生烟以祭天。此處爲柴望，望祭山川，燒柴以
望祭泰山。

　　漢武帝太初三年二月五日，行幸東海，獲赤雁。[1]
　　魏文帝初，鑊中生赤魚。
　　孫權時，神雀巢朱雀門。
　　孫皓天璽元年，臨海郡吏伍曜在海水際得石樹，[2]
高三尺餘，枝莖紫色，詰屈傾靡，有光采。《山海經》
所載玉碧樹之類也。[3]

［1］太初三年二月五日：據《漢書》卷六《武帝紀》，獲赤雁
事在太始三年二月五日，“太初”當爲“太始”之誤。

〔2〕天璽：三國吳末帝孫皓年號（276）。 伍曜：人名。本書一見。

〔3〕玉碧樹：《山海經・海内西經》："開明北有視肉、珠樹、文玉樹、玗琪樹、不死樹。"郭璞注："玗琪，赤玉屬也。吳天璽元年，臨海郡吏伍曜在海水際得石樹，高二（宋本、藏經本作'三'）尺餘，莖葉紫色，詰曲傾靡，有光彩，即玉樹之類也。"郝懿行云："郭注見《宋書・符瑞志》，唯'二尺'作'三尺'，'莖葉'作'枝莖'，'詰曲'作'詰屈'爲異，其餘則同。但據郭所説，則似珊瑚樹，恐非玗琪樹也。"玗琪見《爾雅・釋地》。按：郝説應是。此沈約見郭注而擬定《符瑞志》此條，"二"誤作"三"，"玉樹"作"玉碧樹"，故有"《山海經》所載"之説也。

晋武帝泰始二年六月壬申，白鴿見酒泉延壽，延壽長王音以獻。[1]

晋成帝咸和九年五月癸酉，白鵝見吳國錢塘，内史虞潭以獻。[2]

安帝義熙元年，南康雩都嵩山有金雞，[3]青黄色，飛集巖間。

〔1〕延壽：縣名。治所在今甘肅玉門市。 王音：人名。《晋書》無載，本書一見，其事不詳。

〔2〕錢塘：縣名。治所在今浙江杭州市。 虞潭：人名。字思奥，會稽餘姚人。《晋書》卷七六有傳。

〔3〕雩都：縣名。治所在今江西于都縣東北。 金雞：傳説中的一種神雞。《神異經・東荒經》："蓋扶桑山有玉雞，玉雞鳴則金雞鳴，金雞鳴則石雞鳴，石雞鳴則天下之雞悉鳴，潮水應之矣。"或與錦雞同。

宋文帝元嘉二十二年，湘州刺史南平王鑠獻赤鸚鵡。[1]

孝武帝大明三年正月丙申，婆皇國獻赤白鸚鵡各一。[2]

宋文帝元嘉二十四年十月甲午，揚州刺史始興王濬獻白鸚鵡。

孝武帝大明五年正月丙子，交州刺史垣閎獻白孔雀。[3]

明帝泰始三年五月乙亥，白鴝鵒見京兆，[4]雍州刺史巴陵王休若以獻。

[1]元嘉二十二年：本書卷八五《謝莊傳》曰：“（元嘉）二十九年，除太子中庶子。時南平王鑠獻赤鸚鵡，普詔群臣爲賦。”《御覽》卷九二四引沈約《宋書》也記“謝莊爲太子庶子時，南平王獻赤鸚鵡”事，故“二十二年”當爲“二十九年”之誤。

[2]婆皇國：《南史》卷七八作“婆皇國”，婆皇國在今馬來西亞馬來半島彭亨。

[3]交州：治所在龍編縣，即今越南北寧省仙遊縣東。　垣閎：人名。字叔通，略陽桓道人。事見本書卷五〇《垣護之傳》。

[4]白鴝鵒：鳥名。俗稱八哥。

漢桓帝延熹九年四月，[1]濟陰、東郡、濟北、平原河水清。[2]

宋文帝元嘉二十四年二月戊戌，河、濟俱清，[3]龍驤將軍、青冀二州刺史杜坦以聞。

文帝元嘉二十五年五月，征北長史、廣陵太守范邈上言：[4]“所領輿縣，前有大浦，控引潮流，水常淤濁。

自比以來，源流清潔，纖鱗呈形。古老相傳，以爲休瑞。"

孝武帝孝建三年九月，濟、河清，冀州刺史垣護之以聞。

孝武帝大明五年九月庚戌，河、濟俱清，平原太守申纂以聞。[5]

明帝泰始元年二月丙寅，揚、淮水清潔有異於常，州治中從事史張緒以聞。[6]

　　[1]延熹：漢桓帝劉志年號（159—166）。

　　[2]東郡：治所在今河南濮陽市。　　濟北：郡名。治所在今山東肥城市。

　　[3]河：指黃河。　　濟：古四瀆之一。包括黃河南、北兩部分。河北部分今仍名濟水，源出今河南濟源市北王屋山，下游入黃河處歷代屢有變遷。河南部分原係黃河所分支派，其分流處在河南滎陽市北，東流經原陽、封丘至今山東定陶縣西，折東北入巨野澤，又出澤經今梁山縣東，折東北經今平陰、歷城、博興等縣而入海。

　　[4]范邈：人名。本書一見，其事不詳。

　　[5]申纂：人名。本書一見，其事不詳。

　　[6]治中從事史：官名。簡稱治中。爲州之佐吏，秩百石，主選署，有書佐。身份雖低，職權頗重，由刺史自辟，例用本地人。後漸由中央任命。　　張緒：人名。字思曼，吳郡吳人。《南齊書》卷三三有傳。

　　漢光武建武初，野繭、穀充給百姓，其後耕蠶稍廣，二事漸息。

　　吳孫權黃龍三年夏，野蠶繭大如卵。

宋文帝元嘉十六年，宣城宛陵廣野蠶成繭，大如雉卵，彌漫林谷，年年轉盛。

孝武帝大明三年五月癸巳，宣城宛陵縣石亭山生野蠶，三百餘里，太守張辯以聞。

孝武帝大明三年十一月己巳，肅慎氏獻楛矢石砮，[1]高麗國譯而至。

大明五年正月戊午元日，花雪降殿庭。時右衛將軍謝莊下殿，[2]雪集衣。還白，上以爲瑞。於是公卿並作花雪詩。史臣按《詩》云：“先集爲霰。”[3]《韓詩》曰：“霰，英也。”花葉謂之英。《離騷》云：“秋菊之落英。”左思云“落英飄飄”是也。[4]然則霰爲花雪矣，草木花多五出，花雪獨六出。

明帝泰始二年五月甲寅，赭中獲石栢長三尺二寸，[5]廣三尺五寸，揚州刺史建安王休仁以獻。

泰始三年十一月乙卯，盱眙獲石栢，寧朔將軍段佛榮以獻。[6]

漢和帝在位十七年，郡國言瑞應八十餘品，帝讓而不宣。

　　[1]肅慎氏：古族名。居於中國東北地區。一般認爲漢以後的挹婁、勿吉、女真都和它有淵源關係。　楛矢石砮：泛指藩屬貢物。楛矢，以楛木作杆的箭。石砮，石製的箭頭。《國語·魯語下》：“肅慎氏貢楛矢石砮，其長尺有咫。先王欲昭其令德之致遠也，以示後人，使永監焉，故銘其栝曰：‘肅慎氏之貢矢。’”
　　[2]右衛將軍：官名。優禮大臣的虛號。四品。若加“大”字，儀同三司。三品。　謝莊：人名。字希逸，陳郡陽夏（今河南

太康縣）人。本書卷八五有傳。

[3]先集爲霰：《詩·小雅·頍弁》作：“如彼雨雪，先集維霰。”霰，水蒸氣在高空中遇到冷空氣凝結成的小冰粒，下雪花以前往往先下霰。

[4]左思：人名。字太沖，齊國臨淄（今山東淄博市）人。《晋書》卷九二有傳。

[5]赭中：史無載。疑“赭”爲“赭圻”的省稱，“中”爲區域義。

[6]寧朔將軍：官名。多爲加官、散官性質的將軍。四品。

段佛榮：中華本校勘記云：“‘段佛榮’各本並作‘段榮’。按同卷泰始七年六月甲寅義陽郡獲銅鼎條有豫州刺史段佛榮，同書《建平王宏傳》有南豫州刺史段佛榮，蓋即其人。今補‘佛’字。”